解码活动室里的幸福生长

景 萍 • 著

山东人民出版社 · 济南

国家一级出版社 全国百佳图书出版单位

图书在版编目（CIP）数据

解码活动室里的幸福生长／景萍著 . —济南：山东人民出版社,2023.12

ISBN 978 − 7 − 209 − 13765 − 2

Ⅰ.①解… Ⅱ.①景… Ⅲ.①学前教育 − 教育研究 Ⅳ.①G61

中国版本图书馆 CIP 数据核字（2022）第 026433 号

解码活动室里的幸福生长

jiema huodongshi li de xingfu shengzhang

景 萍 著

主管单位 山东出版传媒股份有限公司
出版发行 山东人民出版社
出 版 人 胡长青
社 址 济南市市中区舜耕路 517 号
邮 编 250003
电 话 总编室（0531）82098914
市场部（0531）82098027
网 址 www. sd − book. com. cn
印 装 济南万方盛景印刷有限公司
经 销 新华书店

规 格 16 开（169mm×239mm）
印 张 16.75
插 页 6
字 数 300 千字
版 次 2023 年 12 月第 1 版
印 次 2023 年 12 月第 1 次
ISBN 978 − 7 − 209 − 13765 − 2
定 价 48.00 元

如有印装质量问题,请与出版社总编室联系调换。

山东省基础教育教学改革项目

"区域活动中幼儿自主性发展与教师支持策略的实践研究"项目成果

编委会

顾 问

方 明 张升峰

主 任

李东莉 公桂兰 赵 庆

副主任

张 晖 方彩凤 赵 冉

编 委

（按姓氏笔画排列）

王 雪 王桂芸 王黎斐 王祎楠 张 晶 张文芳

孟 倩 郭小红 赵 静 姜 娜 秦 俐 谭海娜

燕 盈

支持幼儿自主性发展的班级室内区域活动行动理念

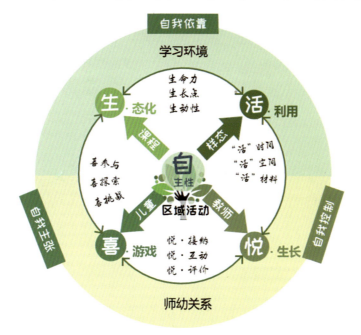

区域活动支持幼儿自主性发展行动理念

－ 100秒读懂"生活自喜悦" －

生 生命力：尊重生命　感受自然
生长点：追随兴趣　适应社会
生动性：动态平衡　共生共长

活 "活"时间：化零为整　自主规划
"活"空间：灵活运用　开放多元
"活"材料：内容整合　循序渐进

自 自我控制：责任感　规则感
自我主张：胜任感　幸福感
自我依靠：安全感　存在感

喜 喜参与：主体性　游戏性
喜探索：好奇心　操作性
喜挑战：意志力　积极性

悦 悦·纳：活动前——理解尊重
悦·动：活动中——有力互动
悦·享：活动后——评价反思

儿童视角的"新"活动室是温馨的，充满了生命力与生长力。

四季桌的布置，让人感受到四季的变化。

布艺和竹编筐
用来收纳，充
满自然的气息
和触感。

舒适的沙发，圆形的地毯，清新的绿植，充足的光线，
勾画出闲适的阅读角落。

师幼的有力互动，会发生各种有趣的小故事。

幼儿和老师之间的关系是平和自然、和谐融洽的……

幼儿自己设计剧本，进行角色表演。

幼儿成为游戏的主人，自主规划区域，并进行现场分享、投票。

幼儿通过思维导图的方式，梳理自己的经验。

幼儿可以大胆地创想，搭建自己的小小世界。

不破不立，我们坚持生态教研之路，秉承教研之道在于真，成长之道在于研，发展之道在于和的理念，共同前进。

在百年德式建筑四角楼前，一群可爱的编者留下了这张合影。过去的几年，一次次地聚焦，建立共识，又不断打破思维定势，重构思想。

序 一

教育的本质是培养人的事业，是面向未来的事业，今天的儿童是未来的希望，是建设社会主义现代化强国、实现中华民族伟大复兴中国梦的主力军。当前幼儿教育存在着过早"催熟"的现象，儿童的大脑成为一种被动记忆的"容器"，任成人随意灌输、拔苗助长。儿童主体性缺失，事事依赖于成人，生命缺少自我发展的动力。在生活和学习中没有真正感受到幸福，短暂美好的童年就这样与儿童失之交臂。实现幼儿教育的高质量发展，必须唤起人的主体意识、发展主体潜能、凸显主体价值，为儿童营造自主性发展的生态系统，坚持立德树人、整体育人的教育理念，努力培养新时代全面发展的好儿童。

《解码活动室里的幸福生长》一书是景萍老师主持的 2019 年山东省基础教育教学改革项目《区域活动中幼儿自主性发展和教师支持策略的实践研究》的成果之一。该项目从省级立项、开题、中期评估到如今结题，虽然看似仅两年多，但据我了解她们对区域活动的研究至少经历了十年以上。既有"自上而下"顶层设计的整体推动，又有"自下而上"真实问题的解决突破。今天能有此成果呈现给读者也是在研究的道路上一步一个脚印、不断探索和积累的结果。

室内班级区域活动的研究不仅能落实幼儿园"以游戏为基本活动"的理念，而且能促进幼儿主动学习，让幼儿成为班级活动的主人，既追随幼儿自然天性，顺应幼儿发展的需求，又能有效培养幼儿的核心素养，为幼儿的一生发展奠定基础。没有随随便便的成功，在实践的过程中我也有幸多次参与项目的分享研讨活动，景萍老师和试点园所的园长、老师们一起面对各种真实问题边学习、边研究、边实践，不断转变教师的儿童观、课程观和教育观，让教师从内心真正接受并不断调整自己的教育行为，让儿童成为活动的主人，让儿童在游戏和生活中学习和发展。这个过程是艰难的，也是充满挑战性的。但是，就是这样的一群幼教人，在学前教育课程改革的道路上一直坚持着、努力着。她们对待教育的初心、对待工作积极向上的态度以及对待项目严谨执着的精神，都深深地触动着我。

"生活自喜悦"是本书提出的一个行动理念，既有理论基础，又能与实践紧密关联，既通俗易懂又意味深长，解决了多年来区域活动与环境、课程、幼儿自主性发展互不关联的问题。重构的班级生活样态，崇尚爱、自由、平等和规则，幼儿在有准备的环境中快乐游戏，深度学习自然发生，实现了从统一样态到新样态的转变，满足了幼儿自由探索、自主选择、主动学习的多方面兴趣与需求，为师幼幸福生长奠定了基础。

这是一本融游戏理念、生活美学与实践做法于一体的专业参考书，特别适合幼儿园管理者和一线教师阅读，书中呈现的鲜活案例和提炼出的实操性策略及有效路径为幼儿园课程建设提供了可借鉴的方法。全书以"寻变—慢享—深耕"为主线，为读者解码一间活动室的幸福生长。课程改革、突破发展、同心协力，项目的行动研究虽已接近尾声，但对于教育改革的内容还需要不断地深入思考和创新，知易行难，知行需合一；能起而行动，改变现实、打破传统固有模式实属不易。所以，我对一线的幼教改革者怀有最大的尊重和崇敬，感谢你们为幼教事业的默默付出！

　　推动复杂变革的真正动力是根植于大地之上、行走在学校与教室之中的、自下而上的学习型组织和个人，槐荫幼教学习共同体的园所和老师们同舟共济、众志成城，不仅收获了内在生长的动力，也为学前教育发展注入了新鲜的活力。希望，本书可以和广大读者一起碰撞与共勉！

方明

2021 年 9 月于济南

序 二

随着学前教育改革不断走向深入，关注儿童个体发展，回归教育本质已经成为共识。作为个体发展重要组成部分的自主性逐渐成为关注焦点。"自主"一词，仅在《3－6岁儿童学习与发展指南》中就出现10次之多，如"让幼儿自主选择""保证幼儿自主阅读""鼓励幼儿自主决定""自主表达"等，由此可见对幼儿自主性发展的重视程度。

自主性是指个体依靠自身的力量实现自己合理选择的目标以及愿望的能力。一般来说，自主性水平发展好的人，往往遇事更有主见、更有创造精神，解决问题的能力也更强。从心理学的角度看，自主性是个性的组成部分，主要指个体的独立性和主动性，表现为不依赖他人、主动选择、主动表达、主动决定等个性特征。心理学研究表明，儿童在3岁左右自我意识开始产生，逐渐经历一个从无到有，从弱到强的发展过程。3岁正好是孩子进入幼儿园的时期，自主性的培养理所当然地成为幼儿园教育的重要内容之一。区域活动发源于开放空间教育计划，旨在改革传统的、制度化的学校和教室空间布局，形成一种基于儿童活动的课程空间组织形式。区域活动以其能够更好地满足儿童个别化学习发展的需要，为儿童提供更多自主选择、自主决定、自主表达的机会，而逐渐成为当前我国幼儿园课程实施的重要组织形式。

景萍老师的著作《解码活动室里的幸福生长》正是对时代呼唤的回应，同时也是她十多年来孜孜不倦研究求索的成果。本书紧紧围绕幼儿园室内区域活动中幼儿自主性发展这一主题，通过反思幼儿园区域活动开展过程中存在的问题，分析区域活动中各种不利于幼儿自主性发展的因素，大胆地提出了"重构班级生活新样态""巧用量表，多元评价"等创造性的构想，并在实践中加以实施，取得了卓有成效的成果，不仅推动了槐荫区学前教育改革发展，也给同行们提供了可以借鉴的宝贵经验。

本书的主要贡献和特色在于：

一、厘清了区域活动和幼儿自主性的内涵。本书通过阅读分析大量文献资料，结合当前幼儿园区域活动开展过程中遇到的现实问题，对"区域活动"和"幼儿自主性"概念进行了分梳界定，有助于幼儿园老师更准确地理解概念、把握本质。

二、贯通了理论覃思和实践探索。本书分为上下两篇，上篇侧重于理论分析，关注幼儿自主性发展和区域活动相关理论的分析和探讨；下篇聚焦幼儿园区域活动开展的实践探索，从幼儿园室内区域活动空间的改造，到区域活动中幼儿自主性发展的观察、记录、分析及策略支持，提供了许多建设性的解决思路。既有理论的高度，又有实践的深度。

三、研究成果可操作性强。本书的研究成果聚焦幼儿园区域活动中幼儿自主性发展这一中心，针对以往老师们不会观察、不会记录、不会分析等问题，提供了观察记录表格、评价标准、分析工具等解决思路和方法，可操作性强。

四、研究成果可借鉴性高。虽然本书所研究的内容是在济南市槐荫区开展的，有一定的地域限制，但在区域活动中促进幼儿自主性发展是大部分幼儿园老师遇到的共性问题，从这个意义上讲，本书的研究成果还是为幼儿园区域活动开展提供了一些思路和方法，可以借鉴。

当然，本书也有一些美中不足之处，比如，书中提出的区域活动时间和空间的弹性设置对幼儿自主性发展影响的实效性有待进一步检验，对幼儿自主性发展维度以及评价标准的科学性有待进一步研究，但瑕不掩瑜。希望作者和她的研究共同体再接再厉，把这项既有理论价值又有现实意义的研究工作继续开展下去，为幼儿园区域活动开展提供更多富有成效的解决方案。

张杰

2021 年 8 月 15 日于　泉城济南

前　言

一间幸福有生长力的活动室，
不仅能滋养孩子，同时也在滋养着老师。
在这里，每个人都能发现自己的力量，
每个人都能实现自我的成长，
每个人都能看见自己的未来。

本书是笔者主持的 2019 年山东省基础教育教学改革项目《区域活动中幼儿自主性发展与教师支持策略的实践研究》（项目序号 3701013）所形成的研究成果，是以幼儿为中心、以区域活动为载体的游戏化课程模式的实践性探索，是落实"幼儿园以游戏为基本活动"理念、有效解决幼儿园教育"小学化"倾向的重要途径，改变了传统教育中以教师为主导、幼儿被动学习的状况，把幼儿真正推向课程的正中央，既尊重了幼儿的个体差异又满足其多方面兴趣和需求。教师作为幼儿学习和发展的支持者，在有准备的环境中发现幼儿自然生长的力量，促进其生命完整成长。

国内外大量研究表明：幼儿的最佳学习方式是在游戏中的自发式学习，他们具有吸收性心智和主动学习的能力，主要通过直接感知、亲身体验、实际操作等方式主动与环境中的材料、事件、人相互作用获取经验。本书聚焦幼儿园班级室内区域活动（后简称区域活动），以助推师幼幸福生长为发展目标，通过创设基于儿童视角的自主性学习空间吸引幼儿主动参与其中，在全课程理念视角下将教育目标和环境资源、活动内容、幼儿兴趣和需求等有机整合，以区域活动为主要组织形式并贯彻于一日生活之中。教师运用自主研制的量表，对幼儿在区域活动中的自主性发展进行过程性观察记录评价，以此不断调整环境和教育的方式，促进幼儿身体、情感、认知、社会性等多方面的发展。在不断深入研究的过程中，笔者构建了班级室内区域活动中支持幼儿自主性发展的行动理念，即"生活自喜悦"。"生""活""自""喜""悦"五个字，每个字均为一个法则并蕴含了深刻的意义，"生活自喜悦"简单易记，充满情趣，为一线教师提供了实践层面可资参考借鉴的操作策略。

　　本书分为上下两篇，共六章。上篇为"幸福生长有力量"，下篇为"幸福生长有密码"。上篇为理论篇，包括"透视区域活动""指向幸福生长"和"解读'生活自喜悦'"三个部分。通过借鉴大量相关书籍和文献，对"区域活动""幼儿自主性""幸福生长"等相关概念进行梳理和界定，以实践中存在的真实问题为研究点，生发出指向幸福生长的全课程行动理念。下篇为实践篇，以"寻变""慢享""深耕"三个关键词为密码，帮助读者解码活动室里如何行动才能支持幼儿幸福生长。密码一："寻变"，从一间活动室的改造开始，记录了教师们"不破不立"的勇气，为您揭开如何以儿童视角重新审视班级环境，用科学的行动改变室内空间布局、环境布置、材料投放等固定思维下的传统做法，打造充满自然气息富有生命力的自主性学习空间。密码二："慢享"，则以重构班级生活新样态为主题，系统阐述以活动区为主的空间布局下班级生活新样态具体可实施的路径，从"优化一日活动流程""重构师幼亲密关系""重塑区域活动内容"到"有效活动组织与实施"和"完善活动评价方式"，每一章节都有基于问题的分析思考、具体的实施策略和生动典型案例。比如在"完善活动评价方式"这一节的内容中，会为大家特别推荐本研究的创新点《区域活动中支持幼儿自主性发展的观测量表》（后称《量表》），有效解决新教师不会观察、不会记录、不会分析的困境，教师根据《量表》提供的不同维度每日进行观测打分，月底进行分析，科学的数据很容易帮助教师发现问题，并及时做好环境调整和幼儿个别化学习指导。本章的最后为读者提供了一个完整案例《一间活动室里的幸福生长》，是对前面实施路径进行的详实阐述。密码三："深耕"，重点介绍了依托学习共同体、工作坊等形式助推区域教研的心路历程。研究团队以"打破园际界限、构建生态教研、提升专业发展、实现共享共赢"为共同愿景，五个研究团队、六个园际联盟通过找问题、寻路径、精实践、细研磨，滋生出"自然、本真、自主、和谐"的槐荫幼教新生态，形成了"教研之道在于真、成长之道在于研、发展之道在于和"的生态教研理念，使园本教研真正成为儿童发展、教师成长、园所提升的"助推器"。"幸福·生长"工作坊是笔者在进行区域活动项目研究中，深入一线的所思、所想、所做，是理想照亮现实的真实写照，在深耕真教研的过程中，我们彼此成就着、幸福地生长着。

为了能写一本让一线教师喜欢读、有深度、有路径、有创新的好书，在前期充分调研的基础上，我们还多次邀请高校及科研院所专家与团队共同研讨，最终形成了活动室里幸福生长的三大秘诀，帮助读者通过轻松的文字、简洁的图表和丰富的案例了解我们的研究成果。

本书是一本将区域活动理论有效落地的实践性图书，凝聚了实验园所及教师们的智慧和汗水，可作为学前教育专业学生、广大幼儿园教师及相关研究者的参考资料。本书的出版得益于整个研究共同体的共同努力，凝聚着大量实验园所的大胆尝试和努力付出。在这里特别要感谢的是山东省教育科学研究院学前教育研究室方明主任、济南幼儿师范高等专科学校张升峰副院长、山东师范大学朱忠琴博士、何孔潮博士，他们不断为我们指明方向、激发动力。还要感谢参与本书撰写并提供优秀案例的老师们，济南二机床集团有限公司幼儿园方彩凤副园长、王桂芸老师，济南机车车辆厂幼儿园张晖园长、姜娜主任，济南市槐荫区实验幼儿园张晶、王祎楠、孟倩主任，济南市槐荫区第二实验幼儿园赵冉主任，济南市槐荫区青少年宫第二幼儿园谭海娜副园长、王黎斐老师，槐荫区演马佳苑幼儿园赵静主任，槐荫区锦绣城幼儿园王雪主任，槐荫区杨柳春风幼儿园燕盈副园长都参与了研究和撰写，积极将本园研究成果与本书融合升华。还要感谢各实验幼儿园园长们的支持和引领，特别是槐荫区第二实验幼儿园李东莉园长，作为首个"幸福·生长"工作坊的实验园所的负责人，带领团队成员勇于突破、大胆挑战，推动从1个班到1所新园的课程变革，取得了显著的成效。还有槐荫实验幼儿园公桂兰园长、二机床集团有限公司幼儿园张文芳园长，她们作为项目总负责人带领实验团队从顶层设计到部署落实都做了精心的设计和推广，为项目研究提供了鼎力支持。作为我的主管领导，槐荫区教育教学研究中心的房彩霞主任也给了我莫大的支持、信任和鼓励，让我能在学前教研这个平台上大胆实践创新，实现自己的理想与抱负，在此一并表示感谢。感恩遇见你们，正是因为有了大家的支持和研究团队不懈的坚持和努力，才让本书如期与读者相见。

幸福生长，是教育追随儿童的具体体现。为幼儿创设自然、有生命力的自主性学习空间是幸福生长的前提，学会倾听、与之对话、创造性地组织区域活动是幸福生长的关键。"生活自喜悦"的课程理念既关注区域活动中幼儿自发的游戏性体验，又强调教师是支持幼儿在真实生活中探索、体验、发现和创造的重要引导者。教师就像幼儿的人生导游，带领幼儿去领略这世界的美好，在有力的互动中能随时接住幼儿抛过来的球，与之对话、互动，在自由宽松的环境中和谐共生、互相滋养。

诚然，本书只是我们项目研究的阶段性成果，由于研究和写作水平有限，还存在很多问题和不足，真诚希望大家多提宝贵意见。愿本书能为幼儿园教师开展高质量区域活动提供一定的参考和借鉴，也真心祝愿幼儿园每一间活动室里都充满欢声笑语，师幼彼此滋养，幸福生长！

景萍

2021 年 1 月 25 日于济南

目　录

✳ **下编　幸福生长有密码**

上编　幸福生长有力量

第一章 透视区域活动

幼儿园区域活动在20世纪80年代中后期由美国引进我国，这种活动形式改变了传统的以班级授课制为主的直接教学方法，以自由、自主、自选的游戏形式更好地满足了幼儿个性化学习和自主性发展的需要，因此很快受到我国幼教界的重视和追捧。

一、为什么要持续不断地开展区域活动的研究？

2010 年至 2021 年 6 月，笔者带领本区幼儿园开展区域活动的实践研究，历经从欣赏模仿、应用改进到生长发展三个阶段。

第一阶段（2010—2012）：重形式，追求环境的装饰性。此阶段我们开展打造样板间活动，力求通过环境的布局、材料的投放呈现出区域活动应有的样式，但过于追求环境的美观性和材料的丰富性，忽略了幼儿的参与性。教师"高控"的思想和行为导致幼儿的游戏与学习分离，呈现出假游戏状态。

第二阶段（2012—2014）：重内容，探索学习与游戏的平衡性。此阶段我们以课题为引领，着重挖掘主题背景下区域活动的教育价值，最大程度地开发主题背景下区域活动的教育潜力，但过度关注材料、内容和主题的关联性，没有充分尊重幼儿的个体差异、满足幼儿个体发展的需要，对促进幼儿的自主性发展关注较少。

第三阶段（2014—2021）：重幼儿，关注主客体互动性及有效性。让环境、材料与幼儿对话，关注幼儿自主性发展和区域活动开展的有效性。在课程改革的进程中，每一个阶段都有不同的思考，促使我们不断透视区域活动，对区域活动的功能定位、教师角色以及与课程、游戏的关系不断再认识和再思考。

回顾十年的研究历程，是什么力量支持我们不断聚焦区域活动、持续深入地开展研究呢？答案是显而易见的。无论你喜欢还是不喜欢，想变还是不想变，区域活动早已成为幼教界理论学者和一线实践的"热点"，在这样的时代背景下，从我国教育部相继出台的有关学前教育的文件和政策中，都能够解读到幼儿园开展区域活动的重要性以及教育是促进人的生命完整成长的理念。

（一）区域活动的课程空间组织形式更具儿童性

区域活动打破传统空间的布局方式，形成更自主、愉悦、开放的学习空间，以幼儿为主体的活动组织形式更尊重幼儿身心发展规律，更适合幼儿快乐的学习。《幼儿园教育指导纲要（试行）》（以下简称《纲要》）《3-6岁儿童学习与发展指南》（以下简称《指南》）中多次强调："幼儿园应以游戏为基本活动，尊重幼儿发展的个体差异。幼儿的发展是一个持续、渐进的过程，同时也表现出一定的阶段性""要珍视游戏和生活的独特价值，创设丰富的教育环境，合理安排一日生活""保证幼儿每天有适当的自由选择和自由活动的时间"。区域活动就像一张神奇的网，以美工区、图书区、娃娃家等空间活动区为载体，以游戏化的情景将教育的目标、内容、过程以及幼儿的学习进行多方位、多层次的有效整合，不仅将五大领域的知识内容渗透其中，还能吸引幼儿主动学习、快乐游戏，为其终身发展奠定坚实的基础。

（二）区域活动是核心素养落地学前教育的有效途径

2019年教育部基础教育课程教材专家工作委员会的研究成果《中国学生发展核心素养》的具体阐述与《指南》的理念方向和具体要求都有着高度的一致性，二者均从教育的本质出发，着眼未来，重视学习者的完整成长。区域活动独特的空间布局和环境准备为幼儿学会学习、学会做事、学会生活提供了更多的机会。幼儿在与环境的对话中，享受着美的熏陶、感受着成长的变化；在与材料的互动中，体验着探索的奇妙和成功的喜悦；在遵守活动规则的过程中，懂得了责任和担当；在与同伴的交流交往中，学会了互助和合作。区域活动能够更好地实现幼儿在有准备的环境中不断自我探索、自我发现、自我学习、自我完善，是核心素养落地学前教育的有效途径。

（三）区域活动对幼儿的自主性发展有重要影响

区域活动关注幼儿个体差异，对幼儿自主性的发展有重要影响。大量研究表明，儿童越是在自由、轻松、愉悦的环境中就越会有极大的好奇心和求知欲，学习力也是最强的。在各个活动区中，材料和玩具是教师根据儿童的兴趣需求和教育目标精心投放的，允许幼儿自主选择活动区与材料，能够让幼儿按照自己的意愿和节奏探索，变被动接受为主动学习。区域活动倡导教师以欣赏的目光看待幼儿，尊重幼儿的想法，倾听幼儿的声音。幼儿作为一名积极的探究者，在游戏中体验到自我的成长，形成自由表达的习惯和积极成长的态度，一个个鲜活的形象在区域活动中丰满、绽放。区域活动促进着幼儿个别化经验的建构，让其能够自我塑造、自我发现。

(四) 区域活动是扭转幼儿园教育"小学化"倾向的有效措施

区域活动在幼儿园一日活动的组织与实施，解决了幼儿园集体活动为主的教学模式单一的弊端，是扭转幼儿园教育"小学化"倾向的有效措施。在当前幼儿园"游戏为基本活动"的原则和杜绝"小学化"教育倾向的要求下，区域活动以备受喜爱的幼儿游戏活动为基础，吸引幼儿参与其中，打破了传统的灌输式教育，促进幼儿发生更多自由、平等、愉悦的体验，有助于幼儿身体、认知、情感、社会性等多方面的发展，改变了以往幼儿园重知识和技能，轻社会性和情感发展的现象，让幼儿真正地通过游戏有效促进生命的自我建构。

二、你真的了解区域活动吗？

随着区域活动的不断探索和长期践行，教师对区域活动的重要性及其价值越来越认同，区域活动的组织形式在幼儿园的一日生活中自然发生已成为一种常态。为了更好地了解教师对于区域活动的认识，课题组对一线教师进行了有关区域活动的访谈，教师给出的不同答案、疑惑及纠结从言谈中流露出来：

我是一名小班的老师，面对小班幼儿的规则意识不强总是很心急。我也知道在区域活动中需要给幼儿自由，教师不能高控，但是我发现直接干预的方式最有效，孩子的常规很快就能训练出来。当然我也知道这种做法和项目改革有冲突，会影响幼儿的自主性发展，如何把握自由和规则的关系是现阶段我的一个大难题。

——苏蕊老师（教龄3年）

我们大多数教师知道区域活动对幼儿发展的重要作用，但在活动区中如果教师不介入，感觉孩子们根本探索不出教师预设的教育目标，随意摆弄材料，深度学习根本发生不了，那不就是瞎玩吗？举个例子，在益智区活动，我想引导孩子感知空气的存在，就投放了水、杯子、毛巾等材料，让幼儿把毛巾放到杯子里，探索如何不让毛巾湿。我充分信任孩子，让孩子自由探索，结果孩子们玩得挺嗨，采用的方法基本上都是用盖子、树叶、石头等挡住瓶口，根本想不到倒放杯子的方法，更不用说去发现空气的秘密了。

——刘畅老师（教龄 5 年）

我觉得区域活动特别好，孩子们玩得也特别开心。但是目前区域活动的时间问题真的不能保证，自从有了区域活动，我感觉好像又增加了一种活动形式，除了集体教学之外，还需要区域活动、户外活动、生活活动等等。专家们说哪个都很重要，哪个都要研究，于是我带着孩子和"打仗"似的，和时间在赛跑，日复一日。在这样的状态中工作，好像专业也在倒退。

——孟倩老师（教龄 15 年）

区域活动的组织实施回归了教育本质，促进了幼儿自主性发展。作为一名年轻的执行园长，我认为教师首先要理解孩子，明白小孩子的天性就是游戏，他们是通过直接感知和体验去学习的，空讲、直接灌输的教学方式已成为过去时，而我们要做的就是学会如何成为幼儿行为的观察者、解读者、支持者，助推幼儿的学习与发展。区域里的那些事看起来都是小事，但每一个小事后面有太多值得我们学习和研究的地方。

——于洋老师（教龄 10 年）

以上是不同教龄的教师对区域活动的思考和认识。从教师们的描述中可以发现虽然大家对区域活动并不陌生，甚至熟悉到了一定程度，但是在实践过程中仍然存在着很多的问题和疑惑，这些"痛点"不得不引发我们的思考：为什么区域活动的开展看似内容丰富、形式多样，实则浑浑噩噩、茫然无措？为什么相关书籍读了不少、学了不少别人的经验，依旧做不好区域活动？为什么教师在区域活动下功夫最多，"回报"却最少？

在不断的追问中，我们发现区域活动的形式不难模仿，而真正的难点是如何提升区域活动的品质，让幼儿玩得更有意义和价值。2019 年山东省基础教改项目给了我们更大的研究动力，让我们重新审视区域活动的功能定位，思考课程与区域活动的关系以及如何评价区域活动的质量。基于此，项目组对区域活动相关理论进行了整理和归纳、解析与再识。

（一）区域活动的主要理论依据

区域活动帮助并支持幼儿富有个性和创造性的学习与探索，其兴起与发展源于对国内外先进教育思想的传承与创新，是优秀教育理论在幼儿园发展进程的印证与践行。把区域活动作为幼儿一日活动环节的主要内容，是来自许多领域的教育家和研究者的理论和实践。

1. 自然主义教育思想

培养儿童自主性的倡导者应该追溯到 18 世纪法国思想家卢梭①，他主张教育要顺应幼儿的自然本性，培养个体的自主性，让孩子享受充分的活动自由的可能性和条件，并在教学过程中采用自然而自由的教学方法。杜威提出"以儿童为中心"，"教育即生活"，倡导"做中学"，即学习者通过实际操作获得经验。蒙台梭利主张从日常生活训练着手，配合良好的学习环境、丰富的教具，倡导孩子通过"工作"，从自我重复操作练习中，建构完善的人格。以上理论让幼儿与环境的互动凸显出越来越重要的作用，是幼儿在区域活动中不断学习发展的最早实践。

2. 建构主义理论

在自然教育思想的影响下，以皮亚杰为代表的建构主义理论认为除了要遵循幼儿的自然本性，还需要在与周围环境相互作用的过程中，逐步建构起关于外部世界的知识，从而使自身认知结构得到发展。维果茨基认为社会环境对于幼儿智力的发展有着举足轻重的影响，游戏能够产生最近发展区，幼儿间的相互影响能够共同建构知识。② 无论是以基于幼儿探索的"方案学习"为特色的瑞吉欧教育模式，还是注重幼儿主动学习、以关键经验为课程内容、以计划——工作——回顾环节为游戏活动程序的高瞻课程，都认为幼儿是主动学习的个体，这与目前区域活动计划讨论、自主开展、分享评价的组织流程和建立平等、合作师幼关系的儿童观和教育观有异曲同工之处。

3. 多元智能理论

20 世纪 80 年代，美国教育学家和心理学家加德纳博士在皮亚杰认知理论的基础上提出多元智能理论。他认为人类的思维和认识的方式是多元的，倡导弹性的、多因素组合的智力观，全面的、多样化的人才观，积极的、平等的学生观，个性化的、因材施教的教学观，多样的、以评价促发展的评价

---

① 乔治·S. 莫里森. 学前教育：从蒙台梭利到瑞吉欧［M］. 祝莉丽，等译. 北京：中国人民大学出版社，2014 年出版.

② JUDITHVH，PATRICIAMN. 以游戏为中心的幼儿园课程［M］. 北京：中国轻工业出版社，2017.

观。呼吁教育内容的选择要有利于儿童动手操作、动脑思考，能创造问题解决的情境和机会。① 区域活动的环境准备、组织形式和评价方式是多元智能理论在幼儿园一日活动环节中的综合实践。

无论是教育家们在诸多科学体系的支撑下所提出的先进教育理论，还是实践者们在不断践行中所形成的优秀教育模式，都遵循幼儿为本的原则，强调环境的教育意义，尊重幼儿的个体差异，发挥幼儿学习的主动性。区域活动这种倡导环境与人和谐共生、符合幼儿身心发展规律和特点、追求个体主动生长的活动组织形式在越来越多的幼儿园得以实施开展。

（二）区域活动在我国的发展历程

我国早期教育思想家同样是以幼儿为本的教育思想践行者。陶行知、陈鹤琴、张雪门等，他们的"教育即生长""人是一个有创造力的生物""儿童是有能力的学习者""解放儿童，激发创造力"等一系列实用主义教育思想，为幼儿自由、自主的成长提供了理论基础和实践可能性。随着 20 世纪 80 年代学前教育一系列改革政策的提出，学前教育工作者不断呼吁幼儿为本，尊重幼儿个体差异，在游戏和生活中促进幼儿的学习和发展。"区域活动的开展打破了幼儿园以集体教育为主要活动形式的教育模式，成为幼儿园一日活动的重要组成部分。"区域活动在我国广泛研究的时间较短，主要经历了以下阶段：

1. 重视集体教学活动

20 世纪 50 年代，苏联的教育理论极大地影响了新中国，学科知识教育备受重视，我国的学前教育从理念到实践开始全面向苏联学习，集体教育成为幼儿园主要活动形式。

2. 区域活动的兴起

关于区域活动的兴起，不同的学者有不同的解释。有研究者认为，区域活动源于蒙台梭利创办的"儿童之家"，是她提出了为幼儿创设有准备的环境，选择的橱柜、玩具应该符合儿童的特点，让其在与环境的互动中自我成长。南京师范大学教育科学院的黄进在《幼儿园活动的来源与挑战》一文中

---

① 李京. 多元智能理论在幼儿园教育中的应用效果［J］. 求知导刊，2020（01）：31 –32.

认为：区域活动来自开放教育，开放教育是受现代技术发展的影响而变革传统教学方式、内容、师生关系以及环境的一种教育思潮，它引发了好些方面的变革，例如课程开放（Open Curriculum）、资源开放（Open Resourses）、空间开放（Open Space）。准确地说，区域活动与开放空间教育计划（Open - Space Plan in Education）有着更为直接的关系。从文章中可以看出教室的区域设置理念的倡导者是英国博物馆教育家莫莉·哈里森（MollyHarrison），其主张的儿童中心主义的建筑学思想将新教育与新建筑学完美融合，更关注儿童的情感和人格，代表了一种趋势。基于这样的背景，开放空间教育计划应运而生，这种设计思想在英国广泛运用并引起了美国教育者的关注，在 20 世纪 60 年代美国许多学校都开始尝试，遵循着"亲密"与"开放"的核心空间设计思想，涌现出多样的形式和名称，如活动区（Activity Area）、游戏区（Play Area）、学习中心（Learning Centers）等。

3. 区域活动在我国的开展

我国对区域活动的探索始于 20 世纪 80 年代，在幼儿改革中产生了极为重要的影响，当下俨然已经成为幼教界研究的重点。随着教育部颁布的《纲要》《指南》等一系列文件的出台，区域活动作为贯彻"以游戏为基本活动"理念的实施方式，越来越受到教育者和社会的认同。2014 年教育部研制印发《关于全面深化课程改革落实立德树人根本任务的意见》，提出了中国学生发展的六大核心素养和十八条基本要求，明确学生应具备的适应终身发展和社会发展需要的必备品格和关键能力，这与幼儿园区域活动研究的核心理念完全一致，掀起了以区域活动为载体的一日活动研究与实践的新高潮。

区域活动近几年虽然有了一定的发展，但依然处在摸索阶段，需要进一步研究与完善。要想真正有效组织与实施区域活动非一日之功，需要教师在相关教育理念的支撑下，厘清区域活动的概念和特点，在日复一日的实践中明晰组织原则并找到实施策略，这是极具挑战的一个长期而复杂的过程。高品质区域活动的开展，任重而道远。

（三）区域活动的概念和特点

关于区域活动的名称或概念很多，如区角游戏、学习性区域、游戏区、活动区等。其实，区域活动叫什么不重要，重要的是了解其内涵，明确只要是支持每一个幼儿在原有基础上富有个性地发展的区域活动，只要回归教育的本质，回归幼儿的学习与发展，都是我们要始终坚守、积极探究、不断实践的方向。本研究中的区域活动特指班级室内区域活动。

1. 区域活动的概念

笔者通过知网查阅统计得出有关区域活动的文献数量有 11000 余篇，包括学术期刊类、图书类、特色期刊类等。可见区域活动是当下学前教育研究的热点。

华爱华指出：活动区活动是一种让幼儿根据自己的水平和需要选择材料进行个别性或小组性操作的活动。①

丁海东提出：所谓区域，亦称活动区，有时也称区角，它通过教师在其中布置一定的设备、玩具、道具、工具、操作材料等物质条件，可以支持和引导幼儿自主操作、交往、探索和表达，由此促进幼儿自主学习与发展。②

董旭花提出：区域活动，也称活动区活动、区角活动等，指以幼儿的需要、兴趣为主要依据，考虑幼儿园教育目标、正在进行的其他教育活动等因素，划分一些区域，如积木区、表演区、科学区等，在其中投放一些适合的活动材料，制定活动规则，让幼儿自主选择区域，在其中通过与活动材料、同伴等的积极互动，获得个性化的学习与发展③。

冯晓霞指出：区域活动或活动区活动指的是这样一种活动形式：教育者以幼儿感兴趣的活动材料和活动类型为依据，将活动室的空间相对划分为不同区域，让他们自主选择活动区域，在其中通过与材料、环境、同伴的充分互动而获得学习与发展。④

虞永平、原晋霞提出：区域活动是以幼儿的需要、兴趣为主要依据，兼顾幼儿园教育目标和正在进行的其他教育活动的因素，将可利用的空间划分为多个区域，并投放适宜的活动材料供幼儿自由选择，在其中幼儿通过与材料和同伴的互动，获得有益于身心发展的多样化学习经验的活动类型。⑤

① 华爱华.幼儿园活动区活动的功能定位［J］.幼儿教育，2012(25):6-7.
② 丁海东.幼儿园区域环境的游戏性缺失与回归［J］.学前教育研究，2019(12)：77-80.
③ 董旭花.幼儿园区域环境创设与活动指导的有效策略研究［J］.基础教育参考，2015(07)：33-36.
④ 冯晓霞.幼儿园课程［M］.北京：北京师范大学出版社，2000.
⑤ 虞永平，原晋霞.幼儿园教育活动设计与组织［M］.北京：高等教育出版社，2014.

本研究对区域活动概念的界定：区域活动是指幼儿在自主性学习空间中，依据自己的兴趣和需求，主动探索、快乐学习的活动。教师在组织一日活动的过程中可以灵活地使用区域空间，在空间内既可以是幼儿"自由、自主、自发"的游戏活动，也可以是根据教育目标、结合幼儿的兴趣和需求开展的教师发起的项目学习活动。区域活动中，幼儿自发游戏的时间每天不少于1小时。

2. 区域活动的特点

区域活动是一个整体概念，是幼儿主动学习的途径，既强调幼儿的自主性、兴趣性、教育性，又重视环境蕴含的学习潜能，具有以下特点：

首先是游戏与学习的统一。区域活动要求教师创设活动环境，投放活动材料，实际上区域活动是教师教育意图的客体化和物质化。也就是说，教师可以通过创设活动区来影响幼儿的游戏和学习活动。区域活动既是幼儿的游戏活动，也是幼儿的学习活动。但此时的"学习"，不是传统意义上的"教学"，没有"教师讲、幼儿听"的概念，而是教师通过各种各样的方式对幼儿的活动施加影响，支持、促进、帮助幼儿获得主体性体验。

其次是自主性与规则性融合。区域活动中，幼儿可根据自己的兴趣和爱好自主选择活动区，自己决定活动的内容、活动方式、活动伙伴，促进幼儿的个性发展，为幼儿的成长提供更加自由、宽松的氛围。这种自由建立在一定的规则上，规则意识是幼儿区域活动有序、高效开展的保障，规则意识和能力的培养，能够促进幼儿愉快地学习和交往，有利于幼儿社会性的发展。

第三是具有空间开放性与内容整合性。各活动区之间应是开放的，方便幼儿出入，方便各区间的交流。在活动中，幼儿的兴趣性、主动性极高，同伴间的交往率大大加强，语言、社会性、动作技能等多方面能力都得到了发展。同时要注意活动内容的整合，避免活动区活动的单一化、狭窄化，关键是教师要有研究、发掘各活动区教育潜能的思想意识，时刻注意活动材料的多领域经验的指向性、材料的低结构化，注重隐性环境的暗示作用。

高品质区域活动的组织与实施需要教师首先从概念上有明晰的认识，然后从理解区域活动的特点开始，秉承着开放与自由的理念，带着爱与尊重，走进幼儿，观察幼儿，支持幼儿，推动幼儿，让幼儿的学习与发展看得见。

只要我们坚定游戏信念，相信孩子是有能力的学习者，就能看到属于孩子们的真正游戏！

三、区域活动开展的现状如何？

在前期的研究中，我们发现区域活动中幼儿的自主性与教师的支持策略存在着问题，亟需解决，为了更好地验证我们的预判，项目组研制了《班级区域活动中幼儿自主性发展现状的调查问卷》和《班级区域活动中教师支持策略现状的调查问卷》两个问卷，通过问卷的方式对实验班和对照班的教师与幼儿进行了调查统计，对标《指南》中幼儿自主性发展的典型性行为进行分析，以期通过数据更加客观地了解本区幼儿园区域活动开展现状，为进一步发展研究提供依据和思路。

（一）幼儿自主性发展的现状分析

自主性对人一生的发展有着极其重要的作用，区域活动是促进幼儿自主性发展的有效途径，正是因为在区域活动中幼儿有了更多的选择权才能促使其更主动愉悦地学习。但纵观其研究，大多都是从环境、材料、指导等方面做的一些理念性的阐述，或是一些泛化的、大同小异的建议，对于幼儿在区域活动中自主性的发展缺乏全面、系统的认识。基于此，项目组从幼儿自主性发展的三个维度"自我依靠、自我控制、自我主张"（本项目研究借鉴我国学者邹晓燕的相关研究成果，自发研制了《区域活动中幼儿自主性维度观测量表》）进行了问卷设计，对本区 7 所实验园、42 个班、390 名教师利用问卷星进行调查，并参照《指南》中关于幼儿自主性发展的相关效度进行对比分析。

1. 区域活动中幼儿自我依靠的分析

从"自主选择、直接判断、间接判断、积极主动"四个维度设计幼儿入区方式、活动内容的选择等相关问题，以《指南》五大领域相关目标与幼儿典型行为表现与具体内容做参考对比，分析如下：

（1）自我依靠之自主选择：入区方式。入区方式选择对标《指南》社会领域目标"具有自尊、自信、自主的表现"（见表 1-3-1）的典型性行为表现，结果显示（见图 1-3-1）：小班 68.93%、中班 88.89%、大班 86.

84%的幼儿能根据自己的兴趣、经验、需求独立选择区域，大部分幼儿在入区方式的选择上自主性发展较好。

表1-3-1 《3-6岁儿童学习与发展指南》社会领域幼儿典型行为

3-4岁	4-5岁	5-6岁
能根据自己的兴趣选择游戏或其他活动	能按自己的想法进行游戏或其他活动	能主动发起活动或在活动中出主意、想办法

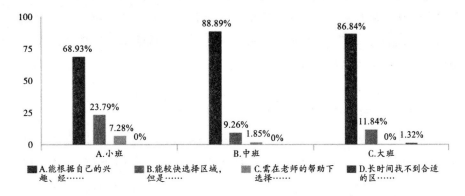

（选项具体内容：A. 能根据自己的兴趣、经验、需求独立选择区域。B. 能较快选择区域，但是目的性不强。C. 需在老师的帮助下选择适合的区域。D. 长时间找不到合适的区域，完全依赖别人。）

图1-3-1 幼儿入区方式选择调查结果

（2）自我依靠之直接判断：活动内容的选择。活动内容的选择情况对标社会领域目标"具有自尊、自信、自主的表现"（见表1-3-2），调查结果显示（见图1-3-2）：幼儿随着年龄的递增，对于活动内容选择的自主性发展越高。小班16.99%、中班8.33%、大班2.63%的幼儿活动缺乏目的，还有个别幼儿需要在别人的帮助下选择活动内容。在取放材料情况上，小班27.67%、中班44.44%、大班50%的幼儿能够做到有序取放材料，秩序感有待提高。

表 1 - 3 - 2 《3 - 6 岁儿童学习与发展指南》社会领域目标

3 - 4 岁	4 - 5 岁	5 - 6 岁
1. 能根据自己的兴趣选择游戏或其他活动。 2. 自己能做的事情，愿意自己做。	1. 能按自己的想法进行游戏或其他活动。 2. 自己的事情尽量自己做，不喜欢依赖别人。	1. 能主动发起活动或在活动中出主意、想办法。 2. 自己的事情自己做，不会的愿意学。

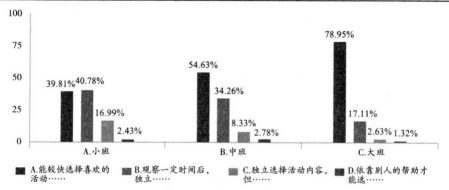

（选项具体内容：A. 能较快选择喜欢的活动主题及内容。B. 观察一定时间后，独立选择合适的活动主题及内容。C. 独立选择活动内容，但无目的性。D. 依靠别人的帮助才能选择活动主题及内容。）

图 1 - 3 - 2 幼儿活动内容选择调查结果

（3）自我依靠之间接判断：幼儿与材料互动。结果显示（见图 1 - 3 - 3）：大部分幼儿能够积极与材料互动，符合《指南》科学领域目标"亲近自然，喜欢探究"的典型行为表现（见表 1 - 3 - 3），但材料能否引发幼儿的深度学习需加强研究。

表 1 - 3 - 3 《3 - 6 岁儿童学习与发展指南》科学领域幼儿典型行为

3 - 4 岁	4 - 5 岁	5 - 6 岁
1. 喜欢接触大自然，对周围的很多事物和现象感兴趣。 2. 经常问各种问题，或好奇地摆弄物品。	1. 喜欢接触新事物，经常问一些与新事物有关的问题。 2. 常常动手动脑探索物体和材料，并乐在其中。	1. 对自己感兴趣的问题总是刨根问底。 2. 能经常动手动脑寻找问题的答案。 3. 探索中有所发现时感到兴奋和满足。

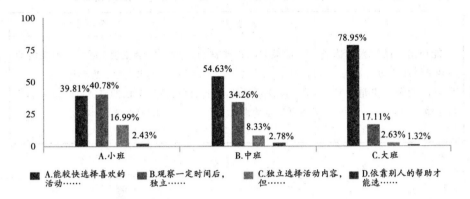

（选项具体内容：A. 能较快选择喜欢的活动主题及内容。B. 观察一定时间后，独立选择合适的活动主题及内容。C. 独立选择活动内容，但无目的性。D. 依靠别人的帮助才能选择活动主题及内容。）

图1-3-3　幼儿活动内容选择调查结果

（4）自我依靠之积极主动：幼儿独立解决困难。幼儿解决困难情况对标社会领域目标"能与同伴友好相处"（见表1-3-4），调查结果（见图1-3-4）显示：幼儿在区域中遇到困难时，小班占比最高的是47.57%的幼儿会通过向别人寻求帮助的方式解决问题。中班、大班占比最高的分别是48.15%、48.68%的幼儿会自己出主意，学着自己解决克服困难。在困难面前做出合理判断和挑战的能力有待提高。在幼儿的活动状态方面，小班有57.28%、中班39.81%、大班30.26%的幼儿活动较为积极，但活动目的不够明确。

表1-3-4　《3-6岁儿童学习与发展指南》社会领域幼儿典型行为

3-4岁	4-5岁	5-6岁
1. 自己能做的事情，愿意自己做。 2. 喜欢承担一些小任务。	1. 自己的事情尽量自己做，不喜欢依赖别人。 2. 敢于尝试有一定难度的活动和任务。	1. 自己的事情自己做，不会的愿意学。 2. 主动承担任务，遇到困难能够坚持而不轻易求助。

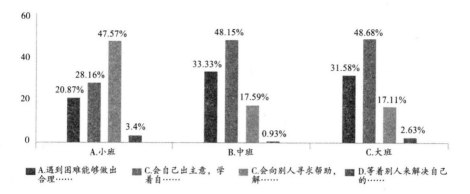

（选项具体内容：A. 遇到困难能够做出合理的判断，敢于挑战，不断尝试，敢于进行复杂的游戏。B. 会自己出主意，学着自己解决，自己克服困难。C. 会向别人寻求帮助，解决问题。D. 等着别人来解决自己的难题。）

图1-3-4　幼儿解决困难情况调查结果

2. 区域活动中幼儿自我控制的分析

对于幼儿自主性发展"自我控制"维度，本研究围绕"抑制冲动、抵制诱惑、延迟满足、计划实施"等方面，从幼儿区域活动时情绪控制、遵守游戏规则、物品分享的表现进行调查，以《指南》五大领域相关目标与具体内容为效度做参考，进行了如下对比、分析。

（1）自我控制之抑制冲动，幼儿遇到不愉快事情的表现，其对标健康领域目标"情绪安定愉快"（见表1-3-5），调查结果（图1-3-5）可见，大部分幼儿情绪较稳定，有一定调节情绪的能力。小班有11.65%、中班1.85%、大班2.63%的幼儿生闷气，停止游戏。个别幼儿有情绪失控的情况。需要教师加强关注，帮助幼儿分析事情的原因及解决的方法。

表1-3-5　《3-6岁儿童学习与发展指南》健康领域幼儿典型行为

3-4岁	4-5岁	5-6岁
1. 情绪比较稳定、很少因一点小事哭闹。 2. 有比较强烈的情绪反应时，能在成人的安抚下逐渐平静下来。	1. 经常保持愉快的情绪，不高兴时能较快缓解。 2. 有比较强烈的情绪反应时，能在成人提醒下逐渐平静下来。	1. 经常保持愉快的情绪。知道引起自己某种情绪的原因，并努力缓解。 2. 表达情绪的方式比较适度，不乱发脾气。

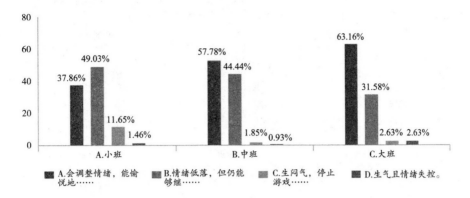

（选项具体内容：A. 会调整情绪，能愉悦地继续游戏。B. 情绪低落，但仍能够继续游戏。C. 生闷气，停止游戏。D. 生气且情绪失控。）

图1－3－5　幼儿情绪调节调查结果

（2）自我控制之抵制诱惑，专注程度。幼儿区域活动状态与《指南》社会领域"具有自尊、自信、自主的表现"和"遵守基本的行为规范"目标的典型行为内容（见表1－3－5）对标，调查结果（见图1－3－6）显示：大、中、小班幼儿做事的专注度有待加强，需要教师在环境、材料、支持策略等方面分析幼儿专注程度不高的原因。

表1－3－6　《3－6岁儿童学习与发展指南》社会领域幼儿典型行为

3－4岁	4－5岁	5－6岁
能根据自己的兴趣选择游戏或其他活动。	1. 能按自己的想法进行游戏或其他活动。 2. 知道接受了的任务一定要完成。	1. 能主动发起活动或在活动中出主意、想办法。 2. 能认真负责地完成自己所接受的任务。

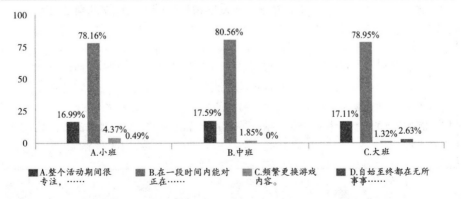

（选项具体内容：A. 整个活动期间很专注，没有一丝分心。B. 在一段时间内能对正在进行的活动保持专注或抵制其他有诱惑力但无关的事物吸引。C. 频繁更换游戏内容。D. 自始至终都在无所事事地左顾右盼、闲逛或闲聊。）

图 1-3-6　幼儿专注程度调查结果

（3）自我控制之延迟满足，分享物品。根据调查结果显示，幼儿对于自己即刻想要的东西的表现，大部分符合社会领域"能与同伴友好相处"的目标，符合典型行为表现内容（见表1-3-7），在延迟满足方面幼儿的能力有一定发展，但少数幼儿仍需提高。

表1-3-7　《3-6岁儿童学习与发展指南》社会领域幼儿典型行为

3-4 岁	4-5 岁	5-6 岁
1. 在成人指导下，不争抢、不独霸玩具。 2. 与同伴发生冲突时，能听从成人的劝解。	1. 对大家都喜欢的东西能轮流、分享。 2. 与同伴发生冲突时，能在他人帮助下和平解决。	1. 活动时能与同伴分工合作，遇到困难能一起克服。 2. 与同伴发生冲突时能自己协商解决。

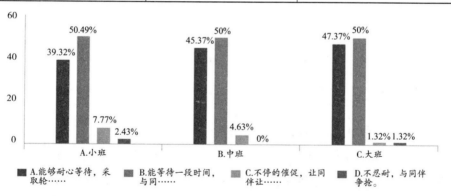

（选项具体内容：A. 能够耐心等待，采取轮流或一起分享的方式获得。B. 能等待一段时间，与同伴商量后获得。C. 不停地催促，让同伴让给自己。D. 不忍耐，与同伴争抢。）

图 1-3-7　幼儿延迟满足、分享物品调查结果

（4）自我控制之计划实施，遵守规则。根据调查结果（见图1-3-8）显示，区域活动中，幼儿遵守规则情况较好，符合社会领域"遵守基本的行为规范"的目标和典型行为表现（见表1-3-8）。幼儿遵守游戏规则的情况

对标社会领域目标"遵守基本的行为规范"。从数据可见，大部分幼儿情绪较稳定，有一定调节情绪的能力。小班11.65%、中班1.85%、大班2.63%的幼儿生闷气，停止游戏。个别幼儿有情绪失控的情况，需要教师加强关注，帮助幼儿分析事情的原因及解决的方法。

表1-3-8 《3-6岁儿童学习与发展指南》社会领域幼儿典型行为

3-4岁	4-5岁	5-6岁
在提醒下，能遵守游戏和公共场所的规则。	感受规则的意义，并能基本遵守规则。	理解规则的意义，能与伙伴协商制定游戏和活动规则。

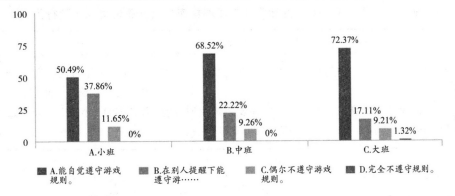

（选项具体内容：A. 能自觉遵守游戏规则。B. 在别人提醒下能遵守游戏规则。C. 偶尔不遵守游戏规则。D. 完全不遵守游戏规则。）

图1-3-8 幼儿遵守规则调查结果

3. 区域活动中幼儿自我主张的分析

对于幼儿自主性发展"自我主张"维度，我们以《幼儿自主性发展量表》为依据，围绕"主动意愿、个性表达"等方面，从幼儿区域活动时接受别人建议的情况、幼儿独创性的表现进行调查，以《指南》五大领域相关目标与具体内容为效度做参考进行了如下对比、分析。

（1）自我主张之主动意愿，当别人给幼儿建议时幼儿的表现。调查结果（见图1-3-9）与《指南》社会领域目标"能与同伴友好相处"和"具有自尊、自信、自主的表现"下的典型行为（见表1-3-8）做对比，发现对于别人提出的建议，幼儿会根据不同的情况产生不同的行为表现，需要教师基于观察，具体问题具体分析。

表1-3-9 《3-6岁儿童学习与发展指南》社会领域目标

3-4岁	4-5岁	5-6岁
1. 为自己的好行为或活动成果感到高兴。 2. 自己能做的事情,愿意自己做。	1. 知道自己的优点和长处,对自己感到满意。 2. 自己的事情尽量自己做,不喜欢依赖别人。	1. 自己的事情自己做,不会的愿意学。 2. 做了好事或取得了成功后还想做得更好。 3. 与别人的看法不同时,敢于坚持自己的意见并说出理由。

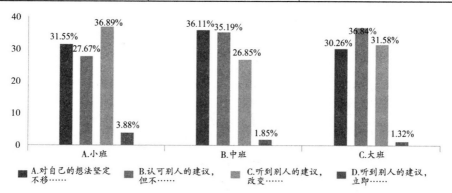

(选项具体内容:A. 对自己的想法坚定不移,不受干扰。B. 认可别人的建议,但不改变。C. 听到别人的建议,改变做法。D. 听到别人的建议,立即改变跟随。)

图1-3-9 幼儿主动意愿调查结果

(2)自我主张之个性表达,幼儿的独创性表现。调查结果(见图1-3-10)与《指南》艺术领域目标"具有初步的艺术表现与创造能力"的典型行为表现(见表1-3-10)做对比,发现幼儿的独创性发展需进一步加强。从数据分析,小班38.83%、中班50%、大班47.37%的幼儿主动表达自己的创新想法,乐于按自己的方式进行尝试和表现;小班17.96%、中班25.93%、大班35.53%的幼儿能积极动脑参与策划,能创造出不同于别人的作品;小班38.83%、中班22.22%、大班15.79%的幼儿能说出自己的想法,通过模仿的方式创作作品;小班4.37%、中班1.85%、大班1.32%的幼儿跟随性地表达、附和,创造不出任何作品。

表1-3-10　《3-6岁儿童学习与发展指南》艺术领域目标

3-4岁	4-5岁	5-6岁
1. 能跟随熟悉的音乐做动作。 2. 能用声音、动作、姿态模拟自然界的事物和生活情景。 3. 能用简单的线条和色彩大体画出自己想画的人或事物。	1. 能通过即兴哼唱、即兴表演或给熟悉的歌曲编词来表达自己的心情。 2. 能用绘画、手工制作等表现自己观察到或想象的事物。	1. 能用律动或简单的舞蹈动作表现自己的情绪或自然界的情景。 2. 能自编自演故事，并为表演选择和搭配简单的服饰、道具或布景。 3. 能用自己制作的美术作品布置环境、美化生活。

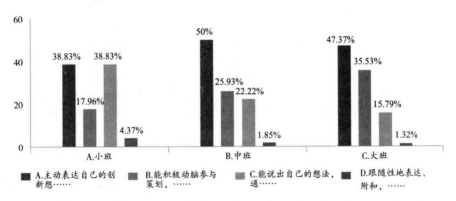

（选项具体内容：A. 主动表达自己的创新想法，乐于按自己的方式进行尝试和表现。B. 能积极动脑参与策划，能创造出不同于别人的作品。C. 能说出自己的想法，通过模仿的方式创作作品。D. 跟随性地表达、附和，创造不出任何作品。）

图1-3-10　幼儿独创性调查结果

通过问卷我们发现，尽管不同年龄段幼儿的自主性发展本身就存在差异性，但现阶段幼儿在区域活动中的自主性发展不容乐观。教师要从区域活动中有目的、可持续地观察，分析幼儿行为背后的原因，创设支持幼儿自主性发展的学习空间，给予幼儿自由表达、自主创新的机会，促进幼儿在区域活动中提高自我依靠、自我控制、自我主张的能力，让自主性得到更好发展。

（二）教师支持策略的现状分析

笔者与项目组成员在实践研究的过程中经常到幼儿园班级进行区域活动观摩，发现同一年龄段的幼儿在进行区域活动时，活动状态是不一样的，以下的两个案例中两所幼儿园的小班幼儿在区域活动中的状态形成了鲜明对比。

园所一：活动室安安静静，幼儿面无表情地在各区角貌似专注地做着各自的事情，几乎听不到幼儿交流的声音，也很少看到幼儿来回走动的场景。美工区的幼儿在教师预设好的主题中选择桌面现有材料进行涂涂画画、拼拼贴贴。教师走到一个幼儿身旁，企图引导幼儿给自己的作品起个名字，幼儿一时表达不出，教师便询问"你画的是大象摘苹果吧?"幼儿没有反应，教师便建议幼儿把"苹果树"上的"苹果"涂匀，然后离开。

园所二：活动室喧嚣热闹，幼儿四处追逐、走动。几个小男孩玩着"打斗"游戏，全然不顾旁边有同伴进行搭建。娃娃家的小女孩把玩具摆放得到处都是。图书区的小朋友有的在坐在地垫上玩玩具，有的在随意、快速浏览书中画面。教师拿着观察记录表，漫无目的地看着幼儿的种种行为，沉默不语。幼儿自由自在、无拘无束的欢笑声在室内飘荡。

以上两种截然不同的场景，反映了教师"高控"和"放任"的两种极端行为对幼儿带来的不同影响。教师在区域活动中的有效支持可以赋能幼儿的深度学习，促进幼儿的自主性发展，同时也影响着区域活动的整体质量。为更好地了解本区教师在区域活动中的支持策略现状，项目组制定了《区域活动中教师支持策略现状的调查问卷》，通过问卷星调查了9所实验园139个班306名教师，有效问卷306份，调查结果如下：

1. 园所及教师的基本情况分析

调查结果显示：以教育部门办园为主，占总体的75.17%，企事业单位、集体办园及部队办园占总体的22.76%。所带班级比例适中，大、中、小班大约各占1/3，数据具有普遍性，调查结果具有实用性。被调查的教师中，绝大部分是大专以上学历。61.03%的教师为工作0~5年的年轻教师，拥有10年以上教龄的教师不足1/5。师资队伍的年轻化在客观上反映着新教师经验不足、专业素养急需提升的迫切性。

2. 教师对区域活动认识现状的分析

问卷从教师所在班级区域活动的时长、开展形式、幼儿选区要求，对区域活动性质和价值的理解等方面进行调查。结果显示：教师对区域活动的性质和教育价值有较清晰的认识，52.76%的班级能够保证区域活动时间；在组织区域活动时，71.38%的教师开始重视幼儿区域活动中自主性的发展，能够尊重幼儿的意愿进行活动；32.41%的班级存在被动参加教师安排或规定的活动区的情况，教师对于各区角的幼儿核心经验不明确，对具体问题的反应表明教师对幼儿能力缺乏信心。

3. 区域活动中教师支持策略现状调查

教师支持策略现状从材料投放和教师指导策略两方面进行调查。

（1）材料投放现状的情况分析

问卷通过材料价值、投放方式、更新频率及投放依据，调查材料促进幼儿自主性发展的重要性。调查结果显示：57.24%的幼儿园重视材料在区域活动中的作用，定期对区域材料进行分析，能够依据幼儿的兴趣和年龄特点有计划地进行材料投放和更新，但有少部分教师存在以自己的经验或参考其他幼儿园做法的情况。多数教师能够关注幼儿对材料的操作兴趣，有28.62%的班级存在学期初一次性投放材料的问题，有41.72%的教师在指导幼儿使用新材料时进行详细介绍。

（2）教师观察与指导的情况分析

问卷从教师在幼儿室内区域活动时的角色、介入时机、方式、各个区域中存在的问题等方面，调查教师是否对幼儿的室内区域活动进行有效的观察指导，推动幼儿区域活动的进程，提高室内区域活动的质量。调查结果显示：教师能够意识到幼儿在区域活动的主体性，愿意尝试放手给幼儿自主解决问题的机会，大部分教师依然会以游戏者的身份介入游戏进行指导，重视评价和分享。各区角的主题相对固定，难以真正放手给孩子，假游戏频频出现。教师支持策略不足，幼儿在各区角出现具体问题时教师不能给予有效观察和指导，无法有效支持幼儿的自主性发展，幼儿游戏浮于表面，质量不高。（如图 1-3-11、1-3-12、1-3-13）

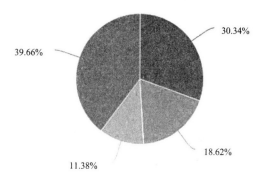

A.教师确定游戏主题　　B.幼儿根据自己的兴趣爱好自行确定主题
C.幼儿与同伴协商确定主题　　D.结合幼儿兴趣与课程目标，师幼共同协商确定

图 1 - 3 - 11　幼儿的区域活动主题是如何确定的调查结果

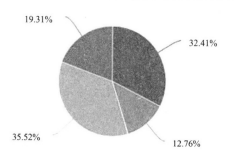

A.有明确的反思点，进行有价值的反思，如材料是否适宜、教师指导是否到位等
B.反思停留于记流水账、泛泛而谈，抓不住重点问题或较难分析问题
C.通过反思对区域活动进行及时改进和调整，促进幼儿自主性的发展
D.反思能够辅助于问题的分析，但缺乏实质性的改进

图 1 - 3 - 12　教师对促进幼儿自主性发展反思情况的调查结果

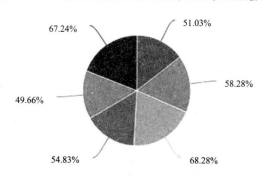

A.幼儿任务完成情况　　B.幼儿对规则的遵守情况　　C.材料的利用情况
D.美术技能技巧的掌握　　E.幼儿的情绪、情感与态度状况
F.幼儿创造力、想像力、审美能力、社会交往能力的培养

图 1 - 3 - 13　美工区活动中教师重点关注内容的调查结果

通过问卷我们不难发现，虽然老师们能够从幼儿的兴趣出发，依据主题进行材料投放、组织区域活动，但教师对区域活动认识不充分，缺乏对材料的深入分析，对幼儿存在的问题没有较好的支持策略，导致幼儿在区域活动中的探索浮于表面，区域活动的价值得不到发挥，幼儿自主性发展与深度学习受到了严重的阻碍。我们应该深思区域活动的本质特征，全方位解读区域活动的概念，转换角色，大胆放手，相信幼儿是最有力的游戏者和学习者，让幼儿在宽松、自由、有准备的环境中，按自己的节奏自主发展。

综上所述，幼儿园区域活动的品质提升，需要教师不仅在形式上做出改变，更重要的是要在实践过程中真正感受到区域活动的价值和意义，从理念上的认同走向行为上的转变，做到知行合一。区域活动之所以难，其根源就是打破了传统的学科式、制度化的教学模式，对幼儿教师提出了更高的要求，从以往教师"怎么教"走向现在幼儿"怎么学"，不断平衡教与学的关系，跳出书本现成的教案，关注幼儿当下的兴趣需求，从全课程的视角下去思考课程与区域活动的关联性、课程与环境及幼儿的关系，不断提升自己的专业能力，树立正确的课程观、儿童观和教育观，从理解幼儿的行为开始，从放手幼儿的游戏开始，回归教育本真，探索出更有智慧的"教"的方式，促进幼儿身心全面发展。

第二章　指向幸福生长

人们对于自主感和自我决定感或许有一种与生俱来的内在需求……这种需要一旦不能满足，就像不能满足温饱的需求一样，可能会导致人们的幸福感下降，进而产生各种不良适应。

——斯坦福大学商学院的杰弗瑞·菲佛教授《权力》

活动室里的幸福生长，意味着幼儿教师要改变以往的传统主导地位，通过活动室空间规划的变革，以区域活动为载体，将幼儿的生活、游戏与学习编织成一张神奇的网，把幼儿推到课程的正中央，让幼儿有更多的机会与环境、材料和同伴进行有力互动，主动学习，快乐生活。在这里，教室更像是师幼生活的空间，有家一样的温馨和自由；在这里，教师是幼儿的玩伴、引导者和支持者，他们彼此滋养、共生共长。

一、为什么是幸福生长?

"你幸福吗?"这个话题成为当下人们关注和讨论的热点。有人说"越关注什么就表明越缺少什么"。的确,2020 年网络民意调查显示,现代人幸福指数呈下降趋势。人们缺少安全感、生活压力大、感觉孤独无助、精神世界空虚,那么为什么物质条件如此优越的今天,人们的幸福感反而越来越缺少了呢?

成人尚且如此,幼儿又会有怎样的感受? 幸福等同于物质生活优越吗? 在成人的高度关注、不断干预下,幼儿的幸福指数又会有怎样的趋势? 作为教育者,我们不得不去思考"什么是幸福"以及"怎样教育才能让幼儿更幸福"。

关于幸福,不同的人有不同的解释。发展心理学认为,幸福是快乐而有意义的,快乐是你的当下利益,意义则是你未来的利益;积极心理学认为,幸福是一种感知力,是一种能力,需要刻意练习,一个人幸福的时候就会有一种心流体验,完全沉浸其中;习近平总书记在全国劳动模范和先进工作者表彰大会上指出:梦想不会自动实现,幸福都是奋斗出来的! 对于我们学习共同体的幼教人而言,幸福是一种生长出来的内在力量,会激励自己更好地工作、学习和生活。

清华大学彭凯平教授认为:幸福来自真正的自主。当一个人拥有了真正的自主,可以为自己的选择做出决定时,就会更加有责任感和规则意识,在生活中也会更加幸福。笔者曾经和孩子们分享过一个绘本故事,名字叫做《幸福》,这是国际安徒生奖、德国绘本大奖得主尤塔·鲍尔送给每个追求幸福的大人和孩子的一个生动故事,提示你去思考生命中重要的是什么。绘本中讲述了一只小黄狗一直想知道幸福是什么,可总也找不到答案,于是就问大公羊,大公羊给小黄狗讲了关于绵羊赛尔玛的故事:这个赛尔玛喜欢每天在太阳升起的时候吃草、每天上午教孩子们说话、每天下午锻炼身体、然后再吃草,夜里睡个又香又甜的好觉。有人问她:"如果有更多的时间,打算做些什么?"她继续重复回答自己每天所做的事情,又有人问她:"假如有一天你中了大奖又要怎样安排自己的生活?"她的回答仍然是每天做着的重复事情……故事就这样结束了,没有答案,但回味无穷。对故事中的赛尔玛来说,幸福就是如此简单。

这个故事给我们很多的启示:赛尔玛的选择平淡无奇,为什么也感到幸福?是因为她能够遵循自己内心的意愿做自己喜欢的事情,不被外界环境所干扰,以不变应万变,去享受寻常日子里的周而复始,用心感受生活的美好,这样的幸福是自然而然生长起来的。

生长是生物体按照其自身成长节奏不断变化的一个缓慢过程,它通常用于生物个体长度与重量的增长。本文中的生长是认同杜威"教育即生长"的理念,认为生长本来就是自己的本能,而不是被迫执行、强加吸收,生长的力量源于内驱动力,是自主的选择和决定。人的教育必须要遵循其内在生长的规律,就如同小鸡破壳而出,是一种天然的原动力,是尊重每个人的天性和与生俱来的能力,唤醒其内生力量,让生命生长得更幸福。

追求幸福是每个人毕生奋斗的方向。当下,受快节奏、加速度、高效率等社会竞争因素的影响,幸福感缺失成为一种社会普遍现象,"不要输在起跑线上"的口号让教育内卷化,让父母没有了自我,让儿童失去了快乐的童年。不知何时,幼儿园的工作节奏也随之"奔跑"起来了,"功利化"色彩让幼儿不堪重负,一些幼儿园为了彰显园本特色,引进各种特色课程进行简单的叠加,教师为了完成教学任务,不得不缩短幼儿游戏活动的时间,一日生活中充满了教师的高控和规训,区域活动也成了宣传其园所理念先进的噱头。在知识化、学科化现象不断加剧的今天,教师一方面要从理念上认同幼儿园要以幼儿为本、以游戏为基本活动,另一方面又担心一旦放手游戏后教育目标无法达成,担心家长看不到孩子的发展无法解释,面对各种"问责",不得不应付检查、评估,加班完成环境创设、各种材料补充等事务性工作。长此以往,教师感受不到工作的意义和价值,幸福感全无。在这样的状态下又怎能培养出有幸福感的幼儿呢?更不用说去用心感受寻常日子里的美好!

笔者随机采访了一些一线园长和教师对于"幸福生长"的理解,以下是部分对话中的实录:

和小朋友在一起就能幸福生长。我毕业后一直在这个幼儿园工作,两年后顺利考上"在编"，记得在面试的时候我非常不自信，觉得自己的弹唱跳画都不是强项，唯独从骨子里就有一颗喜欢小孩子的心和对未来职业的期待，那次面试园长的一句话我至今记忆犹新：你天生就是吃这碗饭的！这句话，很淳朴至真，也给我莫大的鼓励，我感觉有这样的团队引领就能够幸福生长！

——丁静（青少年宫第二幼儿园教师　教龄 3 年）

幸福就是不胡思乱想，不被外界纷扰所干扰，和孩子在一起时就抛去头脑中的静态噪音，用最好的状态去观察他们，给他们支持，在这个过程中不断地去发现每个孩子都是有能力的学习者，幸福自然就生长起来了。有句话我非常喜欢："心简单，世界就简单，幸福才会生长；心自由，生活就自由，到哪都有快乐。"不刻意去追逐，幸福就自然生长！

——张晖（济南机车车辆厂幼儿园园长　教龄 29 年）

我认为幸福生长的力量是掌控时间。自我掌控的时间安排，追随老师、幼儿的生理节奏和心理节奏，通过让生活慢下来，老师和孩子不再是不断转场、机械的时间执行者，老师有了更多的时间去观察、支持幼儿，有更多自主调配的时间和空间，幼儿可以有更充分的时间去享受游戏的奥妙，形成自己思考问题的思维模式。

——赵静（槐荫区演马佳苑幼儿园教师　教龄 9 年半）

以上是三位不同教龄的园长、老师对于"幸福生长"的不同理解。从她们的表述中可以看到，幸福生长与其兴趣、自由和掌控等因素紧密联系在一起，从根源上剖析就是教师渴望内在的精神追求不断丰盈。有关研究表明：教师的幸福感程度与其专业能力、自我价值的实现空间有密切关系，会影响其教育教学的行为。因此，幸福生长对教师而言至关重要，教师有幸福生长的力量，才能更好地陪伴幼儿度过幸福快乐的童年。

"师幼彼此滋养，幸福生长"是笔者在进行项目改革过程中倡导的共同愿景，也是课程改革的终极目标。本文的幸福生长与自主性密切相关，大量研究证实一个人拥有自主才能更加幸福，而生长内驱动力最有效的方式就是允许主体参与并能够自主选择，教师拥有自主才能真正地支持幼儿的自主，在彼此共处的日子里，顺应幼儿的天性，创设滋养的环境，引发其更多的好奇心、热情和学习动力，理解自主的界限，带着胜任感去面对人生的各种挑战，走向理想自我和现实自我的和谐一致。

真正的幸福是自主和规则的共融共生，本项目研究以幸福生长教育为文化内核，尊重个体在自然生长过程中的主体性感受，依托区域活动的研究以促进幼儿自主性发展，在全课程理念下对班级一日生活进行重构，去发现每个生命不同阶段所呈现的最美好状态，去感受内在生命力量绽放后的喜悦。无论是幼儿还是成人，在自然、和谐的环境中都有其独特的生长节奏，只有具备了生长的内驱力，才能让自己的生活、工作变得幸福。如果一个人行动是自主的、思想是自由的，就会沉浸在当下的活动中，那么生长就自然发生，而这种生长就是一种心流的体验，如同小孩子在玩游戏时，会忘记了时间、利益，这种内在力量让他痴迷于当下的游戏，是喜悦、是兴奋、是专注、是不舍的情感。

幸福生长离不开有品质的生活，有品质的生活本身就是好的教育。正如陶行知先生所言：教育的根本意义在于促使生活的变化。教师要重新回归儿童立场去审视自己的教育行为是否适宜，是否为幼儿提供了一个有利于其发展的环境，是否能发现每个幼儿都是有能力、有自信的学习者，是否能支持每个幼儿富有个性的发展、成为完整的人。当你真正走进幼儿，就会发现幼儿带给你的惊喜；当你真正理解幼儿，就会发现专业的力量带来的获得感和成就感，那么你就会与幸福不期而遇。

关注幼儿自主就是关注当下生命的幸福状态，要有充足的时间和自由的动力让幸福生长，在与幼儿共同的生活中要适时地慢下来，去体会寻常日子里芬芳的心境，去感受师幼彼此的心灵辉映，是尊重其发展规律的等待，是在共处的环境中彼此滋养。

本思想的提出受到卢梭、杜威等教育家所倡导的自然教育理论的影响，是新时代背景下对幼儿生命教育的再思考。幸福生长的意义是让教师、幼儿在成长的过程中能够如同植物生长一样，遵循其规律，向内生，有扎根蓄能之等待；向外长，有破土而出之精彩，享受其过程，幸福就会自然而然地生长起来。

二、关注幼儿自主性

美国学者爱德华·L.德西认为：真正的自主意味着人们的行为来自己的真正选择，意味着人们在行动中被真正的自我所掌控。在区域活动的研究中，我们越来越发现自主对于幼儿一生的学习和发展有着重要的作用。有研究表明，自主是人类的基本需求，可以让人产生强大的内驱力，可以激发人的内在动机；拥有了自主，就拥有了掌控人生的力量，就拥有了获得幸福的能力。关注幼儿自主，就是关注幼儿的幸福生活，就是滋养幼儿的幸福生长。本项目通过查阅并整理相关文献，对幼儿自主性进行了深入的研究，更好地帮助大家理解自主性与幸福生长的关系。

（一）为什么要关注幼儿自主性

每个幼儿都是一个具有独立人格的个体，都拥有鲜活的生命和丰富的精神世界，都具有独特的作为人的价值和意义。因此，"儿童早期的自主性越强，进一步发展这种自主性的可能性就越大。这就是为什么自主性要早期开始培养的重要原因。"[①]

1. 自主性是教育本质的回归，同时也是时代和社会发展的诉求

德国哲学家伽达默尔认为："真正的教育是自我教育。"哲学上对"人"的追问必然与教育相关联，探讨自主性的问题必须要回归教育的本质：教育到底要培养什么样的人？教育是培养社会所需要的人才。未来社会更需要具有创造力与创造性思维的人才，而自主性与创造性的发展有着密不可分的联系。心理学研究证明，自主性是具有创造性的人的一种重要的人格特征。"创造如果没有自信心和自主性是不可能的"[②]。"一些心理学家对富有创造性的数学家、作家、建筑家等个性特征进行了研究，结果一致认为，'独立自主、自信心强、不求人、热情而勤勉、有决断、能自治和自制'等，是高层次创造性人才个性品质中最基本的因素"。自主性能够激发幼儿主动去解决问题，激发思维的创造性，进而提高幼儿创造力及创造性思维水平。未来社会需要优秀的创造性人才，因此，促进幼儿自主性发展是时代和社会发展的需求。

2. 自主性对幼儿社会性的形成与发展至关重要

在关于青少年违法行为与家庭关系的研究中，研究者发现，父母对青少年自主性的侵犯是青少年问题行为产生的一个主要的危险因素，还有研究进

---

① 康斯坦斯·凯米，杨汉白.自主性要从小开始培养 [J].心理发展教育，1987(03)：61－63.

② 伊谢科恩.自我论 [M].佟景韩等译，北京：三联书店，1986.

一步明确指出，在父母的教养方式与青少年违法行为二者的关系中，自主性是中介因素，严厉惩罚的教养方式，导致青少年自主性的缺乏，进而产生青少年违法行为的出现。[①] 因此，家庭对幼儿自主性的忽视是导致青少年违法行为的最主要因素之一，而发展幼儿自主性可以预防青少年的违法行为。

在《指南》社会领域的指导要点中明确指出，要"鼓励幼儿自主决定，独立做事，增强其自尊心和自信心""在保证安全的情况下，支持幼儿按自己的想法做事"。可见，自主性与幼儿社会性发展有着密切的关系。

3. 国内外儿童心理学家、教育学家等相关研究阐明了幼儿自主性的重要性

幼儿自主性的倡导者应该追溯到 18 世纪法国思想家卢梭，他反对对幼儿进行压制和强迫式教育，主张教育要顺应幼儿的自然本性，培养个体的自主性。19 世纪的欧文和福禄贝尔都强调幼儿园应该是"发展本能和自我活动"的教育机构，教育要回归幼儿，回归生活和游戏，确保幼儿的自主性和发展性。20 世纪涌现出一批幼儿早期教育者，他们批判地继承并发展了卢梭的自然教育思想，其中最具影响力的国外心理学家、教育学家有蒙台梭利、杜威、皮亚杰、维果茨基等，国内有陶行知、陈鹤琴、张雪门等，他们所倡导的"教育即生长""人是一个有创造力的生物""幼儿是有能力的学习者""解放幼儿，激发创造力"等一系列的实用主义教育思想，为幼儿自由、自主成长提供了理论基础和实践可能性。

（二）什么是自主性

自主性是一个复杂的概念，按词义解释就是不依赖于他人，不受他人的干涉和支配，自我判断、自我行动；是行为主体按自己意愿行事的动机、能力或特性。

追溯自主性的哲学起源，马克思著名的人的类特性指出，人之所以成为人，就在于能够支配"自己的生命活动"，将自主性定义为区别人与动物的重要特性；从心理学角度，我国学者钟启泉将"自主性"界定为成为自己行

---

① Davis, Steven Michael. 自主性和关联性与严厉惩罚和青少年犯罪之间的关系 [J]. 国际论文摘要：B 部分：科学与工程，1997(04)：57.

动的主体，不依赖他人（有时排除他人的干预）自由地做出自己的判断、主张和行动①；发展心理学对于自主性概念的界定为，自主性是指依靠自己的力量，实现自己合理选择的目标的愿望和能力；我国学者邹晓燕认为，自主性是个体依靠自身做出符合社会规范的决定，并能自我调节而达到目标的行为倾向，是主体自我依靠、自我控制以及自我主张的综合体现②。本研究借鉴邹晓燕有关儿童自主性的研究成果进行深入探讨和实践运用。

从自主性的构成来讲，大部分学者同意美国心理学家希尔（Hill）和霍尔姆贝克（Holmbeck）对自主性的研究，将自主性分为三个类别③：行为自主、情感自主和认知自主。行为自主是指个体独立功能的主动、全面的展示，包括对自己行为的管理和做决定；情感自主指青少年在承担起个人做决定、价值判断和情感稳定等责任的同时，发展起来的对父母的成熟、现实和平等的认识；认知自主是指一种个体不需要寻求他人同意就可以自己做决定的主观感觉。三者并不是孤立存在的，它们相互影响、相互作用着构成了自主性的有机整体。

邹晓燕在前人研究和实验的基础上将自主性具体划分为三个维度：自我依靠、自我控制和自我主张。其中，自我依靠是指依靠自己的力量，相对地不经常寻求别人的帮助，与此相对应的是依赖；自我控制是指能够克制自己的不合理愿望，调节自己的行为，与此相对应的是任性；自我主张是指能够相对地自己做主，不受别人支配，与此相对应的是从众。自我依靠、自我控制、自我主张三个方面作为自主性的三个基本要素有机地统一于个体的心理和行为中。

本研究中，借鉴邹晓燕关于自主性结构维度的相关研究成果研制了《区域活动中幼儿自主性发展维度观测量表》（后称《量表》），在本书第五章第二部分做具体的阐述。

（三）什么是幼儿自主性

幼儿自主性，是幼儿自我心理发展过程中一个不可或缺的部分，是幼儿

---

① 钟启泉.关于儿童"自主性"发展的心理学考察［J］.教育理论与实践，1995(01)：9－11.

② 邹晓燕，杨丽珠.3－5岁儿童独立性结构的验证性因素分析［J］.心理科学，2005(01)：064.

③ Hill JP, Holmbeck GN. 青少年时期的依恋与自主［J］.儿童发展年鉴，1986(3)：145－189.

学会处理各种关系的能力体现，反映了幼儿作为"社会人"的本质属性。有学者认为幼儿自主性是指幼儿主宰自己的活动的心理过程①，即幼儿能够不依赖于他人，自由地做出决定，并依靠自己的努力将其付诸实施，达成自己的目的；也有学者认为幼儿自主性具体指幼儿按自己的意愿，带着自己的问题，在自己的探索中解决问题，在自己的尝试中逐渐完成结果。本研究认为，幼儿自主性是指幼儿在生活、学习、游戏中能够按照自己的意愿，自主合理地做出选择和决定，并能依靠自己的努力实现自己的目的。

1. 幼儿自主性的发展特点

（1）幼儿自主性发展的年龄特点

研究表明，3～5岁幼儿的自主性发展呈现出显著的年龄差异，无论是行为自主、情感自主还是认知自主水平都有明显提高。这一结论既与邹晓燕等人关于幼儿自主性发展特点的研究结论相合，又符合幼儿心理发展的一般规律。

表2-2-1　幼儿自主性发展的年龄特点

行为自主	情感自主	认知自主
3～4岁幼儿的行为自主迅速发展，是幼儿独立性发展的关键期。	3～4岁幼儿情感自主发展缓慢。 1. 情绪喜怒多变，以哭闹的方式寻求满足和表示愤怒。 2. 自我控制能力不强，不能控制和调节自己爆发的情绪。	3～5岁幼儿的认知自主显著提高。 1. 以具体形象思维为主，幼儿的思维凭借事物的具体形象或表象来进行； 2. 在认知方面有自己的见解和主张，幼儿的认知自主进入了第一阶段的快速发展时期；
4岁以后，多数幼儿具备了基本的处理个人事务的技能，为以后情感自主和认知自主的发展奠定了基础。	4～5岁幼儿，道德感和自我评价能力逐渐发展。 1. 幼儿对自己情绪的调节和自控能力增强。 2. 对父母的过度依赖明显减轻，情感自主水平显著提高。	3. 幼儿发展后期，抽象逻辑思维开始发展，幼儿对于认知的自主能力进入了第二阶段的快速发展时期。

① 李翠芳,夏小红,张懿芳.幼儿自主性发展的教育研究［M］.呼和浩特:内蒙古人民出版社,2006.

总之，幼儿的自主性在 3～5 岁是迅速发展的时期，教育者要把握好幼儿自主性发展中每个要素发展的关键期，并给予幼儿适时适宜的引导，促进其自主性的良好发展。

（2）幼儿自主性发展的性别特点

幼儿自主性的总体发展存在着性别差异。女孩在情感自主和认知自主方面高于男孩，但是男孩拥有更多的自主选择和决定的机会；而在行为自主方面，人们更多地注重对女孩行为自主能力的培养，而对男孩过度保护和照顾，使男孩产生更大的依赖性，阻碍了男孩行为自主的发展。因此，作为教育者要淡化性别意识，避免幼儿自主性培养在日常生活和教育活动中受性别影响。

2. 幼儿自主性发展的影响因素

大多数学者认为影响自主性的因素大致可分为三类：个体因素、家庭因素、社会因素。个体因素中年龄、性别、气质等被看作是影响幼儿自主性的内部因素，家庭因素和社会因素被看作是外部因素。

（1）个体因素

幼儿自主性发展受年龄、性别、气质的影响。随着幼儿年龄的增长，幼儿会清晰地提出自己的需求和愿望，对自主权限的要求越来越高；美国心理学家杰罗姆·凯根提出幼儿气质具有抑制和非抑制特征，其中幼儿的抑制气质，与其自主性有着密切关系，与幼儿的自我控制水平存在着较高的相关性，如黏液质的幼儿善于克制自己，自我控制能力强，因此，幼儿不同的气质类型也是影响幼儿自主性发展的个体因素之一。

（2）家庭因素

家庭是幼儿成长过程中的重要环境因素。家庭氛围对幼儿的成长起着至关重要的作用，轻松、和谐的家庭氛围让幼儿更自律、更懂得自我管理、自我控制，有利于促进幼儿的自主性发展。家庭教养方式也影响着幼儿自主性的发展，如溺爱型教养方式，家长无原则地满足幼儿的需求或事事代劳，幼儿形成依赖性，缺乏自主性；专制型教养方式，家长总是控制幼儿，按照自己的标准要求幼儿，忽略了幼儿对自主的需求、剥夺了幼儿自主的权利；民主型教养方式，家长给予幼儿足够的信任与尊重，给幼儿更多自主选择的机会，幼儿会更加自尊、自信、自主、独立。因此，良好的家庭教养方式，有利于幼儿的自主性发展；而不良的教养方式，则在一定程度上阻碍了幼儿自主性发展。

(3) 社会因素

在不同文化背景下，幼儿的自主性存在差异。例如，美国的家庭将培养幼儿的自主性作为重要任务之一，日本对于幼儿的"独立教育"大家有目共睹，而中国的家长更重视学业而忽视了幼儿自主性的发展。由此可见，文化背景不同，家长在育儿方面的价值取向不同，幼儿对自主性的需求不同，幼儿自主性发展就会表现出差异。

自主的感觉是发自内心的，当一个人做一件事情是自己选择的，是自己愿意、自主自发去做的，而不是被外在的因素所强迫所控制，那么，他所获得的体验是由内而外的幸福和快乐。如果一个人只是追求外界强加给他的价值和目标，他是不自由的，因为他丧失了内在动机和真正的自主，也无法获得真正持久的幸福。只有满足了人对自主的需求，才能持续激发其内在动机，同时拥有最好的表现和幸福的体验。

三、活动室里如何幸福生长？

奥地利著名的心理学家阿尔弗雷德·阿德勒曾说过："幸福的人一生都在被童年治愈，而不幸的人却要用一生去治愈童年。"《指南》中强调：让幼儿度过快乐而有意义的童年。南京师范大学虞永平教授指出："衡量幼儿教育好坏的标准不仅仅在于幼儿学会了多少知识、发展了多少技能，更为重要的是幼儿是否拥有积极的情绪和有没有感受到幸福。"可见，幼儿今天的幸福就是人类未来的幸福，对其一生都有着极为重要的影响。活动室里的幸福生长是让幼儿能做快乐并且有意义的事，是一种积极的心理体验，是生命的本能得以自然展开，是依靠自己的力量合理地选择目标去实现自己的愿望和能力，是内心拥有的安全感和价值感，是滋养、共生、智慧与审美的高度融合。创设充满儿童文化的环境，投放高品质的玩具、材料，吸引并保证幼儿通过游戏的方式去主动学习、自我探索，教师以正面引导的方式，对幼儿时刻关注、适时帮助，活动室里的幸福就会慢慢地生长起来。

(一) 了解活动室与教室的区别

幼儿园和中小学有很多不一样的地方。比如说名称，同为教育机构，中小学叫学校，而我们叫幼儿园；学校的班级叫教室，而幼儿园的班级叫活动室。从字面意义上来理解，活动室是指要在这样的场所进行活动的地方，既然是活动，那么就是以幼儿为主体的、有更多的直接体验、亲身感受的空间；而教室则是教师向学生传授课业的场所，是教师主导的、以接受性学习方式为主的空间。大家有没有仔细地想过这个问题，仅仅是概念的变化吗？不是，其实也是一种理念的导向。

早在1837年，德国教育家福禄贝尔创办了一个"发展本能和自我活动"的新机构，并在1840年把这个机构正式命名为幼儿园。有人称之伟大的发明，原因有两点：一是教育机构的定位符合幼儿的学习特点，教育回归幼儿，确保自主性；二是教育回归生活、回归游戏，确保幼儿的发展性，他将活动室与花园相连，让孩子们自由奔跑，还专门为孩子们设计名为"恩物"的各种玩具，引导幼儿动手操作、主动学习，各种益于身心健康的自我活动在有准备的环境中、在教师的智慧照料中获得发展。

我们探讨活动室与教室的区别，并不是咬文嚼字的概念纠结，而是探讨在这样的一个空间中主体是谁的问题，同时也在呼吁幼儿园的活动室首先是师幼共同生活的地方，而不仅仅是上课的地方。在这样一个生活的场所中，教师为幼儿创设一种教育环境、运用一种游戏的方式把幼儿代入到这个学习场域中去，让幼儿的学习方式更多元、更适宜，改变传统的教师教、幼儿听的被动学习模式，选择幼儿学习的最佳路径与方法，教师不再是教书匠的身份，他们能了解个体的不同生长节奏，创设环境让其主动地与这个客观世界进行互动，幼儿各种有益经验在主动建构中得到提升。

（二）好的环境是助推活动室幸福生长的保障

好的环境对幼儿的幸福生长起着决定性的作用，这里的环境不仅仅是指物理环境还包括其心理及精神环境，开放的、丰富性的、有启发性和挑战性的空间环境是促进幼儿与环境互动的必要条件。环境不仅仅有美化的作用，更重要的是创设一种趣味盎然、富有吸引力、有生命、富有变化性的生态环境，引发幼儿主动参与体验，允许他们"奇思妙想"，主动建构知识。

活动室是教师与幼儿共同生活、游戏、学习的地方，一天以8小时计算，除去保证户外2小时活动时间外，幼儿在活动室的时间能长达6小时，创设怎样的环境、如何合理安排这 6 小时对幼儿的幸福至关重要。

环境对幼儿的情绪、认知及社会性发展甚至大脑发育都有重要的影响。幼儿期是大脑发育的关键时期，也是学习发展的敏感期，接触的环境材料越丰富、亲身经历的事件越多，大脑中的神经元突触就会迅速发生反应，进行强大的连接，智力也就必然得到发展。如果你善于发现，你就会被幼儿的学习力所震撼，他们无论是观察模仿、还是概念学习、技能掌握、探究创造等都在这个时期表现出惊人的速度，因此，活动室里幼儿是否能够幸福生长，与其在环境中的积极体验、具体经历有着密切的关系。据有关调查研究发现，成人在童年的记忆中最为美好的时光都指向两点：一是在大自然中探索，二是能在自由选择活动的主体性中获得丰富的感官体验。可见，创设一个自然的、能调动幼儿多种感官参与的室内班级环境是幸福生长的重要秘诀。

如果给理想的班级活动室环境画一幅蓝图，那一定像家一样充满爱与温馨，每一面墙饰都流淌着孩子们的成长轨迹，每一个角落都有孩子们可栖息的地方，每一个区域都有孩子们喜欢的玩具（材料）。虽然是小小的室内空间，但却传递着大自然气息，木质的积木能搭起孩子们大大的梦想，各种藤编柳编收纳小筐散发着大自然的清新，随处可见的小绿萝或是几盆多肉，小鱼在鱼缸里游来游去，一切都变得生动起来！娃娃家各种精致的小镜框错落有致地摆放着，里面有爸爸妈妈和"我"的照片，玩起游戏来也是满满的仪式感。美工区作品的陈列绝不是简单的堆砌，经过老师艺术的摆放，你会发现孩子的作品堪比画家的画作！这里的每一种材料都会说话，像是在呼唤着好朋友的到来，只要孩子们选择它，各种有趣的玩法都会产生，任何困难都难不倒他们。

而活动室的这一切不是冰冷的豪华场所，不是用钱就能打造出来的，而是教师和孩子们共同创造的，是课程的重要组成部分。在这里，它见证师幼的共同成长，在这里发生着有趣的故事。老师就像魔法师，每天总能变出各种各样有趣新奇的玩具（材料）。走进活动室总会有些小惊喜，这些物品在与教师、与幼儿互动的过程中，变得越来越有温度，变成幼儿生活中不可缺少的一部分！正如作家小野所说："真正的高级，不是物质的堆砌，而是找到内心的爱与自由。"

在项目改革过程中，我们从改造一间活动室开始（具体在第四章为大家重点阐述），大胆变革，从空间布局到材料投放，从色彩搭配到材料呈现，不追求室内装修的是否豪华与气派，不在乎玩具材料的价位高低，而是依据园本、班本的实际情况，最大限度地满足幼儿的兴趣与需求，力求把活动室真正变成幼儿生活的乐园、家园，在这里幼儿的心灵是放松的、是安全的、是自然流淌的。

（三）好的关系是滋生活动室里幸福生长的动力

班级活动室内环境是指物质和精神、师幼共生的"双生"环境，每个班级都应该充满生活气息，是幼儿生长的乐园，是自然、生命和美的呈现。使用"生长"一词是强调活动室内的环境是一种由内而外的、有内驱力的"活"现象。这里"活"的智慧来源于教师，它具有强大的生命力，是师幼彼此滋养互生的产物，是"活"教育的具体体现，是师幼幸福生长的源泉。

活动室是充满爱与温馨的地方，教师的角色应该定位为思想在幼儿的前方、行动在幼儿的后面。有一本书叫《在远远的背后带领》，作者安心通过十年的研究，从不越界、不评判、负责任、无伤害等6个角度，深入剖析与孩子进行有效沟通的精髓，从这本书中我们可以得到一个启示，那就是好的沟通能建立好的关系，好的关系是在寻常的日子里的有效联结和彼此滋养，我们和幼儿的相处方式，就是幼儿未来与世界的相处方式。

幸福生长的活动室离不开充满智慧的教师，她们善于观察和思考，以学习者的形象出现在孩子们身边，她们会不断地进行灵魂三问：幼儿在哪里？（尊重幼儿的兴趣和需求）学习在哪里？（看见幼儿的经验和成长）课程在哪里？（反思成人的支持和影响）。生活中的"美"浸润孩子的心，一个轻盈、通透、具有呼吸感的空间，清新简约，空间布局、采光、色调、天然材料给活动室带来温度，每一个区域、每一种玩具都是整体环境的有机组成部分，每一面墙壁适当留白，有呼吸感，呈现孩子的课程轨迹。

（四）幸福生长就藏在寻常的日子里

泰戈尔说："教育的目的是向人类传递生命的气息。"一间幸福生长的活动室里会发生很多很多的故事，每一个故事都传递着生命的气息。下面的故事就发生在小班刚入园时，让笔者真实感受到了幸福生长就藏在寻常的日子里。

新小班幼儿入园的第三天，正值秋冬季呼吸道传染病的高发季节，幼儿自身抵抗力差，再加上刚入园出现分离焦虑的情绪，便会出现流鼻涕的感冒症状。在观察中我发现班里流鼻涕的幼儿几乎都不会擦鼻涕，他们要么任由鼻涕往下流，要么走到老师身边寻求帮助，还有的孩子不懂得求助任鼻涕在嘴角打转……而老师则是迅速地帮助幼儿擦好鼻涕，认真地按照自己的教学逻辑组织着早已准备好的活动内容。

发现这个现象后，我与主班老师进行了交流，抓住这个教育契机，生成主题活动"流鼻涕怎么办"，教给孩子学习擦鼻涕的正确方法，通过谈话活动和小朋友一起探讨流鼻涕怎么办，带领小朋友模拟学习擦鼻涕的方法，让小朋友了解秋天容易感冒，感冒了就会生病、流鼻涕，必须多喝水多运动，才能赶走大病菌。教师在日常生活中提醒幼儿流鼻涕后要把废纸扔进垃圾桶里，洗干净手，这样才不会传染给别人。同时要与家长达成共识，耐心等待孩子自己擦鼻涕，不可剥夺孩子学习成长的机会。

幼儿流鼻涕后能自己去找纸擦干净，看似普通的事情却是幼儿独立能力培养的重要内容，引导幼儿学习擦鼻涕，取一张餐巾纸对折——堵住鼻孔一侧——轻轻地往外呼气——对折餐巾纸——交替擤鼻子——将纸扔进垃圾桶——洗手，在成人眼里觉得再简单不过的动作，而幼儿做起来却是如此"费劲"，即便是老师引导也会发现有的幼儿拒绝自己做，习惯了等着老师擦，有的幼儿尝试自己擦，会擦得满脸都是，这时候，教师需要做的就是等待和帮助，而不是包办代替，教师帮幼儿擦这个行为看似爱心满满，但剥夺的是幼儿练习和成长的机会，也许教师几秒钟解决的问题在幼儿那里却是一件需要挑战的大事，幼儿学会自己擦鼻涕这个本领需要时间和重复的练习，需要教师无比的耐心和等待。

看似简单寻常的事难道不正是最贴近当下、最有意义的生活教育吗？这就是活动室里幸福生长的寻常时刻！

幼儿教育的本质是促进其生命成长，所谓"生命成长"是指以个体自主性为核心的积极人格的成长。如果幼儿教育脱离了对其人格完善的建构就不能称其为幼儿园教育，而人格的建构不是通过说教和灌输的方式让幼儿记忆理解。幼儿教育是扎根的教育，是在慢生活中不断被滋养、浸润的生命教育，是用游戏点亮幸福童年的教育。维果茨基强调：六岁之前的儿童是按照自己的大纲生长的，他们的学习特征表现在"自发—反应型"学习，也就是说每一个幼儿都有自己独特的生长节奏和学习特点，教育必须顺应天性，而不是灌输和规训。幼儿宝贵的童年不应该被现行教育体制所影响和束缚，"不输在起跑线上"的急功近利的做法无疑对幼儿是一种摧残，是强迫"蜗牛"奔跑，是拔苗助长。

活动室里的幸福生长，就是为幼儿创造安全丰富的环境、生动多彩的活动，尽可能地使幼儿保持在自然天性的状态，让其主动地与环境中的物、人及事件发生互动，在"做中学、玩中学"的直接体验中获得多种有益经验，我们希望教师能在了解幼儿的前提下最大限度地支持、科学艺术地指导，就犹如呵护一粒植物的种子，让幼儿按照其自身的节奏生长成为最好的自己。

第三章 解读"生活自喜悦"

　　活动室里的幸福生长，倡导的就是在师幼共同生活中有一种幸福完整的生命体验，是在探究发现与自主创造中享受教育的美好，实现生命的拔节生长，而教育就在寻常的日子中自然发生，是生活、文化、自然等多种元素的联结，是教育新生态的一种呈现。在区域活动的项目研究中，笔者提炼出活动室里幸福生长的行动理念，即"生活自喜悦"，为教师组织实施高品质区域活动提供了有力的支持。所谓"生活自喜悦"是指幼儿园在组织和实施区域活动时要回归到一日生活中去，教师在有准备的环境中给予幼儿自由和爱、规则与平等，最大限度地满足幼儿的个性化发展需求，教师常怀喜悦之情去等待、去帮助、去支持幼儿的自主性发展。"生活自喜悦"的行动理念倡导要把区域活动融合到一日生活中，用美的环境滋养儿童，用好的生活重构课程，亲密的关系融合共生。无论对教师还是幼儿，他们的身心是放松的，思想是自由的，精神是愉悦的，他们远离城市的喧嚣与竞争，置身于一个"有准备""有故事"的生活空间中，可以诗意地栖居在此，去感受生活中的一事一物、一花一草、一食一味，彼此滋养幸福地生长，所谓的"教育""发展"就在不经意中犹如一叶扁舟泛起湖水中的涟漪，以一种喜悦的心情悠然前行。

一、什么是生活自喜悦？

为解决区域活动中活动形式浅表化、活动内容成人化等现实问题，笔者提出了区域活动中支持幼儿自主性发展的行动理念，即"生活自喜悦"。"生活"指向学习环境，表明班级的空间既是师幼生活的地方，有家一样的舒适和温馨，充满了生活的气息，同时也是课程发生的地方，蕴含着教育的契机，因为有了专业教师的存在，而让环境变成了重要的课程资源，让幼儿的学习潜移默化地发生。"喜悦"指向师幼关系，强调教师的重要作用，有效互动是建立亲密的师幼关系的前提和基础，教师的态度和行为在师幼互动中至关重要，"喜悦"强调幼儿的学习是快乐而有意义的，是教师的"被允许"，充满了爱与包容，尊重与理解。"自"指向师幼个体发展的自主性，是幸福生长的助燃器。生活、喜悦、自主性三者相互依存，共生共长。

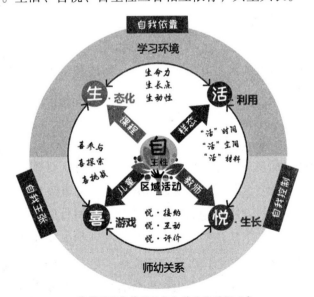

区域活动支持幼儿自主性发展行动理念
— 100秒读懂"生活自喜悦" —

图 3-1-1　区域活动中支持幼儿自主性

"生活自喜悦"既是支持幼儿自主性发展的区域活动的课程理念，也是教师在组织实施区域活动时应遵循的行动法则，"生""活""自""喜""悦"五个字，每一个字为一个法则，每个法则都被赋予了深刻的意义，为教师提供了在具体教育实践层面中可参考、可操作的有力支持。

二、支持幼儿自主性发展的行动理念

本行动理念遵循卢梭的自然教育思想、杜威的实用主义思想以及陶行知的生活教育理念，具有三大特征：一是自主性的回归，区域活动是对生命教育的再认识，是以儿童为本的教育理念的真落地。二是生活化的变革，倡导从全课程视角下融合一日生活，变革生活方式，提升幼儿的生活品质，支持幼儿自我依靠、自我控制和自我主张能力的发展；三是游戏化的践行，注重平衡教与学的关系，变革学习方式，营造自主性学习空间，创造丰富多彩的活动，师幼在尊重、平等的对话中共生共长，感受生活的喜悦之情。具体阐述如下：

（一）指向班级环境的"生"和"活"是支持幼儿自主性发展的重要条件

区域活动的品质与幼儿的生活环境息息相关，基于儿童视角的学习环境创设不仅要体现儿童性，满足其生理和心理、物质和精神、当下和未来的多元的需要，而且能让幼儿在所处环境中感受到存在感、掌控感和自我的价值感，催生内在动力，主动探索，快乐学习。

"生"是指生态化，包括生命力、生长点和生动性三个特质。生态化是指教师要从全课程的视角统筹规划班级环境，创设时既要尊重幼儿天性、顺应自然，也要符合社会文化需求、实现教育目的，将班级环境呈现出一种共同生活的样态，要寻找课程的动态平衡点，如文化与自然、游戏与探求、生成与预设等，让幼儿的生活状态实现自然生命与社会生命的共生，在这样的环境下生发的隐性课程才能生长出最美好状态，支持生命自我成长。

生态化的第一个特质就是生命力，生命力是强调班级环境的创设要让幼儿有机会接触到自然物，这里的自然物包括有生命的小动物、各种植物，也包括含有"自然、生命"元素的自然家具和材料，像有呼吸感的原木材质家具、带有生命频率的松果、被大海冲洗过的石头、贝壳等等，用这些生命物质隐含在班级环境中，在潜移默化中滋养幼儿的心灵，让幼儿从小学会敬畏自然、关爱生命。

生长点是指教育要在顺应自然的前提下结合社会文化的需求、教育教学的目标，实现教育的功能并寻找到生长的契机，鼓励幼儿与环境"对话"，让环境"记录"幼儿的学习与发展。比如我区一所试点园的老师在建党100周年之际，为了萌发幼儿的爱国情感，与主题课程内容《探秘四大发明》相融合，通过特定的环境、氛围，用幼儿可接受的方式去浸润其心灵，邀请幼儿参与到主题墙的设计中，利用主题墙帮助幼儿梳理、回忆和反思活动的过程，潜移默化地激发幼儿对祖国的热爱之情，致敬建党100周年。

生动性是指环境的创设要保持动态平衡，预设的内容和生成的主题交相辉映，教师应追随着幼儿兴趣的变化、能力的提升、教育目标的递进等客观因素进行灵活的调整，创设真实的生活情境，让幼儿主动参与其中，满足幼儿的可持续探索和深度学习。

"活"是指班级物理环境的活利用，包括时间的"活"、空间的"活"和材料的"活"。"活"利用是创设的空间具有开放性、灵活性和共享性，凸显的是班级环境为幼儿所用，明确的是班级环境的主人是幼儿，要理解幼儿天生就活泼好动，具有主动探究和学习的内在动力，他们是有思想、有解决问题的能力和能创造美好生活的鲜活生命个体，教师通过不断地动态调整环境，形成以"学习者"为中心的自主性学习空间新样态，把幼儿推到课程的正中央。

"活"时间是指让幼儿对一日生活节奏有一定的掌控感，在区域活动中幼儿能在生活、游戏和学习各环节转换中自主、有效地利用时间。通过"活时间"减少教师高控、"一刀切"的现象，教师也能尊重幼儿的兴趣和需要灵活组织各项活动。比如区域活动中幼儿计划的环节，幼儿可选择时间自主计划，既可以选择早饭前晨间活动的时间，也可以选择早饭后的时间，这样既尊重每个幼儿不同的生活节奏，也避免了消极等待的时间。活用时间赋予了幼儿和教师主动规划的权利，将碎片时间化零为整，让区域活动和一日活动更好地相互融合。

"活"空间是指班级空间的功能具有灵活性，内容具有多变性。比如区角的设置不是一成不变的，而是根据幼儿的兴趣与需要以及课程目标进行数量、大小、功能和内容等动态的调整。例如，在某幼儿园的班级空间中用地面上的线条控制了孩子进出，有"画地为牢"的感觉，尽管室内有很大的空余场地，但因已设定好的规则故不能"越雷池半步"，原因是那个空间是集体教学活动的空间，区域活动时间不得进入。从这个案例中我们可以看到，当活动的空间是"死"的，必然会限制幼儿的自主性发展。

"活"材料是指区域活动材料的选择、使用和投放要灵活、多元和可变化。从材料的选择上要关注其功能的可塑性和可变性，比如低结构材料像雪糕棍、废旧纸杯、积木块，等等。从材料的使用上能跨区使用、自由组合，比如小餐厅缺少美食的食材，幼儿可到美工区选取像小树叶、贝壳、橡皮泥等进行以物代物。从材料的投放上要根据幼儿的年龄、兴趣和主题目标的要求，科学地、循序渐进地投放，不断地调整改进，使之"活"起来，确保材料的适宜性。比如建构区的单元积木，随着幼儿建构水平的不断提升，从小班 300 块左右到大班的 500—600 块，不断支持幼儿建构能力高水平的发展。活动区的材料投放的艺术和策略，不仅能引发幼儿不断思考、深度探索、勇于挑战，还能够促进幼儿在自发的游戏中深度学习。

无论是班级的时间安排、空间规划、环境布置还是材料投放等都要具有"活"的特质，让每一个空间、每一面墙、每一个材料等都能追随着幼儿的兴趣需求，体现在课程的轨迹，要让幼儿参与到环境创设中来，成为环境的主人，享受游戏的乐趣。

（二）指向师幼关系的"喜"和"悦"是支持幼儿自主性发展的关键要素

心理学研究表明：当你和你所在乎的人都能保持良好关系的时候，你就会感到幸福和喜悦。"喜"和"悦"从师幼不同角度阐述生命与生命的相互润泽，指出幼儿游戏与教师支持的共生共长。

"喜"即喜游戏，指向幼儿区域活动的游戏性体验，是区域活动中支持幼儿自主性发展的外在表现形式，包括喜参与、喜探索、喜挑战。"喜参与"指出了区域活动的主体应该是幼儿，幼儿通过多种形式积极参与其中，发挥自己的主观能动性，无论是区域活动中的自发游戏还是小组活动，他们都有选择权、话语权和决策权。比如在新学期可以开展《我的区域我做主》主题活动，邀请幼儿参与到活动区的设置规划中，教师采用调查问卷、谈话、图画表征等多种方式进行调查，根据调查结果选择感兴趣的活动区，与幼儿共同设计区域、布置环境、投放材料，在整个区域创设中，把主动权还给幼儿，倾听他们的想法，让幼儿真正感受到自己是环境的主人，在动手制作和筹备材料的过程中获得成就感、满足感，提升其归属感及自我效能感。

"喜探索"指向幼儿在教师有准备的环境中，积极与材料互动，在互动的过程中，不断思考、深度探索，各种学习自然地在游戏中发生、发展。例如，教师在科学区投放了两只小乌龟，幼儿会走近小乌龟的身边去观察其外形特征，随后会提出一系列的问题，像"小乌龟从哪里来？""它们俩谁是哥哥谁是姐姐？""它喜欢吃什么？""小乌龟会睡觉吗？"等等，教师便可以抓住这个契机，生成幼儿感兴趣的系列活动，引导幼儿去发现、去探索。

"喜挑战"是指幼儿富有挑战精神，根据自己的兴趣和能力，选择适宜的材料发出挑战，在挑战的过程中，提高与同伴的合作、交流以及发现问题、解决问题的能力，从而促进其身体、认知、社会性、情绪情感等不断发展。例如，教师在益智区投放了拼图，幼儿会尝试自己摆弄，熟悉后会主动向同伴发起挑战，比一比谁拼得更快，谁赢的次数更多。在不断的挑战中，会发现快速拼图的策略，如先拼角，再拼边，最后拼中间会更快一些。而在与同伴的互动中，他们还学会了共同制定游戏规则，要想知晓最终的比赛结果，可提前约定是五局三胜还是三局两胜，并用自己能理解的方式进行记录。

发自内心的"喜欢"能推动幼儿在区域活动中的深度学习，又能使幼儿身心愉悦地获得成功的满足感。

"悦"即"悦·生长"，指向教师的积极互动与评价，是区域活动支持幼儿自主性发展的重要方法，包括悦纳、悦动、悦享。师幼积极的互动是一个双向建构的过程，幼儿不仅在其中能得到积极的影响和发展，教师也同样可以从师幼互动中汲取经验和成长的养分。因此，"悦·生长"更好地体现了师幼关系。

"悦纳"是指教师在与幼儿互动前要进行自我调整，保持积极的状态让头脑安静下来，让心境更为明朗地去观察幼儿，以一种悦纳的心态去发现幼儿的兴趣、个性、发展及需求并获得相关信息。"悦动"是观察之后的决策，是有力的师幼互动。教师通过提供鹰架以多种方式支持幼儿的学习，与之积极互动，保持"悦动"之心用行动去支持，帮助幼儿不断思考并提升有益经验，成为他们的游戏伙伴。"悦享"是观察互动之后的反思评价分享，一是对幼儿活动中行为表现进行发展性评价，二是反思互动的效果及思考下一步如何拓展幼儿的学习。"悦享"是教师对幼儿正在发生的事情看得见、看得懂，认可他们的努力，鼓励积极的行为，记录并展示他们的作品，促进同伴间相互评价的同时鼓励自我评价，增进其自信心，帮助幼儿持续投入到游戏中获得全面的发展。

"悦·生长"的力量是师幼的有效互动，让幼儿体验到了成功的乐趣，使区域活动的价值得到充分发挥，推动了区域活动的深入发展。

（三）指向师幼个体的"自"是高品质区域活动的终极目标

"自"指的就是自主性，是幸福生长的有力保障。区域活动中幼儿自主性贯穿起始，如果区域活动中幼儿失去了自主性也就失去了区域活动本身存在的意义和价值。自主性是指幼儿能依靠自己的力量合理选择目标的愿望和能力，包括自我依靠、自我控制、自我主张。清华大学积极心理学教授彭凯平教授认为，幸福源于真正的自主。也就是说自主与幸福密切相关联，如果我们一味强调幼儿的自主性而忽视教师的自主性是不现实的，因为在师幼共同的生活中没有教师的自主就很难谈幼儿的自主。因此，当我们把两者的自主性和幸福生长相关联之后，更能够感受到区域活动这种特殊的课程空间组织方式的魅力，它在有形中创设了集舒适、美感、吸引力、趣味性、自然灵动于一体的自主性学习空间，在无形中引发幼儿自主参与、自主选择、快乐地游戏。课程空间的变革、生活样态的重构必将把幼儿推到课程的正中央，用游戏化的方式优化关系并促进教学目标有效达成，最大限度支持幼儿自主活动，助推师幼幸福生长。

高质量区域活动的组织实施离不开教师个人对生活的理解和对美的感受，离不开教师在寻常生活中的课程意识，离不开教师对于游戏与幼儿学习价值的认同，更离不开教师对幼儿的深刻理解。幼儿园必须高度重视区域活动的品质，用"生活自喜悦"的行动理念最大限度地支持和满足幼儿的直接感知、实际操作和亲身体验，让幼儿在自主性学习的空间中轻松愉悦地自发游戏和学习，主动建构知识，获得完整的成长。

下编　幸福生长有密码

第四章　寻变，从一间活动室的改造开始

　　儿童是"奇迹"，当这样的"奇迹"来到我们生活中，我们应该用发自内心的爱，带着尊重与感恩，创设富有奇迹的空间，为"奇迹"提供良好的生长环境。

——安妮塔·鲁伊·奥尔兹

　　支持幼儿自主性发展，感受幸福生长的力量，这意味着我们首先要打破传统以集体教学活动为主的教育模式，确立以儿童为中心、坚持以游戏为基本活动的教育理念。

　　本章"密码一"，通过一种快变的方式为您揭晓一间活动室是如何在科学的空间规划、合理的环境布置、适宜的材料投放下，让幼儿卷入一种自然生长的状态。

　　在项目改革的过程中，理论和实践的对接并不容易，但我们坚信一定能找到一条以区域活动为载体、以游戏为基本活动的课程改革之路，最终形成一种"生活自喜悦"的班级生活新样态，帮助教师破解现阶段班级区域活动中遇到的问题。

　　幸福生长有密码，让我们一起见证寻变后一间活动室里的幸福生长吧！

随着现代化信息技术的超速发展，人工智能是否会取代教师成就互联网教育新时代？什么样的空间更适宜培养未来社会所需人才？对此，国内外专家对教育环境展开了一系列研究，研究表明：学习型空间更能促进和激发幼儿的自主性学习行为，支持幼儿的可持续发展。

在"生活自喜悦"的行动理念下，通过实践研究找到了一条基于儿童立场的自主性学习空间创设密码——"五原则""三路径"，其中"五原则"是指：参与性、生活性、自然性、互动性和生长性，具体实施的"三路径"是指：聚焦核心问题，进行诊断式研讨；方案设计，明确行动路径；在行动中反思，动态调整改进。在实验园所空间改造的效果反馈中，创设自然有生命力的自主性学习空间对幼儿自主性发展起到了显著的促进作用，为教师在班级空间改造提供了行之有效的解决策略和改进方案。

一、以"学习者为中心"的自主性学习空间变革应运而生

班级环境是幼儿园重要的课程资源，它不仅给幼儿提供了生活、游戏的场所，还给予了幼儿更多探索学习的空间和机会，具有重要的教育价值。随着以"学习者为中心"的理念被广泛地接受与实践，基于兴趣的学习、基于探索的学习、基于小组项目的学习等，已经越来越多地走进教学实践中，打破了以教师为主导的传统教学模式，让幼儿更多地参与到学习中来。由此，以"学习者为中心"的自主性学习空间变革应运而生。

（一）传统的空间布局限制了幼儿的自主性学习与发展

幼儿园不同的班级空间规划反映了不同的教育理念和教育实践，传统的"秧田式"空间布局限制了幼儿的自主性学习与发展。

1. 传统空间布局样态的描述

幼儿园传统的班级空间布局是以集体教学活动为主，桌、椅"插秧式"地占据在活动室最为重要的中央位置，玩具橱柜靠墙四周呈半包围状态。这样的空间结构折射出的是教师的教育观，教师注重的是"上课"，虽然四周

有玩具，但是游戏和"上课"是分离的状态，教师对幼儿进行的是直接知识的灌输和训练，存在一定的"小学化"倾向。在这样的环境中，幼儿自由活动空间被严重压缩，幼儿的自主性学习与发展受到限制。

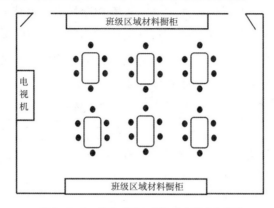

图 4-1-1 传统"秧田式"的班级空间布局

2. 产生的原因

（1）集体授课

在传统以教师为中心的教育教学模式中，教师是知识的占有者和传播者，幼儿是被动的接受者，这种传统教育理念的影响下所产生的教育行为必定是以直接灌输为主的集体教学模式。

（2）高控管理

传统的班级环境有利于教师对班级环境和幼儿的管理，这种管理反映的是教师的高控。在教师的高控下，"游戏"成为幼儿"上课"表现优异的奖励，表现得好可以奖励"游戏"，游戏的时间、地点、内容，教师都会一一安排。不仅学习和游戏相分离，即使是小便、喝水这样的生活活动也会被统一要求。

以上两点凸显的都是成人立场，师幼之间是一种"支配"与"从属"、"规训"与"被规训"的管理关系。久而久之，幼儿学会了服从、听话与被动接受，而被剥夺的是自主、创造和批判的精神。

3. 产生的后果

（1）幼儿的思想、行动被控制，想象力和创造力被扼杀

0~6岁是幼儿大脑神经系统快速发育的时期，这个年龄阶段的幼儿对自

己和周围事物会产生极强的好奇心和探索欲。以集体教学活动为主的班级空间和学习方式，使幼儿的注意力难以集中，思想容易被偷换成成人的思想，幼儿被高控的一日生活计划所限制，想象力和创造力难以被激发。

（2）教师为主导、幼儿被动接受的"教与学"关系，让师幼亲密关系缺失

传统的班级空间反映的是教师的逻辑、教师的审美、教师的管理，以教师为主导的班级空间违背了《指南》中"教师是幼儿学习的支持者、合作者、引导者"，破坏了建立在信任和尊重基础之上的亲密师幼关系。

（3）各领域内容割裂，缺少整体性与关联性

传统教育理念下，幼儿在语言、健康、科学、艺术、社会五大领域的学习与发展主要是通过集体"上课"解决的，难以让幼儿通过直接感知、亲身体验、实际操作获得丰富的经验。传统的空间布局把幼儿的生活、游戏与学习割裂开来，让一日生活缺少整体性，各领域之间缺少关联性和融合性。

（二）以"学习者为中心"的班级空间支持幼儿自主性发展

幼儿是班级空间中的学习者，教师要为学习者提供学习和探索、交往与创造的空间。

以"学习者为中心"的班级空间设计，符合教育面向未来的理念。把传统班级空间设计理念从以"教"为中心，转向以"学"为中心；从关注统一性转向关注课程需求性；布局从固定性、封闭性走向多元化、开放性，满足了幼儿多样化学习方式和个性需求，有效促进了幼儿的自主性学习与发展。

1. 环境对幼儿学习与发展的重要性

蒙台梭利提出：教育对幼儿的巨大影响，是以环境作为工具，让幼儿受到环境的浸染，从环境中获得一切，并将其化为己有。马拉古奇把环境作为第三位教师，他提出了环境是教育的重要组成部分，是一个可以支持幼儿互动、探索与学习的空间。当代脑科学研究表明环境对幼儿大脑的发展有至关重要的影响，教育者要努力为幼儿创设一个丰富多彩的环境，使大脑得到足够的刺激。

我国教育家陈鹤琴先生提出：幼儿应有良好的环境，凡是可以给孩子接触的物质和人都是他们的环境，环境对幼儿影响非常大。在王海英教授出版

的《儿童视野的幼儿园环境创设》一书中指出：儿童立场下的班级环境是重要的教育资源，它是幼儿生长的物理空间、心理空间及精神空间，是课程创设的来源、课程实施的载体及结果，也是支持幼儿发展的平台、记录幼儿发展的载体及表征幼儿发展的媒介①。

由此可见，环境对幼儿的学习与发展起着重要作用，在班级规划中我们要珍视环境对幼儿的影响，把积极的、有意义的环境作为实现幼儿全面发展的前提条件。

知识拓展

瑞吉欧教育法中，环境具有以下特点：

● 美观。 环境中有精美的材料和空间，每一处都备受关注，没有一个角落、墙面、一块天花板或地面被忽略。

● 通过提供充足"可供"学习的机会（包括有多种选择、有吸引力的布置以及各种开放性的、能激发智力发展的材料）促进幼儿积极地学习。 幼儿园是"研究和实验的工作坊，是个体和全体学习的实验室，还是建构工场"。

● 通过"激发物"（包括活动、材料，能引发思考的问题及解决问题的方法和创想），不同类型的事物（逼真的物品、五颜六色优美的物品、自然物、真的家具、工具和器皿）以及优美的摆设和陈列（强调材料且反映从新的角度去看事物的理念），鼓励幼儿与材料互动。

● 让环境透明。 光线通过低矮的窗户照射在天花板、墙壁和阁楼的风铃和镜子上，闪耀在有趣的光亮物件上，流动于透明的纺织品、精美的玻璃制品中。②

2. 以"学习者为中心"的自主性学习空间是未来教室发展的趋势

互联网时代背景下"未来教室"将被重新定义，新的生态教室建设顺应

---

① 王海英.儿童视野的幼儿园环境创设［M］.北京：人民教育出版社，2019.
② ［美］布拉德，陈妃燕，彭楚芸.教育实验室0－8岁儿童学习环境创设［M］.南京：南京师范大学出版社，2014.

了时代发展潮流，现代信息化技术赋能教育也终将促使教育变革。

时代在变化，社会在发展，我们在瞬息万变中找到了教育亘古不变的内容，那就是教育的价值观、教育培养目标以及教育的发展规律，而这些都必须建立在顺应幼儿身心发展规律、幼儿的学习特点前提下。

在自主性学习空间中主动学习，是幼儿学习和发展的最佳途径，它有利于满足幼儿多方面的需求，比如：个性化的发展、社会交往的需要、认知与情感的发展等。

大量的国内外研究表明，"未来教室"打破了以教师为中心的知识传授者转而为学习的引导者、支持者和服务者。亲密的师幼关系、有力的师幼互动是实现幼儿在自主性学习空间不断获得经验的基础。班级空间以幼儿为中心，将空间、课程、学习方式打通，让环境中的一切成为幼儿学习的资源，鼓励幼儿积极探索，相互合作，深度学习。

知识拓展

2006 年，EDUCAUSE 出版了《Learning Space》，这是第一本系统介绍学习空间的专著。该书指出：学习空间，不管是物理学习空间还是虚拟学习空间，都应能让学习者聚在一起，让他们或是探索、或是协作、或是讨论。

在 2012 年，美国学者 Brooks 对传统教室的教学成果和新型教室的教学成果进行了对比研究。研究后他认为：不同的学习空间塑造不同的教学行为和不同的学习行为，学习空间和学习活动关系密切，特定的学习空间会激发和促进特定的学习活动。

到 2015 年末，EDUCAUSE 发布白皮书《下一代数字学习环境：研究报告》，这份报告指向一个关于未来教育的问题：为了培育适应未来社会的人，我们该如何对教学进行重新设计来支撑新时代的教育目标？该报告更多地着眼于数字化的教育应用和教学系统。

在 2016 年，《地平线报告》首次提出：对教学空间的重新设计是中期趋势，两者关注角度不同。前者从系统软件角度出发，后者从物理硬件角度出发，但都体现了一种对未来教育的探索，那就是"促进创造、支持动态指导、鼓励学生之间的讨论和合作"。

3. 以"学习者为中心"的自主性学习空间概念

有研究表明：幼儿与周围环境产生的积极互动越多，在未来的生活与学习中表现得越出色。随着幼儿核心素养的提出，自主发展、学会学习越来越受到重视。自主性学习空间为幼儿发展提供了有利条件，相关研究也对此做出了界定。

幼儿学习空间可以解释为"幼儿用来学习的地方"，可以将其划分为三个部分来理解：

首先是空间的使用者——幼儿。不同年龄段的幼儿，他的生理和心理特点、感知世界的方式等都有很大的不同，这就决定了他们对学习空间的要求也有所不同。

其次是空间的功能性——学习。不同的学习主体获得知识或技能的过程也有着很大的差异性。对于幼儿来说，他们大都通过"玩"来了解和感知周围的世界，从中获得成长所必需的知识。因此，学习空间应具备"有目的地鼓励幼儿通过玩耍去探索和发现"的功能。

最后是幼儿学习行为发生的地方——空间。对于幼儿来说，大多数环境都能成为学习的空间，但幼儿园生活占据了幼儿大部分时间，幼儿园在本质上是"幼儿学习的空间"，它是幼儿发展认识、情感、社会和身体技能的重要场所。[①]

自主学习空间作为一种开放、自主、互动的场所，它不仅需要提供单独学习的便利性，还需便于学习上的探究、合作以及交流。自主学习空间能根据幼儿的多功能学习需要而灵活变化，具有多功能性和复合性，它是一个丰富、多样和令人愉快的多场景空间。[②]

本研究认为，以"学习者为中心"的自主性学习空间是基于儿童立场下，为幼儿创设的自主性学习与发展的物理和心理空间。教师通过优化、整合环境中的教育资源，在突显幼儿主体的前提下，注重游戏过程及情感体验。

二、打造自然有生命力的自主性学习空间的实施路径

以"学习者为中心"的自主性学习空间，将幼儿的兴趣需要、审美、发

---

① ［斯洛文尼亚］朱·科特尼克.儿童学习空间设计［M］.桂林：广西师范大学出版社，2017.
② 于盛伟.基于核心素养的小学自主学习空间建设研究［D］.鲁东大学，2019.

展作为环境创设的核心因素。教师在进行班级空间变革前，要遵循从理念共识到方案设计，从行动研究到实践调整，通过"五原则三路径"来更好地实现幼儿自主性发展。

因此，这场变革是有准备、有深度思考的，是能够与教师产生积极共鸣的。通过这样的变革，教师重构了对幼儿的认识、对学习空间的认识以及环境对幼儿自主性发展的认识。

（一）转变理念，坚持儿童立场

活动室是幼儿生活、游戏、交往和学习的重要场所。《纲要》中明确指出：环境是重要的教育资源，应通过创设并有效地利用环境促进幼儿的发展。但在实际的一线工作中，教师们却简单地把装饰班级环境等同于自主性学习空间。在进行班级环境改造之前，我们要在教育理念上达成共识，明确 3 ~ 6 岁幼儿对环境的需求，从而设计出满足幼儿自主性学习的班级空间。

图 4 - 2 - 1　教师遇到环创通常是把自己变成了油漆工、木工、绣工……

1. 聚焦核心问题，进行诊断式研讨

诊断式研讨是基于教师在工作实践中存在的问题进行有针对性的研讨。走进班级蹲下来用儿童的视角重新审视班级环境，我们会发现：传统的班级空间布局限制了幼儿的自主性发展，教师更多关注的是空间美的呈现，而忽视了幼儿的喜好和参与性。

问题一：班级环境创设前，教师需要储备哪些知识？

现场研讨：

- 是否了解班内幼儿的已有经验、兴趣、需要和学习方式。
- 通过交流访谈的方式，分享自己对创设班级环境的认识和理解。
- 梳理班级环境创设前教师需要哪些知识储备。

研讨中教师们提出的困惑：

- 建构区的垫子是可以卷起来的大型泡沫爬行垫，质地很轻、容易卷翘，建构区的积木总是被来回走动的孩子碰倒，影响了孩子们的搭建活动。
- 每次开学前，老师都为班级环境创设伤透脑筋，生怕领导不喜欢，加班加点重新再做。
- 我刚刚做好的环境，孩子们总是不珍惜，玩不了几次就损坏了，所以我也不敢让他们玩。
- 每天一小时班级区域活动时间，活动前：收桌子→摆椅子→拉区域；活动后：拉回区域→摆上桌子和椅子；中午再收桌子椅子→摆放床铺，我觉得我要有四分之一的时间在进行空间的转换。
- 班级每天都有"负向行为"的发生。比如：孩子打闹、争吵、抢玩具、在班级中乱跑、乱跳、乱扔、乱画。孩子容易忘记常规，我就需要每天重复说"你不能……""不是跟你说过了……""你怎么这么调皮……""你不知道……"，常常忍不住想制止孩子的行为，无法关注教育质量，体验职业的幸福感。

我们发现：

当前，大多数班级仍是以集体教学为主的空间布局和成人立场的班级环境。教师在班级环境创设中不仅存在着对"班级环境"和"区域活动"内涵及理念理解不清晰，也存在着对班级环境创设中以教师为中心和儿童立场的认知错位。

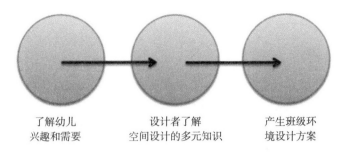

了解幼儿　　　　　设计者了解　　　　产生班级环
兴趣和需要　　　　空间设计的多元知识　境设计方案

图 4 - 2 - 2　班级环境创设方案的产生

理念共识：

班级环境首先要立足于儿童的视角、尊重幼儿在班级环境中的主体地位，顺应幼儿的发展规律，以此来创设"以学习者为中心"的班级环境。其次，教师要依据3~6岁幼儿年龄特点，有针对性地进行班级空间规划，把空间变成"活"空间、课程变为"活"课程，不断推动幼儿的自我实践和自我完整性。

因此，在班级环境创设前，教师需要进行以下知识储备：

• 认真学习《指南》《纲要》，掌握幼儿身心发展规律和学习特点。

• 班级环境创设前，通过不同方式了解本班幼儿的兴趣和需求。

• 了解色彩、艺术设计美学、整理与收纳等方面的理论知识。

问题二：幼儿喜欢什么样的班级环境？你所在的班级是怎样的环境布置？

幼儿园班级环境和中小学的班级环境有着明显的区别，在中小学的班级空间中，教师要思考的是"如何教"的问题，空间成为"教"的场所；而在幼儿园的班级空间中，教师应着力思考的是，幼儿喜欢在什么样的空间中学习、学什么、怎么学、和谁一起学的问题。因为，幼儿有自己的认知规律和节奏，无论教师怎么"教"他们都会按照自己的意愿去吸收。

图4-2-3 儿童的视角审视班级环境

图4-2-4 聚焦核心问题进行研讨

现场研讨：

• 从成人视角、儿童的视角拍摄班级环境（整体的、局部的）。

• 分析班级环境中哪些是成人的视角，哪些是基于幼儿的兴趣和需要进行的班级环境创设。

• 研讨什么样的班级环境适宜幼儿的学习与发展。

我们发现：

通过对32所不同性质幼儿园班级环境进行分析，发现班级空间内幼儿的自主性发展受时间和空间的限制。现阶段，大部分教师的做法让班级成为展示为先的班级环境,其教育价值大打折扣。具体表现为重装饰轻过程,重叠加轻留白,重展示轻启发。

图4-2-5 以集体教学活动为中心的班级空间布局

上图中,宽敞的教室中间摆放了六张桌子,当幼儿走进班级的时候很难感受到环境带来的舒适感和安全感,在这样的班级空间中最常出现的是教师主导的集体活动,幼儿的活动空间被压缩到一个很小的范围。

这样的班级环境会造成:

● 班级中的桌子占据了幼儿生活、游戏和学习的大部分空间。

● 从原来自由的家庭进入规训式的班级空间,幼儿(尤其是小班幼儿)的情绪易产生较大的波动。

● 幼儿在这样的空间中很难根据自己的意愿、兴趣和需求进行自主学习。

●教师将一直延续灌输式的教育方式，更加注重学习结果而忽略学习过程。

图 4-2-6　展示为先、五彩缤纷的班级环境

上图中，教师按照成人的审美、成人对幼儿喜好的判断将班级布置得五颜六色、琳琅满目，认为这样的环境是幼儿喜欢的。不同颜色的碎片、作品的简单堆砌，给幼儿造成了视觉噪声，不同程度上引发了幼儿的过度积极或消极的情绪和行为，最终影响他们的学习。

●教师使用过多鲜艳的色彩营造"温馨"的班级环境。

●零碎的或者大面积过于鲜艳的色彩影响了幼儿的情绪和行为，使幼儿难以专注。

●班级缺少具有生命力的自然元素。

• 环境布置凸显成人的逻辑，忽略了幼儿的主体性。

理念共识：

马拉古奇提出：幼儿被看作是独特的、好奇的、能干的、有潜能的、渴求关系的、活跃的知识建构者，以及权力的拥有者而不是需求者。即使班级环境应立足于儿童视角，在尊重和理解的基础上让幼儿享有更多学习机会，并不断获得有意义的经验。

图 4-2-7 班级环境新样态

• 室内环境色彩搭配应选择中性淡色系，一个主色，一个配色外加一个补充色即可。

• 选用原木色家具，如果家具已经是有颜色的，可以铺上桌布或者是其他织物。班级中多加入一些绿植、小动物、贝壳、石子等自然物。

• 环境布置注意留白，整体要有通透感和呼吸感。

知识拓展

美国著名教育建筑专家、心理学家朱·科特尼克（JureKotnik）所著的《儿童学习空间设计》一书中，从儿童的身体、认知、社交和情感四个方面介绍了早期儿童成长的需求。

比如，在认知发展上，强调的就是要遵循儿童的心理发展，从认知技能与语言、感知、记忆、推理、解决问题的思考、想象等方面，让幼儿获得认知技能的发展。

知识拓展

在班级空间布局的时候,要关注以下孩子们的需要:

1. 参与游戏空间布局的决策

2. 明确和发展他们的环境感受所有权和伙伴关系

3. 做决定,获悉可能性

4. 坐在高处、仔细观察、计划、躲藏和显现

5. 角色扮演

6. 后撤、躲藏的同时观察其他人的活动

7. 保持安静,观察周围的世界

8. 探索、发现和反思

问题三：如何将班级环境变为课程的重要组成部分？

幼儿核心素养的发展应该有机地融入幼儿园的课程目标,渗透在幼儿园一日活动各个环节中。自主性学习空间优化和整合了幼儿园课程,更好地发挥了幼儿园教育的重要作用,促进幼儿更好地发展。因此,良好的班级环境是保障课程有效实施的关键部分,为幼儿园课程整合奠定了良好的基础。

现场研讨：

• 审视班级教育活动中,集体教学、小组活动、自主游戏、个别化学习的比例各占多少并进行反思。

• 通过小组研讨的方式,讨论如何整合幼儿园课程资源于班级环境中,实现环境育人的教育目标。

我们发现：

班级环境创设好了,如果教师的理念没有完全转变,或者说教师的教育理念和教育实践相脱离,都直接影响环境育人的实效性,产生的原因有以下几点：

• 教师对幼儿园提供的教材高度依赖,习惯通过集体教学教会幼儿新知。

• 幼儿园课程叠加,教师不理解环境与课程之间的关系,缺少大课程观。

• 教师难以将教育目标物化在环境中。如图片中,过多高结构的材料难以激发幼儿以物代物、一物多玩的能力。材料筐过高、材料过多,给幼儿选

择游戏材料带来了困难。

图4-2-8 班级材料投放中过多的高结构和"看不见的材料"

理念共识：

幼儿的学习是通过直接感知、实际操作、亲身体验获得的，要让幼儿在环境中、在游戏中习得新知识，教师就要根据幼儿的年龄特点、兴趣需求、四季变化和社会文化进行班级环境创设和材料投放。

图4-2-9 建构区一目了然的材料呈现方式

• 幼儿园要为教师专业成长提供专业引领，落实以游戏为基本活动的教育理念。

• 课程在前，环境在后，教师要树立正确的课程观，根据课程目标进行班级环境的准备工作。

• 学会倾听，结合本班幼儿已有经验和学习方式，精心挑选或设计材料。

表4-2-1 班级环境自查表

班级空间规划情况自查表	是	否
班级空间以集体教学活动为主，区域活动时间以外将材料收起。		
班级中选用了鲜艳的色彩，来营造幼儿喜欢的温馨环境。		
班级选用了较多的带有后置板的家具且家具较高，幼儿桌椅是塑料的、色彩丰富。		
班级区域的设置没有考虑班级安全通道、区域的动静分离、水光电的使用便利。		
材料的摆放没有关注儿童视角，使用了不可视或不方便取放的呈现形式。		
各个区域相对较为封闭，影响区域之间的联动性。		
班级除了用家具来划分区域外，没有使用地毯等其他物品来界定。		
班级家具的造型多长方形、正方形，没有曲线家具或装饰物。		

通过以上环境创设的"班级空间自查表"，我们能达到认识自己、认识幼儿、认识环境的目的。教师可以参照以上表格，对自己的班级环境进行重新审视。

2. 自主性学习空间创设"五原则"

自主性学习空间布局，是教师对于 3 ~ 6 岁幼儿身心发展规律、学习方式和特点的理念认同，只有在这样的环境中才能彰显幼儿的主体色彩。幼儿园班级环境创设除了关注安全性、教育性、舒适性，还应在支持幼儿自主性发展上遵循以下五原则：

第一，参与性。陈鹤琴先生曾经提出：凡是幼儿自己能做的，应当让他自己做；凡是幼儿自己能够想的，应当让他自己想。这就告诉我们要充分发挥幼儿的主体地位，要提供给幼儿一个自我发展的空间，让幼儿成为环境的主人，在与环境的交互作用中得到发展。

让幼儿参与到班级空间的规划中，增强幼儿主人翁意识和责任感。通过与环境的互动将幼儿卷入发现、思考、实践、验证、分享的活动中，在这样的过程中自然而然地孵化出了自己的班本课程。

第二，生活化。是指让有意义的学习必须与当下的生活发生链接。幼儿园的班级环境首先是幼儿和教师共同生活的地方，因此，班级的环境应该像家一样温馨和舒适，充满生活的气息，幼儿可以放松和展示真正的自己。激发幼儿对自我服务和照顾环境的行为和意识，正如陶行知先生所说的"生活即教育"。

第三，自然性。班级环境是幼儿与教师共同生活的地方，每天大部分时间都会在这里度过，因此，在满足幼儿多方面生理和心理需求的前提下，还应关注生活环境中的自然元素，无论是家具材质的选择还是活动区材料的投放，处处都要有自然的气息。

亲近自然理念的倡导者玛丽·里夫金主张：我们与自然密不可分，要想成为一个完整的人，必须与大自然建立联系。相关研究表明，经常接触大自然、体验大自然，不仅可以提升幼儿认知水平，增加积极行为，还可以提高学习成绩及解决问题的能力，增强专注力和创造力，变得更加自信。在进行规划空间时，要把大自然融入班级的环境中，让幼儿学习在环境中自然而然地发生。

知识拓展

让环境更有吸引力建议

● 奇趣桌：是教师有目的、有意义地摆放几种有趣的物品，激发幼儿兴趣和探索的欲望。这些物品要根据幼儿的兴趣及时更换，可以是自然材料、生活材料、感官材料或有趣的玩具等。

● 四季桌：华德福的教育提倡真、善、美的和谐教育，通过四季桌让孩子带着敬畏和好奇去审视美和神圣的事物。布置四季桌的材料可以由教师来收集和设计，更可以鼓励幼儿自己去发现大自然的宝藏。

第四，互动性。马拉古奇提出：幼儿通过与环境的积极互动建构知识，有效的社会互动对幼儿心理发展起到重要的作用。我们这里提出的互动性是指，吸引幼儿主动与环境发生作用，能调动多种感官积极与环境"对话"，并获得有益的经验。

第五，生长性。体现在班级环境不是一成不变的，无论是从空间的使用还是材料的投放，都要体现出生长性的特点。比如，空间内容的生长性是随着幼儿年龄、兴趣爱好、季节变化、主题课程等不断变化的。动态的发展环境，更容易突出幼儿成长的轨迹和教育的价值。

通过一系列主题教研，以及自主性学习空间创设"五原则"的梳理，让教师在理念上达成了共识，明确了班级环境要立足于儿童视角，尊重幼儿的兴趣和需要。那么，在教师行动前，还要经过前期班级空间的方案设计和对班级幼儿学习与发展的深度思考。

（二）方案设计，明确行动路径

《纲要》中指出：幼儿园教育应以游戏为基本活动，关注个别差异，促进每个幼儿富有个性地发展。因此，班级环境要满足以游戏为基本活动的需求，已经到了不破不立的关键时刻。

通过前期的理念共识，我们要形成具体的方案，让教师的行动更具有指向性。方案必定是以儿童的立场与视角，建立在"五原则"基础上设计出来的。只有科学、"有准备"的班级空间设计才能支持幼儿自我学习、自我探索、自我完善，满足幼儿多种活动的需要。

无论教师和幼儿在怎样的空间中生活、游戏和学习，都会在这个空间中生长。下面跟随笔者通过前期调研、多元知识的学习、合理规划等实践，一起见证一间活动室的蜕变。

1. 班级空间整体规划，让幼儿成为空间的主人

班级规划要经历从实地诊断到平面图的呈现，再通过交流研讨的方式才能形成儿童立场的设计方案。

方案设计前，教师可以采用倾听、交流、家园协作、填写调查问卷等方式了解本班幼儿的兴趣、需求和前期经验，结合教育目标形成整体规划。

（1）班级空间规划的要点

老师可以尝试用以下几种方式来进行规划设计：

• 整体布局。创设不少于五个及以上符合幼儿身心发展规律的区角，根据班级空间进行整体规划设计。

• 风格要素。简洁的色调选择，更符合幼儿的心理诉求。从幼儿的性格和行为出发，强调色调的配合，突出自然、愉悦的美学感受，引导幼儿发现美、感受美、认识美、表达美。

• 美学与教育。设计要符合美学的基本要求，否则多样化的色调容易扰乱幼儿的心绪，不利于幼儿的成长和学习。因此，在整体布局的过程中，不仅要注重美学的应用，还要从教育意义出发，采取统一的风格设计，做到既

方便又实用。

还需要注意的是，在设计的过程中要充分考虑班级的结构、面积、幼儿数量、区域之间的动静分离、安全通道以及水光电的使用便利等相关因素。

（2）以活动区为主的活动室空间设计图

明确了规划目标、区域设置、风格和美学，接下来我们通过绘制设计图，走进现场进行实地布局，根据现实情况不断调整改进，逐渐形成以活动区为主的自主性学习空间设计平面图。

在两种不同的空间里，如何进行科学合理的班级规划？现阶段存在着两种不同的班级空间样态：一种是教寝合一的班级空间，一种是教寝分离的班级空间。根据面积，又可分为小空间班级和大空间班级。

小空间班级简单地说，就是空间面积较小，幼儿活动空间密度低于2.32平方米的，我们称之为"小空间班级"。

大空间班级是指，幼儿园活动室面积较大，能满足幼儿活动的最佳密度是2.5平方米以上。

下面我们以小空间和大空间为例，介绍如何进行班级空间规划：

◎小空间班级环境设计：

图4-2-10 改造前班级环境前、后门拍摄实景图

图中是一个57平方的小空间，活动室面积较小，区域采用四周环绕的形式布局，空间动静区域没有很好地分离，互为影响，不利于幼儿的自主性发展，不符合小班幼儿的年龄特点。

有的教师可能会认为在这样小的空间里开展自由自主的区域活动实在是

太难了，从思想上是拒绝的。但我们只要坚信，以活动区为主的空间布局最有利于幼儿的学习和交往，就会克服一切困难，想办法实现。

项目地点：槐荫区青少年宫第二幼儿园小一班

班级面积：57 平方米

设计理念：从幼儿的经验出发进行设计，利用"生活自喜悦"中的"活"字法则，基于儿童视角灵活配置班级空间，让小空间发挥大作用，用经验替幼儿解决小空间的实际问题。

设计：王黎斐

摄影：王梦洁

幼儿数量：32 人

室内规划平面图：娃娃家、图书区、美工区、益智区

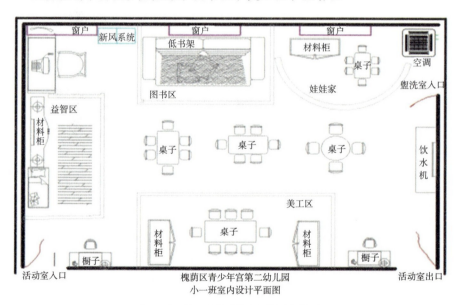

图 4-2-11 调整后的班级规划平面图

试点班教师把班级进行了重新规划，根据幼儿兴趣重新设计了班级区域并调整了区域位置，便于幼儿活动，改造后的班级环境比以前更加通透、明亮、有呼吸感和自然性。

图 4 - 2 - 12　改造后的班级环境

其实，在小空间班级变革中最大的亮点是，教师把班级中的橱柜安装了万向刹车轮，让橱柜"动"起来，区域活动时幼儿根据需要自行推拉，把橱柜摆放到合适位置后将轮子固定住，保障橱柜不会滑动，这样既省时又省力还能确保安全。体现了"活"空间、"活"儿童的环境设计理念，让小空间发挥大作用。

一位教师感慨道："站在儿童视角创设的班级环境，不仅能促进幼儿的自主性发展，就连教育方式也变得灵活机智了。幼儿园的环境创设的价值不止于环境本身，更隐于其环境背后教育者的教育理念和对哲学的思考。"

◎大空间班级环境设计：

班级空间除了要满足幼儿的生活活动、集体教学外，空间规划还应足够灵活，能利用橱柜、架子划分不同区域，满足不同活动开展的需求。活动室内还要规划出足够的收纳空间，用于存放幼儿个人物品、教师个人物品、日常教学材料和设备。

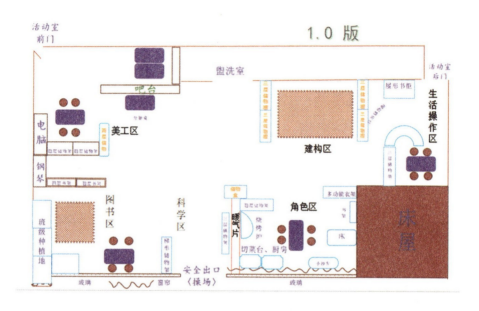

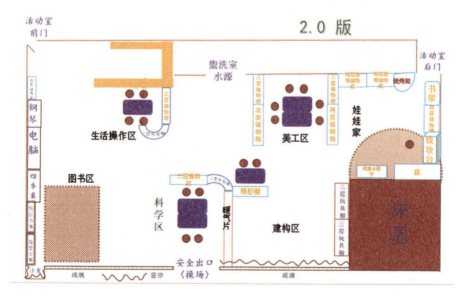

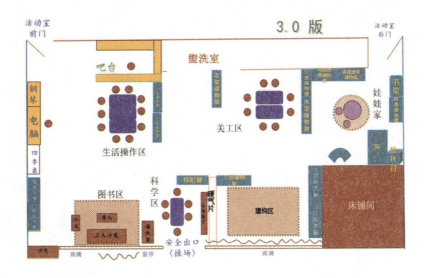

图4-2-13　班级空间设计由1.0到4.0版的不断调整

　　这四张平面设计图，由1.0至4.0版是教师经过诊断、分析，不断调整改进后形成的。

图4－2－14 1.0版本下的真实班级环境实景图

从班级空间 1.0 版的实际拍摄图片中可以看出，整体上班级氛围是粉色系列为主色调，五颜六色很有视觉的冲击力；各种不同的吊饰悬挂在区与区之间，让人觉得琳琅满目；橱柜的摆放，将空间分割、围合，呈现封闭状态；墙面、玻璃、橱子背板都贴上了装饰板和操作板；材料用多种方式呈现，筐子颜色杂乱无序。

我们基于儿童的视角重新审视这个班级的环境，看似五颜六色、琳琅满目的环境会让幼儿产生视觉疲劳，影响幼儿的专注力。不通透的玩具橱柜，让幼儿不能及时发现有趣的材料，难以产生积极的互动。过于紧凑的物品摆放，让空间缺乏通透性和流动性。

在 1.0 版的空间规划中一共设置了五个区域，美工区在前门，生活操作区在后门。建构区在幼儿经常使用的盥洗室旁边，科学区则在班级南面安全出口处。

这样的设计不利于幼儿晨检走进班级进行自我服务和照顾环境。建构区靠近盥洗室，极易影响游戏中的幼儿，科学区在后门严重堵塞了安全通道。

这个班级的特殊情况是它有三个安全出口，在实际的班级规划中既要保证本班幼儿的灵活使用，也要保证安全性，在紧急情况下，其他班级幼儿能快速由此通往室外。

在不断的调整中，形成了由 1.0 版到 4.0 版的设计方案。

4.0 版的班级规划根据干湿、动静分离的原则进行班级区域划分，图书区和科学区需要良好的光线，所以安排在活动室南侧；生活操作区和美工区临靠盥洗间门口，接近水源；娃娃家靠近后门；建构区在教室东南部，是个相对独立的区域。

图4-2-15　根据4.0版改造后的班级空间实景图

由此可见，班级的空间规划设计不是一蹴而就的，是要在教师的实践反思中不断调整。因此，在上面这个案例中教师进行了1.0-4.0版的班级空间设计调整。无论如何调整，都应基于儿童视角，在遵循"五原则"的前提下，进行科学、合理的规划。

2. 选择适宜家具合理摆放，让班级空间充满儿童性

《纲要》中明确指出：幼儿园当中的基础设施、教学空间、教学课程以幼儿为主体进行设置。因此，在家具的选择、摆放上要更合理，更符合儿童的视角，让班级空间充满儿童性和儿童感。

家具是班级环境中的基础设施，它的数量、颜色、形状、高低及通透性直接影响着整个空间的基调。

（1）家具高度符合幼儿身高，让幼儿看见更多材料。

图 4 - 2 - 16　成人视角的娃娃家

图 4 - 2 - 17　儿童视角的娃娃家

　　上面两张图分别是从成人的视角和儿童的视角拍摄的娃娃家。过高的家具遮挡了幼儿的视线，导致他们看不到里面的场景和材料，不能有效地激发幼儿自主学习的兴趣。因此，家具高度的选择要关注不同年龄段幼儿的身高，从 30 到 80 厘米之间合理搭配，关注个体差异。

　　蹲下来，将成人的视角转向儿童的视角。幼儿喜欢温馨的、自然的、开放的环境，我们从儿童的视角改善了班级环境，能让幼儿快速发现周围可利用的潜在学习、游戏的条件和机会。

　　（2）幼儿家具颜色最好以自然浅色原木为主，凸显幼儿的底色。有的幼儿园可能会采用五颜六色的塑料桌椅。如果资金有限，可以在原有的桌椅上铺上纯棉质地的桌布，也能营造出清新、自然的氛围。

（3）不同家具形状影响幼儿游戏行为。现有班级中大部分是长方形或正方形的幼儿家具或装饰物。有研究表明，空间中一些流线型的家具，如圆桌、六边形桌、圆形或椭圆形地毯、圆形镜子等，更容易让幼儿感到快乐、产生安全感，促进幼儿同伴之间的交往。因此，我们在选用家具的时候可以适当地添置一部分流线型的物品，促进幼儿之间的交流。

3. 基于儿童视角的环境布置，让幼儿获得安全感、归属感

（1）审美——关注幼儿喜欢的，幼儿认可的，符合幼儿逻辑的事物

◎自然元素融入班级环境：

在进行空间规划时，要把大自然融入班级环境中，幼儿在其环境中感受自然的生命力，从而积极主动地学习与探究。

表4-2-2　让自然元素浸入班级环境小妙招

让自然元素浸入班级环境小妙招	
·竹编、藤蔓的收纳筐	·让阳光透进来
·各种粗麻布的桌布	·提供多种自然材料及工具
·餐桌上摆放鲜花	·设置四季桌
·饲养小动物	·自然织物的地垫
·设置植物角	·浅原木色家具

◎色彩改变传统审美：

色彩心理学家、美国得克萨斯理工大学的克里斯蒂·盖恩斯（Kristi Gaines）和赞恩·柯里（Zane Curry）认为，色彩是教室环境创设的重要元素，因为幼儿会在心理和生理两方面对色彩做出回应。

幼儿园在粉刷墙面时要考虑班级整体的色彩带给幼儿的影响，不建议采用明亮的颜色，而要选择柔和的色彩。

知识拓展

"60 - 30 - 10 原则"

色彩心理学图

"60 - 30 - 10 原则" 是审美愉悦性和画面充分平衡性的配色理论。"60 - 30 - 10 原则" 的目的是让一种通常是中性的颜色，占据调色板的60%，另一种补充颜色占调色板的30%，然后第三种颜色作为一种强调色，占调色板的10%。

色彩使用原则

幼儿在班级环境中，当四周的色彩属于暖色系（如粉、蓝、黄、橘）时，心情较为放松，适宜从事动态活动。反之，在寒色系、低明度（如灰、青色等）的环境中，易于安静或从事思考性活动。参照以上知识拓展中的"60 - 30 - 10 原则"和色彩心理学图片，我们通过对幼儿的研究发现不同的色彩会让他们联想到不同的事物：

表4-2-3 幼儿色彩联想表

色彩	具体联想	情感体验
白	白云、棉花、雪、新娘	洁白、美丽、神圣
黑	夜晚、墨、巫婆、炭	悲哀、绝望、沉默、恐怖、严肃、死亡
灰	阴天、老鼠、灰烬	平凡、温和、忧郁、悲哀
红	太阳、火、血、苹果、辣椒	喜悦、热情、运动、激烈
橙	橘子、火焰、秋天	嫉妒、热烈、活泼、积极
黄	黄金、光、香蕉	光明、愉快、希望、发展
绿	草木、田园、森林	和平、生长、新鲜
青	天空、海洋、南方	诚实、冷漠、沉静、消极
紫	葡萄、牵牛花	神秘、高贵、不安、优雅

（2）留白——让幼儿参与环境布置

以往幼儿园教师认为，要给幼儿更多，规则要给、审美要给、材料要给……其实，在环境中各种东西叠加在一起，幼儿是没有能力去辨别、区分、选择适合自己的活动进行探究。因此，留白成为发挥幼儿主动性的一个契机。

图 4 - 2 - 18　主题墙随着课程开展逐渐丰富

留白是一种等待，它赋予幼儿更多的选择和实践的权利。

比如，班级中随处挂着大大小小的班级公约、区域规则等，大多数不是由幼儿参与和制定的，形同虚设，不仅束缚着幼儿的手脚，而且还影响游戏的质量。适度留白，让幼儿发现问题、解决问题并形成大家认同的内容，用幼儿读得懂的方式进行补充。

留白是一种策略，它赋予幼儿更多的主张和创造。

有的班级设置区域一成不变，幼儿一学期、甚至一学年只玩固定的 5 个区域，区域的数量不变、内容不变，人数也是固定的。给幼儿一块区域空间的"自留地"，想创设什么区域就创设什么区域，想和几个小朋友参与游戏自己说了算，游戏的内容也能由自己做主，这就调动了幼儿的积极性和参与性。在宽松的环境中，在实施的过程中幼儿才能获得经验，体验成功和愉悦。

留白是一种技巧，它赋予幼儿更多的权利和思考。

幼儿在学习过程中难以回顾梳理那些成长的片段，班级中的主题墙、各个区角可利用的墙面就能很好地将学习过程显性地展示出来，成为幼儿所见、所思的互动板。幼儿通过自己的"一百种语言"来表达对主题活动的探索与学习，这些表征能够以文字、图画等多种形式呈现在主题墙上。

当主题墙留下空白时，会激发幼儿进行"补白"的强烈愿望，幼儿凭借已有的经验进行思考和填补，是幼儿自主创造和想象的过程。通过留白，架构起幼儿与主题墙联动的桥梁，使得主题墙成为幼儿想象力任意驰骋的疆域，同时也是幼儿自由创作的天地。

总之，留白是一种智慧，是一种艺术，也是一种境界，它赋予班级环境新的生命和灵性。

（3）软装——不可忽视的细节

班级结合园所特点或者当地文化，利用园所本身面积和周围条件，并且结合园本教研课程或者班级主题等，设计出既体现幼儿园园所文化和理念，同时也符合幼儿学玩一体特征的软装。因此，软装设计既需要美观也需要实用性，家具、装饰画、陶瓷、花艺绿植、布艺、灯饰、其他装饰摆件等，都是软装设计的范畴。

图 4 - 2 - 19 改造前，用家具将图书全围封　　图 4 - 2 - 20 改造后，通过地垫界定图书区

图 4 - 2 - 21 幼儿自主选用工作毯　　图 4 - 2 - 22 柔软的靠背、坐垫、半遮帘

4. 满足幼儿的兴趣、需求，让材料精准投放

（1）区域活动材料投放的原则

原则一：幼儿的参与性

在进行材料投放之前，教师要以幼儿兴趣为基础，启发幼儿讨论需要投放的材料，并鼓励幼儿参与材料的设计与制作。

原则二：材料投放与目标一致性

材料投放既要考虑幼儿远期发展目标又要结合学期、月主题的教育目标，依托各活动区的教育功能，投放与之相适应的材料，推动幼儿关键经验的习得。教师在进行材料投放时要以《指南》的各领域目标为依据，结合当地教材或园本课程，在分解目标、明确目标的前提下选择合适的教育内容进行材料的物化，关注个体差异，提供难易程度不同的材料，巧妙设计形成系列化，实现关键经验阶梯性递进。

原则三：材料投放的动态性和启发性

动态性是指教师要依据教育目标和幼儿兴趣对材料进行优化，有针对性、有阶段性地添加。启发性是指幼儿园的区域材料必须具有一定的探索性，能够吸引幼儿进行思考，为幼儿预留下丰富的想象空间、思考空间、动手空间，帮助幼儿开拓思维和大脑，提高幼儿的学习质量和效率。

原则四：材料投放的适宜性和层次性

适宜性是指材料要与幼儿的年龄特点、思维特征、发展水平相适宜。如小班需要大而鲜艳、形象逼真的材料；中大班的幼儿喜欢任务、挑战与竞争，规则意识逐渐增强，材料可具有情境性、挑战性、有一定的规则。层次性是指教师要投放适合各年龄段幼儿最近发展区的活动材料，让每一个幼儿都能在适宜的环境、材料中体验成功、获得发展。

（2）区域活动材料投放的实施路径

了解了材料投放的原则，才能发挥材料的最大教育功能，使每个幼儿都能运用多种感官，在自己原有基础上获得最大的发展。现提供几种材料投放的小窍门。

第一，有目的地精挑细选。

材料的投放应该先根据幼儿的年龄特点、生活经验、能力和需要来确定，区域材料投放前，教师首先要做到对班级幼儿特点、本阶段活动目标了如指掌，在众多材料中筛选出适合本班幼儿的，吸引幼儿更好地与材料互动。如小班幼儿喜欢摆弄材料，因此，就要多提供一些动手感知、操作的材料，让幼儿能动起来，如"钓鱼""漂亮的项链""小刺猬背果果"等，深受幼儿的喜爱；大班幼儿的思维活跃，探索意识强，给他们选择的材料可以是带有线索图的、具有挑战性的物品，如"破冰拯救""海上救援"等。最后除了常规的材料，还要结合当前所进行的主题，选择相应的操作材料，让幼儿在与材料的互动中自主学习，获得相关知识。

第二，把握时机有技巧。

适宜的材料选好了，什么时间投放？学期初一次性投放后就行了吗？显然，答案是否定的。区域中的材料一般要有幼儿熟悉的材料、不太熟悉的材料、新材料三部分，这样可以满足不同水平幼儿的活动。材料的更换要先把握好时机，一次不要更换太多新材料，要让幼儿有一个慢慢适应的过程，最后在活动中让幼儿都能"跳一跳够得着"，才能发挥材料的最大功能。

第三，儿童视角便取放。

幼儿根据自己的兴趣和需求选择材料，是幼儿主动学习的重要前提和基本条件，引导幼儿摆放材料则体现出教师的智慧。材料一般盛放在浅托盘中，幼儿一眼就能看到，便于幼儿选择自己喜欢的材料；物品分类摆放，幼儿可按照自己的想法和做法自由选择，如在美工区中，可以把材料分成主体材料、辅助材料和工具材料三类，让幼儿在取放过程中建立良好的秩序感。

教师应注意物品的摆放与收纳，好的呈现方式会吸引幼儿去选择物品并长时间地停留，进行深度探索。幼儿园班级物品摆放可以参考超市货架的摆放策略及相关研究成果，如"三分法""七五一法则""一键取放"等，教师应在自己的班级中尝试运用，提高幼儿的专注力及秩序感。

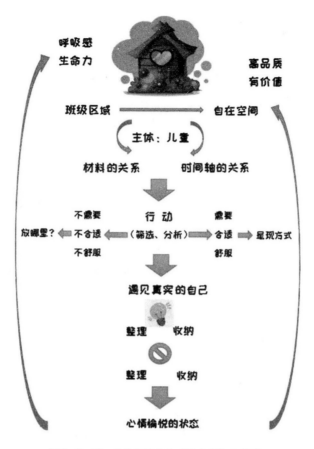

图4-2-23　班级环境中的"断舍离"示意图

　　上图呈现的班级空间收纳图中清晰地说明了班级空间的主体是儿童，我们在做"有准备的"班级环境时，要考虑幼儿与班级物品的关系、幼儿与时间的关系。通过实践行动，梳理出班级中幼儿不需要、不合适、让其不舒服的物品，收纳起来或处理掉；对于当下时间轴中幼儿需要、合适、让其舒服的物品，则需要思考呈现方式、是否采用"七五一法则"让空间更具有呼吸感和操作与欣赏的欲望。

知识拓展

"断舍离"中的收纳小技巧

● 三分法：就是在断舍离中，将想要整理收纳的物品分成三类，从每一类中继续分成三类，以此类推。

● "七五一法则"：利用七、五、一的总量限制原则，打造充裕的空间。

七：看不见的收纳空间只放满七成即可，留出三成作为物品出入的通道。

五：看得见的收纳空间只放满五成即可，这是为了美观。

一：给别人看的收纳空间，只需要放一成东西即可，这样主次一目了然。

● 一键启动：经常使用的物品，要放到适宜的位置，做到只用一个动作就能方便拿取。

第四，加加减减显智慧。

教师要先对材料进行分析，如果这个材料已经很长时间无人问津了，需要找到原因，如果是因为幼儿很熟悉、没有挑战性了，那么就果断撤掉；如果因为对幼儿来说难度太大，幼儿不会玩，则收起来，过一段时间再投放。撤掉的材料进行二次加工，如果能够通过加加减减的方法改换玩法，则继续投放；如果没有改进的价值，则分析是否可以投放到其他区域，实现区域间的互通；如果确实暂时没有利用的价值，则封存起来，留待下一个班级使用。

第五，家园协作助推力。

俗话说"一人计短，二人计长"，在区域材料投放中也适用这句话，幼儿在区域活动中，随时会有新的想法产生，原有的材料可能无法满足幼儿活动的需要，教师先应鼓励、引导幼儿自主搜集、制作所需材料，如根据自己的想法，请家长帮助制作、求得他人的帮助获取所需要的材料等。在这个过程中，幼儿不仅能不断修改和完善自己的设想，发展探究、解决问题的能力，还能认识材料的特性，获得相关的知识经验。最后家长在与孩子一起搜集材料、制作道具的过程中，增进亲子感情。

（3）主题下区域活动材料投放关键经验及教育建议

在结合《区域活动中幼儿自主性发展与教师支持策略的研究》下，创设以学习者为中心的自主性学习空间，教师需掌握不同活动区幼儿各年龄段的关键经验。

在幼儿的发展过程中可分为关键经验的近期目标和远期目标，而近期目标中幼儿的关键经验是教师需要重点关注的，把握关键经验的基础性，教师才能有策略的支持，以拓展幼儿的思维，引导幼儿向更高水平发展。

通过研究各活动区的关键经验，再根据关键经验下延展出的三个维度目标，即认知经验、行为技能与情感态度，教师形成支持策略，最终实现空间自主、时间自主、材料自主、玩法自主、玩伴自主、以幼儿为本位的活动区。

幼儿园各活动区关键经验及教育建议

（4）主题下区域材料投放教师指导策略

教师在围绕主题的材料投放时要有目的、有计划，根据幼儿的年龄特点、兴趣需求循序渐进，不断调整，灵活实现。活动区材料投放是至关重要的因素，直接影响活动质量。下面介绍的主题下材料投放的六种策略供大家选择。

策略一：围绕教育目标，找准"投放点"

教师要关注《指南》中各领域各年龄段的关键经验，关注幼儿园的教学计划、月计划、周计划，以本班幼儿的阶段培养目标为主要依据，考虑材料与活动目标、幼儿需求的关系，做到有的放矢。如益智区：小班可以在生活化的情境中感受形状、点数、分类；中班可以在游戏中进一步感受数、量、形；大班可以感知时间、排序、加减法、空间转换等。

策略二：打破区域界限，联动"淘起来"

我们要充分利用现代化科学技术选择玩具，把自己预想成幼儿，以幼儿的思维发现好玩有趣的玩具，将好的玩具储存进自己的空间。经过二次选择和再加工，把买来的玩具变成"材料"。材料不仅需要教师定期投放，而且要邀请家长和幼儿参与到材料的投放中来，充分利用自然材料和生活中的废旧物品。材料收集来应该投放在哪个区、可和什么材料组合使用？这些问题在中大班可以交给幼儿自己讨论。有效的材料投放要打破空间限制，注意各区域之间材料的组合与共享。材料的互通能使整个区域活动保持良好的动态性。

策略三：激发幼儿兴趣，带动"做起来"

材料的投放如果能有效激发幼儿参与制作的兴趣，那幼儿在玩之前就熟悉了材料，有可能生发出更多的创意与玩法；聪明的教师会巧妙地把准备材料的过程转化为幼儿学习的过程，尽量把自己的工作转化为幼儿的学习任务，让幼儿在参与做事的过程获得发展。材料投放如何让幼儿更自主地学习？在制作的过程中我们要物化规则、要求；设计与活动内容相关的线索、步骤图；提供答案作为错误订正的依据，通过精心的设计提高材料的自我纠错能力。让材料向幼儿说明"你可以这样做"，从而使材料"活"起来。

策略四：环境暗示巧利用，自主探索"添乐趣"

由于幼儿在不同的区域活动，教师很难跟进所有幼儿，因此要巧妙利用环境的暗示作用，通过图片、符号等标识强化环境的暗示作用，让幼儿自主探索，增添活动的乐趣。如在建构区，想让幼儿搭建中国的古建筑，就可以在墙面上张贴相关的建筑图片；在图书区提供相应的图书，让幼儿了解中国古建筑的特点，丰富知识。

策略五：材料投放要适宜，便于"可操作"

区域活动投放材料时，一定要适合幼儿活动的要求，不仅要考虑幼儿的年龄特点，更要考虑幼儿的兴趣爱好。避免作业单式的操作材料，玩具材料要好玩、有趣、富有变化，具有一定挑战性。

我们在聚焦班级空间环境创设的同时，更多地折射出现阶段教师的教育理念。转变传统教研方式，通过卷入式教研、实践教研、案例分析等让教师集思广益，主动发挥自己的能动性，提升教师的反思能力、实践能力和研究能力，能及时发现工作中的问题、找到对策并进行验证后形成自己的研究成果。

（三）行动反思，动态调整改进

我们创设好了班级空间，如何去判断它是否能成为支持幼儿自主学习的空间，还需要观察幼儿在这个空间中与所有物品的互动情况。在观察中使用电子设备进行拍照或视频记录幼儿说的话，和教师一起再进行反思，不断调整班级环境以更好地支持幼儿的学习。我们通过几个生动的案例向读者展示在现实情况中教师是如何进行行动反思、动态调整改进，最终实现班级样态"活"起来。

1. 观察幼儿与环境的互动，不断调整设计方案

图 4 - 2 - 24　看不见的小乌龟

案例 1：看不见的小乌龟

源起：这是我们以儿童的视角捕捉到的真实场景，你能从上面的这张图片中看到鱼缸里有什么吗？

分析：图片中，摆放鱼缸的台子高约 1.3 米，而小班幼儿的平均身高在 1 米左右，幼儿踮起脚尖透过玻璃看到的是充满水渍的鱼缸，很难观察到小乌龟的形态特征，于是总想把鱼缸往身边靠近，这样就很容易发生危险，导致鱼缸掉到地上摔碎。

图 4 - 2 - 25　方法一

图 4 - 2 - 26　方法二

调整：图片中，教师采用的两种方式让幼儿看得清小乌龟。第一个方法为垫高，打破身高限制让幼儿观察小乌龟。另一个方式为降低，改变小乌龟的高度，让幼儿自由观察。一个小小的高度变化反映出了教师的儿童观。

2. 观察幼儿与材料互动，不断调整设计方案

案例 2：我们这样做——小班建构区收纳活动

◎活动背景：

幼儿园小班新生入园，为了缓解幼儿"分离焦虑"，尝试让新生幼儿入园第一天就走进班级区域，进行自由、自主的活动，一改之前传统集体活动的试园方式。

但是建构区的 236 块大型软积木在游戏后如何收纳，成为教师最担心的事情。试园期间开不开放建构区？怎样收纳积木更能激发幼儿的兴趣，使其快速完成？教师开始了小班建构区积木收纳整理的实践探索。

◎调整过程：

✳建构收纳 1.0 版：

通过教研，我们首先从空间上对建构区的位置进行了分析，将经常使用水的美工区和生活操作区放在了盥洗室的两侧。建构区则放在了班级南侧靠落地窗、较为封闭的区域，使幼儿能专注搭建积木并且不影响其他区域正常活动。

图 4 - 2 - 27 原来建构区环境及材料

图 4 - 2 - 28 调整后的建构区环境

前期建构区材料有大型塑料软积木、太阳花、雪花片、海洋球、纸杯、酸奶杯、小汽车、各种小花、小草等等，各色款式筐子 8 种以上。三名教师一同收纳建构区材料计时 12 分钟，每一位教师都有自己的收纳方式，从自我收纳、经验交流、达成共识到合作收纳用时较长。

因此，往往建构区里"丰富"的材料和置物筐，影响了幼儿对搭建本身的专注性和深度学习的能力。教师调整了建构区中的材料，相对减少了大型软积木的数量，保留了 135 块大型软积木和太阳花、雪花片两种桌面建构材料，并按照不同颜色进行收纳。

图 4 - 2 - 29　调整后的建构区收纳方式

　　为方便幼儿活动后能按照标识，有序地送积木"回家"。教师按照不同形状、大小进行了分类摆放，并将能够组合拼凑的积木进行了组合收纳。班级建构区大型软积木的收纳 1.0 版本诞生啦。

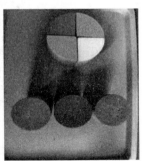

图 4 - 2 - 30　将拼凑成完整圆形的软积木放在托盘内

　　我们的 1.0 版还需要幼儿在实际操作中去验证它的科学性和实用性。正式开学第一天，幼儿园迎来了小班的小朋友，教师敞开区域，让幼儿进行自己喜欢的活动。游戏的时候很开心，收区的时候，建构区里小朋友收纳遇到了困难，最终又沦为教师的"工作"，1.0 版宣布失败。

图4-2-31 幼儿入园第一天的整理

图4-2-32 老师第一天的再整理

　　幼儿园教师在进行建构区标识设置中，按照以往的方式在置物架平面上拍照、打印了软积木的照片。

　　在区域活动中教师发现，在收区时，幼儿只能分辨出照片上的软积木形状，因此他们将同类形状的积木凌乱地堆放在了同一个空间中。

标识清晰——→收纳大件遇麻烦——→收纳小件需拼摆——→放弃！

图4－2－33　入园第一天建构区里"当整理遇到麻烦"

建构区里"当整理遇到麻烦"视频二维码

小标识贴在储物柜面板上方，幼儿根据标识进行组合。

收区的音乐响起来了，赛赛立马跑到建构区的橱柜前开始收纳大积木。赛赛先收大积木，还没等他捡完地上的积木，一抬头发现橱柜里的积木凌乱地堆放在每一层橱柜里，教师贴的小标识也被积木遮挡住看不到了。试了几次，手里的圆柱体总是滚下来，放不进去。

赛赛又跑来收小型软积木，他看了看标识，开始摆弄起手里的两小块三角形的积木，努力将它们拼成标识里的正方体。尝试了几次后，失败了……

赛赛转身离开了，建构区的积木整理成了幼儿和教师的"大麻烦"。

分析：

1. 教师拍摄的积木照片标识，不能体现形状相同、大小不同的积木，且积木标识的颜色限制了积木范围，不易让幼儿通过照片辨别相关内容进行收纳整理。

2. 标识摆放在置物架上面，从儿童视角出发，很难留意标识的存在。当积木摆放较多时，遮挡住了标识，给继续收纳玩具的幼儿带来了困难。

3. 组合摆放虽然能很好地化零为整，但对于小班幼儿来说，这种立体建构组合的能力还不具备。

✻建构收纳 2.0 版:

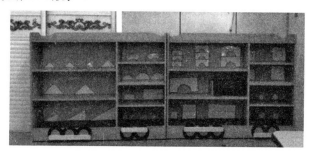

图 4-2-34 建构区大型积木标识 2.0

通过前几次幼儿收纳的情况,教师对建构区的标识进行了调整。基于儿童视角,我们按照 1:1 的积木比例将标识颜色统一,用相同比例的"影子"贴在置物架后置板的位置上,要考虑小班的幼儿面对 80 公分高的橱柜时,能看到什么。

前期幼儿没有收纳过这么多数量和大小的积木,为了让幼儿对新标识有所了解,教师通过区域活动的准备环节,以实际操作的形式让幼儿了解建构区的收纳新技巧。

又到了收区环节,教师引导幼儿、和幼儿一同收纳,激发幼儿的收纳兴趣。

通过几次活动,在实施新的建构材料收纳方式一周内,教师与幼儿一起体验了一介绍、二体验、三自主的"收纳三部曲",幼儿的点滴进步都让教师感到欣慰。

区域活动前的"小热身"

建构区里的"成长"

第一次·我们能行

分析:幼儿构建的收纳经验一定程度上能都为其行为起到积极引导的作用,教师的亲身示范与指导、幼儿的实际操作与体验,激发了幼儿对大数量建构积木的收纳与整理的浓厚兴趣,在第一次感受到成功体验的同时,幼儿在对环境的掌控感和物品的秩序感有了更多的自信,这都促进幼儿积极主动地与环境互动。

随着幼儿搭建水平的不断提升，需要教师提供更多的积木，如何"安置"更多琐碎的小积木又成为一个难题。

✱建构收纳3.0版：

为了让建构区的收纳方式具有实际推广价值，我们在没有进行这样标识收纳的小班继续采用了置物柜背板的"影子"标识，下图为11月份幼儿搭建水平逐步提高，班级建构区材料由原来的135块增至260块。

图4-2-35 　　　　　　　　　　　图4-2-36

幼儿能利用这种清晰的标识初步认识半单元积木、单元积木、双倍积木、柱形积木、成对小三角形积木等。通过"幸福·工作坊"学习的断舍离"七五一"法则，让物品具有了呼吸感。

将幼儿已经了解的积木种类"打包"入筐，分类摆放。

图4-2-37　筐内分区，有序摆放

3.0版的实验没有前期教师的区域活动前交流与互动，幼儿第一次自己感受这样的标识，我们通过观察记录发现幼儿是可以通过环境自己学习和建构新知识的，他们是积极的学习者。

幼儿在面对新标志，没有任何成人帮助与提醒的前提下，第一次12分钟成功完成所有积木的摆放。

我们也惊喜地发现，建构区有秩序的摆放不再成为教师和幼儿的负担，每次收区的时候，送小积木"回家"也成为一场有趣的游戏。

两个案例充分地体现了当教师不断地通过观察、研究和行动反思时，班级的环境变得更加灵动和有趣。当我们用儿童的视角重新审视班级环境时，用我们的智慧和行动不断地调整环境时，我们看到的是一个个善于学习、乐于探究、积极主动的儿童形象。

三、在自主性学习空间中感受幸福生长的力量

在改革过程中，我们从"寻变·一间活动室"的改造开始，倒逼教师们进行理念上、行动上的改变。在这个过程中，我们见证了教师的成长，也感受到了内心的挣扎。欣喜的是，当我们在创设好的自主性学习空间中，幼儿在自主生长时，我们的努力得到了最高的认可。

（一）自主性学习空间让幼儿的生活更幸福

1. 让幼儿获得存在感和掌控感

幼儿园是一个类家庭化、半制度化的场所，一个充满温馨、舒适的自主性学习空间。第一，能让幼儿获得一种身体上的、心理上的安全感和精神上的自由感。如：不用担心教师的斥责，不用为没有遵守教师制定的班级常规而紧张，不必担心有朋友会排斥自己，没有环境带给自己的陌生感和压抑感。在班级中为幼儿提供一个自由的空间，也是一个不错的选择。其次，环境能让幼儿获得归属感。环境要接纳和关爱班级中来自不同家庭环境、生活背景的幼儿，使他们成为环境所接纳的个体。如在娃娃家幼儿能平视的位置悬挂幼儿的照片、全家福或自画像，每一个幼儿都拥有属于自己的标记、物品，班级环境创设有幼儿的参与，让幼儿在班级中获得自我存在感。第三，环境能让幼儿感受到被尊重。教师要接纳不同幼儿的个性化表达、个性化想象、

个性化作品，引导幼儿悦纳自己，意识到自己的独一无二，并引导同伴之间相互欣赏、相互学习。如在班级中，要尽可能多地看到每个幼儿的作品呈现。让幼儿参与到班级环境的管理中，让他们感受到自己是班级中不可缺少的一员，无可替代。

2. 支持幼儿的探索性游戏

自主性学习空间能支持、激发和引导幼儿产生积极的探索性行为。第一，环境要能引发幼儿的好奇，对周围事物产生好奇是探索的前提。如摆放不同的植物或动物，让幼儿在观察与照料中解密。主题墙中呈现的学习过程、开放的低结构材料、自然的阳光洒进活动室等，都能促进幼儿的探索性活动。第二，环境能给幼儿自主探索的空间。创设和提供适合幼儿活动的封闭或半封闭区角空间，家具的摆放有利于幼儿在区与区之间的游戏更好地链接与互动、主题墙适度留白等。第三，环境能让幼儿更加专注。教师要根据幼儿的兴趣需要和发展水平，提供开放式、自然性、数量适宜且有层次性的材料，激发幼儿探索的热情。

3. 体现幼儿生命成长的轨迹

班级环境在支持幼儿更深层次的探索与拓展中，在联结幼儿原有经验的基础上形成新的经验增长点，实现环境的隐性课程价值。对幼儿而言，首先他们有权利对班级环境表达自己的想法和思考，并用实际行动进行操作、创造。也正是在这种生成性、动态性的互动中，环境成为幼儿生命中鲜活的存在，幼儿也发挥作为独立个体的能动作用，成为班级环境创设的另一主体。如区域空间、主题墙的调整、材料的更换、活动的布置、建构区中"我们的搭建设计图"、种植区"我的种植记录"、一日表中"我的一日计划""我们还想创造……"这些幼儿特有的图文并茂式的记录既是幼儿自己的环境布置，也是幼儿的学习过程和足迹，环境创设让幼儿的学习看得见。第二，环境是重要的教育资源。环境是课程的来源，也是课程的载体，更是课程实施的结果。幼儿用自己喜欢的方式学习建构自己的认知体系。环境应追随着幼儿的兴趣，引发幼儿的专注探究，探究的结果能与幼儿产生对过去、现在和将来的对话。比如环境中认识到过去自己经历了怎么的学习过程、过程中有什么故事发生，遇到了哪些困难？当下，理解了什么新的内容，用什么办法解决的，获得了什么本领？未来，还想做什么，和谁一起做，怎样去做？幼儿就是这样用自己的方式建构自己的认知体系，在环境中感受自己、看见自己、看懂自己，进而感受和理解周围的一切。

（二）自主性学习空间让教师的专业更智慧

自主性学习空间首先是为幼儿提供生活和学习的场所，但幼儿并不是空间中的唯一主体。

1. 专注的观察者

在自主性学习空间中，交互着大量的言语互动、信息交流，其中包含了许多能促进幼儿发展的信息。而教师摒弃过去繁琐的事务，减少了干扰因素，更专注于幼儿发展，更善于观察幼儿的举动，聆听幼儿的声音，了解幼儿的兴趣，关注幼儿的需要，捕捉有价值的信息。因此，解放教师才能成就幼儿。

2. 环境的支持者

幼儿愿意自由支配和操纵材料，幼儿的认知能力是在与环境的互动中发展起来的。教师作为支持者，通过专注的观察，收获信息，及时做出调整，将希望幼儿获得的知识经验隐藏于物质环境之中，使幼儿通过与环境的不断相互作用获得更多有益知识经验。

3. 幸福的教育者

在自主性学习空间中，我们不能一味地要求教师付出爱，更要让教师获得爱、感受爱。在环境创设上，给教师做"减法"，给幼儿做"加法"。在这样的空间中，尊重教师的自我节奏，给予教师更多的自主性，当教师感知到温暖、温馨的氛围时，才有能力与热情付出爱和呵护，幼儿才能更加幸福、快乐地成长。

（三）自主性学习空间赢得家长的信任和支持

从幼儿踏入幼儿园的那一刻起，家庭和幼儿园之间便开始了一场家园协作的育人旅程。在自主性学习空间中，家长也会获得存在感、信任感、安全感。

1. 赢得家长的信任和理解

如今的家长大多都受过高等教育，具备一定的文化素养，但在教育孩子的问题上，很多都是新手。幼儿园营造出积极的自主性学习空间，激发和培养家长的育儿能力，让家长始终与幼儿园站在同一起跑线上。如营造温馨的接送环境，门口的家长信箱，对家长需求的及时反馈，为家长在园的停留提供温暖的支持等，通过成立家委会、开放日活动、监督食堂管理、志愿者活动等，邀请家长走进育儿、参与现场同所决策、理解环境育人的重要性，与幼儿园协同合作，共促幼儿的发展。

2. 赢得家长的支持与协作

优质的教育空间给教师和家长提供了一个舒适、有归属感的交流空间。空间的变革不仅让教师的教育观发生转变，在各项活动的展示交流中，也影响着家长的育儿观。引导家长打破传统的家庭教育模式，给予幼儿更多的自主学习空间，实现幼儿的幸福生长，让家园共育形成合力，为实现幼儿全面发展保驾护航。

总之，在自主性学习空间中，家长、幼儿和教师都能感受到一种由内而外慢慢生长的幸福感，这种生长给人以力量，唤醒创造和勇于挑战的精神。我们相信在一场空间变革的实践中，会有越来越多的教师成为我们践行"生活自喜悦"理念中的一员。

第五章　慢享，重构班级生活新样态

　　教育是一个慢活、细活，是生命潜移默化的过程，所谓润物细无声，教育的变化是极其缓慢、细微的，它需要生命的沉潜，需要深耕细作式的关注与规范。

——张文质《教育是慢的艺术》

　　本章"密码二：慢享"将为您解密幸福生长的密码之重构班级生活新样态。重构是对当下幼儿园班级生活现状的重新审视、思考与再构。基于幼儿自主性发展的班级生活新样态的特征是平等、自主、对话，它是遵循幼儿自然天性，从单一的教学空间转向多样化的生活、学习空间，师幼共同生活形成的班级文化，是独具班本特色的文化特质和精神内涵。基于儿童视角的富有生命力的环境，会让教师放慢节奏，追随幼儿的兴趣，优化一日生活流程，重构师幼亲密关系，重塑区域活动内容，有效组织实施活动，完善活动评价方式。班级生活新样态，将通过五个路径最终实现，每个路径都遵循基于问题——提出策略——链接案例的思路为大家呈现。

一、解构旧样态，重构以"平等和对话"为主的班级生活新样态

以学习者为中心的自主性学习空间，是教师和幼儿共同生活的地方，在这里，他们每天要生活8~10个小时。回想一下我们的日常生活状态：8：10~8：50，早餐、如厕、喝水；8：50~9：10，集体教学；9：10~9：20，如厕……幼儿园按照一日作息要求教师，教师按照一日作息要求幼儿，师幼每天在赶场的状态下生活与学习。区域活动匆匆开始，匆匆结束。即使时间充裕，也可能是部分教师用来放松紧张情绪的时候。这样的生活状态使得教师无暇顾及幼儿的需要和兴趣，更谈不上从系统的层面统筹思考和规划课程，区域活动的组织和实施仍有不少问题，有待调整和解决。

（一）解构传统班级生活样态

1. 传统班级生活样态的特征：高控、固化、被动

传统的班级生活样态固化了一代又一代教师的思想，以集体教学为主的教学行为，教师主导的一日生活成为大家眼中一致认同的"规范化""标准化"，教师高控、课程固化、被动学习的生活样态随处可见。

表5-1-1　幼儿园中班下学期一日生活安排表

教育教学	熟悉新环境，感受和了解中班班级环境的变化，逐步适应和喜欢新环境、新同伴。
区域活动	体验有好朋友的快乐，尝试用大的色块创造作品。
游戏活动	学会听信号做动作，锻炼幼儿钻、爬的基本动作，能手膝着地自然协调地向前爬。
生活活动	认识自己的物品及摆放位置，设计相应的活动区标志，学会按照标志的指示做事情。
家长工作	利用家长园地，向家长介绍本主题活动目标、活动内容以及配合事项。

（续表）

	项目	周一	周二	周三	周四	周五
7：50～8：10	晨间活动	玩具	图书	玩具	图书	玩具
8：10～8：50	早餐、如厕、喝水等					
8：50～9：10	集体活动	科学：我喜欢新班	歌曲：太阳小鸟夸奖我	故事：老师本领大	美术：老师画展	科学：漂亮的气球
9：20～10：00	个别化学习	安全：安全地玩	益智区：智力学具	益智区：整理小天地	阅读区：野花	表演区：我请老师看表演
10：00～10：15	幼儿早操					
10：20～11：00	户外游戏	能力	跑	平衡	对球的控制力	跑	听信号四散跑
		名称	麻雀和汽车	过小河	拍球	我的车号"103"	太阳和雨滴
		器械	徒手游戏	徒手游戏	球	徒手游戏	徒手游戏
11：20～12：00	午餐、散步					
12：00～14：00	午睡					
14：00～14：20	起床、喝水、梳头					
14：20～15：20	户外游戏	能力	双手接球	跑	钻	走跑交替	双脚跳
		名称	小熊滚接球	吹泡泡	网鱼	开汽车	爱跳的大皮球
		器械	徒手游戏	徒手游戏	徒手游戏	徒手游戏	皮球
15：20～15：50	室内游戏	类别	建构区	美工区	角色区	表演区	运动区
		主要内容	漂亮的幼儿园	打扮新家	我的幼儿园	三只蝴蝶	狮王进行曲
		地点	活动室	活动室	活动室	活动室	活动室
16：00～16：30	晚餐					
16：30	离园活动	玩玩具	看图书	玩玩具	看动画片	玩玩具

（1）教师高控

从表5-1-1中可以看出：密密麻麻的安排、细化分割的时间，一天出现了12次的时间转换、27次的活动变化，几乎所有环节都需要教师亲力亲为，使幼儿的生活高度程序化、制度化，这样的生活状态更加注重规范性和安全性，高控现象严重，幼儿自由活动机会少，连游戏都要在教师的安排下进行。活动中，常常以知识传授和技能训练为主，忽视幼儿的情感发展、社会性发展及良好个性品质的培养。生活中，大多数教师喜欢把自己定位成幼儿的管理者、环境的控制者、知识的传授者，互动环节多以教学者的身份出现，区域活动时经常会听到老师这样说："你不要总是平铺，这个地方可以架空"；"向日葵的花瓣有很多，可以多画一些"；"不要……你可以……"教师以权威者的身份对幼儿的活动"指手画脚"，降低了幼儿参与活动的兴趣，忽视了幼儿是学习的主体。

（2）课程固化

快节奏的活动安排，导致教师没有思考力地执行一日活动，课程设置高度依赖教材，90%以上的活动是预设内容，这对于教师来说，只需花费较少的力气，拿来用就好，她们没有时间也没有精力去生发课程。在开展区域活动时，缺少对活动内容的整体架构与系统思考。区域活动内容是教师课程观的体现，是支持幼儿自主性发展的高质量区域活动的核心。反观当下幼儿园区域活动的现状，教师在选择活动内容时，普遍存在重教材、轻幼儿，重形式、轻内涵的课程理念。缺少根据幼儿的兴趣与需求生成的活动，以教师主导的活动为主。预设多、生成少的现状，使活动内容的架构不平衡，出现课程固化的现象。

（3）被动学习

纵观幼儿园一日活动安排表，仔细分析表格里的活动内容，便会发现幼儿被动学习多，自主游戏时间少。幼儿每天在赶场的状态下被动地学习与接受，统一上课、统一如厕、统一喝水、统一进餐、统一户外活动……幼儿的自主性从何而言？

2. 传统班级生活样态的弊端

传统的班级生活样态因其一日生活节奏过快，师幼亲密关系无法保证，在空间、时间、课程实施等方面，均限制了幼儿的自主性发展与深度学习。因此，重构班级生活新样态势在必行。

（二）重构班级生活新样态

重构是对当下幼儿园班级生活现状的重新审视、思考与再构。重构是为了推动区域活动的高质量开展，是为了促进幼儿的自主性发展，使班级生活更具生命力、吸引力和影响力。

1. 班级生活新样态的特征：平等、自主、对话

基于幼儿自主性发展重构的平等、自主、对话的幼儿园班级生活新样态，遵循幼儿的自然天性，是从单一的教学空间转向多样化的生活、学习空间，师幼共同生活后形成的班级文化，是独具班本特色的文化特质和精神内涵。

（1）平等

平等的师幼关系能为教育创造良好的氛围，促进亲密的师幼互动，以达到更好的活动效果。

班级生活新样态崇尚师幼关系的平等。在这里，幼儿是被尊重的、被认可的、被接纳的。教师要营造充满爱和自由的环境，尊重幼儿的意愿，保护幼儿探索的兴趣，在宽松的氛围中，鼓励幼儿自由选择玩什么和怎么玩，从而培养幼儿的自主性和创造性。教师应是一个观察者、引导者和鼓励者，给幼儿留出充分探索、质疑的时间和空间，为幼儿创设一个安全温馨的心理环境，而不是一味地管制和约束。教师适当隐退是一种策略，它赋予幼儿更多的主张和创造。确需介入时，教师可以和幼儿平行操作，以某个角色的身份对他们的游戏进行观察、间接指导、提供帮助或巧妙斡旋，减少教师的干预，把握介入的时机，才能让幼儿尽情地释放和游戏。

（2）自主

陈鹤琴先生曾说过：凡是儿童自己能够做的，应当让他自己做；凡是儿童自己能够想的，应当让他自己想。[①] 幼儿是有能力的学习者，作为成人，要尽全力去支持幼儿的学习，解放幼儿的头脑和手脚，让幼儿自由、自主地去探索。项目组在"生活自喜悦"行动理念的引领下，将"活教育"的思想主张与生态教育理念融入其中，师幼一起放慢节奏，调整时间，让幼儿成为环境的主人，将原本属于幼儿的一日生活归还于他们。弹性的作息时间可以

---

① 陈鹤琴：活教育陈鹤琴教育思想读本 [M]．南京：南京师范大学出版社，2012.

让幼儿在一日生活中自主计划、自由选择，如墙面环创充满幼儿的痕迹，打破室内外的区域联动，满足幼儿兴趣的小组活动等。教师理念不断革新，将支持幼儿贯穿于一日生活中，秉承"幼儿能做的我们尊重，幼儿想做的我们支持"的教育理念，幼儿的主体意识越来越强，创造性的想法越来越多，真正实现儿童视角下"有准备"的环境，做"有智慧"的教师。

（3）对话

对话，是指两个人或者更多的人用语言交谈。同时，也是指谈话者的"敞开"和"接纳"，是对对方的倾听，是指共同在场、互相吸引、互相包容、共同参与的关系。这种对话更多地是指相互接纳和共同分享，指双方的交互性和精神的互相承领。① 余文森教授指出，真正的师生对话，指的是蕴涵教育性的相互倾听和言说，需要师生彼此敞开自己的精神世界，从而获得精神的交流和价值的分享。②

在新的班级样态中，作为教师，首先要学会倾听，倾听幼儿意味着赋予幼儿的话语价值，了解幼儿和尊重幼儿；其次要学会回应，幼儿从教师的回应中可以感受到被尊重和被重视，也可以感受到教师对自己的支持；最后要学会理解，师幼之间相互理解，师幼双方便能建构共同意义的对话过程，让感情交流达成共识。在此基础上，教师会以"悦纳"的心态去发现幼儿的兴趣和需求，以"悦动"之心用行动去支持和反馈，从而推动幼儿的深度学习。师幼"悦享"其中，彼此滋养、共同进步。

2. 重构班级生活新样态的意义及价值

新样态的班级生活符合以游戏为基本活动的幼儿园课程改革理念，确立以幼儿为本的课程定位，构建信任、尊重、支持幼儿的课程文化、班级环境与师幼关系。

新样态的班级生活倡导把区域活动融合在一日生活中，在时间上自主，既有相对固定的活动时间，也有灵活机动的时间。在空间上自由，无论对教师还是幼儿，他们的身心是放松的，思想是自由的，精神是愉悦的，感受生活中的一事一物、一花一草、一食一味。在新样态的班级生活中，教师充分

① 金生. 理解与教育——走向哲学解释学的教育哲学导论［M］. 北京：教育科学出版社，2001.
② 严育洪. "事"说师生关系［M］. 北京：首都师范大学出版社，2007.

尊重幼儿，幼儿充分信任教师，师幼关系日渐和谐，幼儿的学习自然发生，教师紧随幼儿的脚步，在与他们的对话中，专业能力悄然改变。

二、重构班级生活新样态的实施路径

班级生活新样态注重回归幼儿的一日生活，在自主性的学习空间中给予幼儿自由和爱、规则和平等，最大限度地满足幼儿的个性化发展需求，教师怀着喜悦之情去等待、去帮助、去支持幼儿的自主性发展。实践中，课题组尝试在"生活自喜悦"理念的引领下，在慢生活、慢节奏的行动中，通过五大实施路径重构班级生活新样态，最终实现师幼彼此滋养、幸福生长。（见图5－2－1）

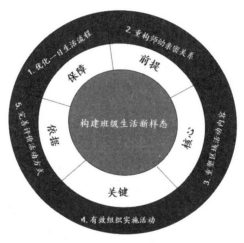

图5－2－1　重构班级生活新样态的五大路径

（一）慢节奏——优化一日生活流程

科学优化时间是高质量区域活动实施的保障。幼儿园一日生活是幼儿教育中的重要部分，是支持幼儿自主性发展，培养幼儿适应集体生活和独立意识的起始阶段。《纲要》中提出：科学、合理地安排和组织一日生活。这主要是因幼儿园一日生活中蕴含着丰富的教育价值。著名教育家陶行知提出："生活即教育，一日生活皆课程。"在其理念的指引下，尊重幼儿的学习方式与特点，做到生活教育化、教育生活化。对于儿童来说，生活本身就是自然流畅的，项目组要做的就是让一日生活各个环节最大可能地帮助和支持幼儿的发展，且这些环节温润流畅，体现教育的自然无痕。

而现阶段，在一日生活的实践中仍存在许多问题亟待解决。为此，结合多所幼儿园一日生活流程的现状进行分析，并提出优化的方法策略。

1. 分析现状，审视一日生活

教师每天忙于准备、发放、收拾各种操作材料，在一日生活中所有的环节都要亲力亲为，既要保证区域活动时间也要保证每天两小时的户外活动时间，被迫跟时间赛跑。在一日生活的碰撞与追赶间，幼儿无法深入地进行游戏。如按照大班的活动安排，计划在 30 分钟结束的美工活动，因未完成作品、颜料难清理等因素的影响，导致后一个环节的缩减，教师常常感觉时间不够用，环节冲突等。教师看不到幼儿，幼儿无法享受游戏的快乐、深度的学习、充分的发展。

2. 寻找策略，优化一日生活

《纲要》中对于科学、合理地安排和组织一日生活，有明确的要求：时间安排应有相对的稳定性与灵活性，既有利于形成秩序，又能满足幼儿的合理需要，照顾到个体差异；教师直接指导的活动和间接指导的活动相结合，保证幼儿每天有适当的自主选择和自由活动时间。尽量减少不必要的集体行动和过渡环节，减少和消除消极等待现象。为此在设计一日活动时，既要协调兼顾五大领域的内容，也要考虑幼儿的生长需要对课程进行合理的选择与调配。同时解放教师和幼儿，留给教师更多思考、观察的时间，让手和嘴都慢下来，用眼睛、用心去观察支持幼儿，深入地去读懂幼儿，引领幼儿对所需要的知识和技能产生兴趣与探索的欲望，满足个体经验的需要和完善的空间等，让幼儿在一日生活中幸福且有意义地生长。

（1）灵活一致的时间安排

幼儿园按照一日生活时间划分，除去入园、离园、进餐和睡眠的时间，真正属于教学活动和自主游戏的时间大约为四小时，其中包含两小时的户外活动。为此，教师要整合教育因素，把各个环节都作为课程，最大化地减少一日生活中不必要的等待和不必要的集体活动。以遵循幼儿兴趣，以满足幼儿发展需求为目的，让教育元素无痕地融入各个环节，按照幼儿自身的节奏，在一日生活中获得有益于身心发展的经验。

◎一日时间调整

在建立灵活而一致的一日生活中为教师做"减"法，只在早操、进餐、午睡、离园等环节有时间要求。其余时间由教师和幼儿自主安排，根据班内实际情况灵活调整，可以由幼儿制订计划，自主安排一日生活环节，以促进其自主性发展。将大量的时间归还给幼儿，老师有更多时间去观察和倾听，促使幼儿的自主性得到充分发展。加大灵活自主的时间，将时间模块放大，使幼儿获得活动设计、活动实施、材料选择的权利，从而充分地调动幼儿的主动性和自主性。如图5-2-2，幼儿参与到一日生活的规划中，制订"我的一日计划"。

表5-2-2　各年龄段课程一日时间安排占比

活动类型		小班	中班	大班
室内活动	生活	30%	25%	15%
	学习	20%	35%	40%
户外活动		50%	50%	50%
功能室			5%	10%

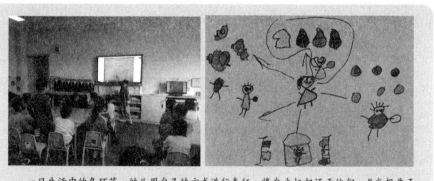

　　一日生活中的各环节，幼儿用自己的方式进行表征，将自主权归还于他们，"我想要干什么""我怎么干""我选择什么材料"全部由他们独立完成。

图5-2-2　幼儿入园晨间计划

◎弹性作息时间

一日生活在忙碌的你追我赶中，让教师和幼儿都身心俱疲，教师怕少上一节课、怕幼儿少喝一次水，总是不断地组织安排幼儿去统一喝水、如厕等。常常在幼儿进行区域活动时或刚刚进入游戏时，教师会说："请××区和×

×区小朋友去喝满满一大杯水",而幼儿的游戏也被迫中断。这样既破坏了幼儿的游戏品质,也限制了幼儿的深度学习。为此教师将一日活动时间进行调整,把时间化零为整,让其变得更具弹性。所谓弹性时间,是指强调时间安排要追随幼儿的生理节奏和心理节奏,而不必受制于绝对的"钟表节奏",真正地将学习活动、生活活动、游戏活动融入一日生活中,让幼儿做时间的主人,充分赋权师幼自主管理,实现时间弹性。如小便、喝水等生活环节根据幼儿的个体本能需求自主决定,减少教师统一组织安排。同时也减少不必要的过渡环节,减少精确的时间控制,将"时间点"扩展为"时间段",将作息从统一调控转为幼儿本能的需求。由教师和幼儿自主管理,真正实现时间弹性。从某幼儿园一日活动安排表调整前后(见表5-2-3),可以看出,调整前教师高控,细致划分,不放过任何一个小的时间节点,通过表格能感觉到教师在一日中"陀螺"般的形象;幼儿在高控条件下犹如"机器"一般,刻板执行教师的命令,幼儿的自主意识逐渐变弱,主动性被剥夺,等待被动接受指令成为常态。调整后可以看出,弹性的作息保障幼儿的游戏时间,保障教师的观察时间,保障一日生活中生活、游戏、学习的整合性,减少紧张焦虑的"赶场",减少教师的"指令语言",让师幼互动更为温暖,课程尽可能地追随幼儿的发展,贴近幼儿的心灵。

表5-2-3 整改前整改后对比表

调整前		调整后		
8:40—8:55	晨间活动、好书分享	上午	室内活动	一、晨谈:计划 二、区域活动 1. 自主游戏 2. 小组活动 三、回顾、小结
8:55~10:00	如厕			
8:55~9:20	集体活动			
9:20~9:30	如厕、喝水			
9:30~10:00	个别化学习			
10:00~10:10	如厕、喝水			
10:10~10:15	早操			
10:15~11:00	户外游戏		户外活动(1小时)	1. 早操 2. 体育游戏 3. 自主游戏
11:00~11:10	如厕、盥洗			
11:10~11:50	午餐			
11:50~12:00	餐后散步			

（续表）

调整前		调整后		
12：10～14：00	午休			
14：10—14：10	起床准备、喝水	下午	户外活动（1小时）	1. 体育游戏 2. 自主游戏
14：10～14：20	梳头、自我整理			
14：20～15：00	室内游戏		室内活动	集体教学或表征活动
15：00～15：20	晚点			
15：20～16：20	户外游戏			
16：20～16：30	离园活动		离园	自主游戏、回顾、总结
16：30	离园			

在户外活动时，为了便于幼儿们根据自己的需求及时补充水分，会使用水壶饮水，减少因为饮水而中断游戏，让时间更为弹性，保证幼儿充足的游戏时间。

图5-2-3　幼儿弹性作息时间

◎保障游戏时间

　　每个幼儿的爱好和发展水平是不同的，分配给每个活动的时间不宜过短或过长，以免幼儿因为过短无法实现目标而产生挫败感，或是时间太长失去耐心而感到厌烦。在区域活动时，幼儿按照自己的需要选择不同的区域和材料，也可按照幼儿自己的经验水平在完成一项活动时，根据自己的意愿选择结束或继续。如在区域活动结束时，区域布局不同、材料不同，幼儿整理的时间也不同，整理较快的幼儿可以去选择协助他人，也可以选择进行下一项活动，去洗手、进餐、户外游戏。活动室内未完成活动的幼儿可自主完成。这样大大减少幼儿无效等待的时间，也将避免幼儿因无效等待而引发的行为问题。活动灵活安排可以使过渡环节变得平缓，游戏的时间得到充足的保障，幼儿的专注力得到充分的发展。

这里呈现的是小班幼儿按照自己的意愿选择喜欢的材料进行游戏，幼儿们认真专注、交流互动，完全沉浸在游戏中。

图 5-2-4　幼儿区域游戏

（2）组织形式的多样化

幼儿是有能力的学习者，以幼儿的内在需要和兴趣为生长点，以幼儿思维和行为的主动性为落脚点，以提高幼儿的能力和水平为着眼点。了解幼儿的现有水平，根据他们的发展需要，灵活调控一日活动中的各个环节，大大提高幼儿在一日活动中的参与性，减少对幼儿不必要的管理约束，减少一日生活中的高控环节。如：餐前环节，按照以往惯例主班教师组织幼儿洗手、等待，保育与配班教师准备餐前工作，桌面清洁、摆餐具、分发餐食等。如果改变思维模式，让幼儿自主选择分餐、取餐、进餐，将权利归还幼儿，那么，一日生活教育就会更有意义。

◎自主选择，小组活动

将选择的权利归还给幼儿，"我想玩什么？""我想怎么玩？""我要选择什么材料？"这都应该是以幼儿为主导的，我们将传统的集体教学活动内容进行梳理，把适合区域活动的内容融入区域活动中，通过自主游戏、个别化学习、小组活动等多种方式引发幼儿主动学习。比如说小组活动的组织形式可以灵活多变，供幼儿选择，既可以是老师发起的，也可遵循幼儿的意愿自由结合，这样不仅减少活动的转换时间，同时也大大提高了幼儿的学习动力和发展的可能。把每天分成几个有意义的时间段，让幼儿与教师共同安排一日活动。教师足以观察到每一名幼儿的学习品质与认知发展，也将以教师主导学习变为幼儿主动学习，并确保区域活动中幼儿自主性得到最大化的发展。

案例一：大班额前提下一日生活时间的优化（槐荫区锦绣城幼儿园）

槐荫区锦绣城幼儿园是我们区一所公办幼儿园，在大班额前提下如何调整时间、安排活动、弹性时间，通过灵活多样的组织形式，保证幼儿游戏的时间？首先请大家扫描二维码观看视频，感受一下什么是大班额。

"集体教学"

从视频中我们能看到大班额的孩子在集体教学活动中常态现状，是幼儿被迫的无奈和教师辛苦的教学。这个班级的空间面积 110 平方米，属于教寝分离的结构，教室面积较大，70 平方米左右，寝室面积较小，50 平方米左右，班级幼儿人近 60人，在此空间中进行区域活动真的是非常之难！

在项目改革的不断推进下，老师的认识也发生了很大的变化，要克服一切困难改变现状，让孩子们有更多的自主游戏的时间，于是开启了从 1.0 版到 4.0 版的一日生活流程的优化。首先 1.0 版从整体的时间上化零为整，将细碎的时间整合成大的时间模块，赋权师幼更多的弹性时间，以保证幼儿充足的游戏时间。在调整之后的实践中我们发现：因人数过多，材料数量不充足，造成幼儿争抢，教师奔波于幼儿之间无暇观察，整个班级样态呈现无秩序、混乱不堪。

于是进行了 2.0 版的变革，由一间教室的活动室和寝室分为 AB 班，增加教师数量，两个班分组进行区域，在实施过程中发现：虽然在区域活动时有了很大改善，但同时也出现了室内与户外的时间冲突，家长对于寝室教室的意见，B 班较 A班空间相对较小，环境较为闭塞，导致幼儿获取经验不均衡。

于是，我们进行了 3.0 版变革，将室内外空间打通，利用户外、走廊、功能室等让空间流动起来，AB 班共同区域，其中一小部分幼儿走出教室进行小组活动，幼儿的游戏时间也能基本满足，实施过程中发现：幼儿的自主性不能得到充分发展，且在小组活动中教师存在高控现象，因涉及的地方多，教师对幼儿的观察不持续、不均衡。

为此，再次进行4.0版的升级，我们将AB两个班级融合一起，呈现出一种生活样态，给予幼儿家的温馨，在空间中打破班级界限，由幼儿根据自己的意愿，自主选择区域、游戏、生活的位置。同时，避免了时间的冲突，融入弹性的作息、自然的过渡，室内与室外互通联结，较好地满足幼儿的学习与游戏，也保障了幼儿充足的游戏时间与深度学习。

下面请大家一起观看一个视频，这是4.0版重构后的班级生活新样态。

"4.0版新样态"

在视频中可以感受到空间变得更为舒适，一日生活更为合理，区域设置更符合儿童视角，幼儿都能够沉浸在自己的游戏中，同时也赋予教师更多观察与思考的时间。但是4.0版仍在不断地探究、不断地优化，给予幼儿更多的自主学习空间，实现幼儿的幸福生长。

◎自然过渡，自主生活

本是幼儿的基本生理需求，而教师借用"安全""秩序"之名对幼儿做出了统一安排，同时为保证幼儿的饮水量，一日中多次出现此类过渡环节，造成许多消极等待。制定弹性的作息制度、活动时间，基于幼儿不同的成长背景、自理能力、认知水平及个性差异，让饮水如厕等生活活动变成以幼儿的本能需求为主，根据自己的情况调整饮水时间、按需如厕；午睡时教师也可根据不同年龄段播放"叫醒"音乐，幼儿进行自我调控。弱化过渡环节的痕迹，避免消极等待的时间，从而使每名幼儿都有自主安排一日生活的机会，提升一日活动的质量，使幼儿在游戏中可以更加充分地发挥自主性。

案例二：咕咚喝水站（槐荫区锦绣城幼儿园　中五班）

我们组织幼儿制作了"谁的小鱼游得快"喝水墙，让幼儿自己来管理，每一位幼儿都有一只属于自己的小鱼，每喝完一杯水，小鱼就可以往前游一个小格子，不再有集体组织或分小组统一安排喝水，也减少了消极等待时间，把"口渴"的感知觉归还幼儿。幼儿在一日活动中根据自身需要自主选择何时喝水、何时小便。为了提醒幼儿及时喝水，我们不仅为幼儿提供了沙漏，还准备了个性化的喝水记录表，这样可以清晰地统计幼儿一日的饮水量。就是在这种完全自主的区域活动中，幼儿的游戏时间没有被人为打断和干扰，充足的游戏时间让幼儿们"玩"的需求得到了满足，以便他们更好地持续学习，这才是真正地将学习活动和生活活动融为一体，更好地提高幼儿的自主性。

◎自主空间，自主安排

教师设计的一日活动流程应该能为幼儿提供选择的机会，让幼儿有机会自主游戏，自主制订计划，自主解决问题，自己整理物品，主动与同伴交往，喜欢分享。多种学习活动允许幼儿以不同的模式学习并且建立有意义的联结。将一日活动的流程安排交给幼儿，活动室内的桌椅采用低矮的、符合幼儿高度、带有轮子便于调整的，幼儿根据自己的需求调整空间。如在区域活动时，幼儿根据选择的区域、人数、材料及游戏需求适当调整区域空间，让幼儿在参与的过程中激发主动性和自主性。让幼儿真正地参与到一日活动中，熟悉一日流程，能够主动参与一日安排，鼓励幼儿自定计划、表达想法等。

案例三：今天我当家（槐荫区锦绣城幼儿园　中三班）

自然过渡，自主生活强调的是每个幼儿都存在个体差异，他们的生活节奏不可能整齐划一。接下来请大家扫描二维码观看视频，呈现的就是优化一日生活之后，幼儿的自主生活的样态。

"今天我当家"

> 从视频中我们可以看到在自主区域计划、自助取餐、自主饮水、睡前准备……幼儿成为生活的主人，避免消极等待的时间，弱化过渡环节的痕迹，实现幼儿自主安排一日生活的可能，从而提升生活品质。

在这如行云流水般的环节中，教师希望幼儿做时间的主人、课程的主人，为此我们加入了弹性时间、多样的组织形式。随着年龄的增长，幼儿对一日活动的掌控能力也会越来越强，而教师的引导可从有痕转向无痕。在避免成人的操控与压制的前提下，如果幼儿在活动过程中产生了问题，那就需要我们思考课程是否合适，是否应给予幼儿帮助。让一日活动变得不再那么紧凑，教师也不再拉拽着幼儿赶节奏、赶进程，让每个环节的主动权交给幼儿，让每个环节都充满呼吸感，以促进幼儿最大化地自主性发展。以"生活自喜悦"的课程理念支持幼儿的探索、体验、发现与创造，以推动幼儿的自主性发展，实现区域活动的良性互动。

下面呈现的是某幼儿园详细的一日流程，希望可以给读者有所参考：

附：一日流程

7：40 教师准时到岗

7：40～7：50 准备时间

开窗通风，做好晨检准备；

调整个人状态，环视环境。

7：50～8：15 晨间接待计划

教师进行晨检，幼儿陆续入园进行自主游戏；

幼儿自主选择一日工作的安排（选择擦桌子、扫地、提醒同伴饮水等）；

根据音乐收拾场地，收拾完毕后即可自行前往洗手如厕等（由专职小朋友进行监测）；

自主取餐，按量选取（小班幼儿由教师协助）；

同时由保育老师先行对桌面进行"清消清"，专职幼儿辅助。

8：15～8：40 早餐

幼儿推荐今日餐点；

教师环视，观察幼儿情绪状况；

纠正提醒幼儿的用餐姿势与关注用餐卫生。

8：40～9：10　晨谈（分享）

教师与幼儿以谈话的形式，介绍今日环境，幼儿介绍自己选择的"工作"；

幼儿分享今日计划，想玩什么？怎么玩？和谁玩？（不同年龄段采取不同形式，如小班说一说，中班画一画，大班写一写）。

9：10～10：10　区域活动

教师推荐今日重点指导区（小组活动）内容；

幼儿自主自选区域；

一名教师巡视各个区域活动幼儿游戏情况，另一名教师重点指导小组活动区域；

饮水、如厕等采用弹性作息由幼儿按照自我需求选择，同时由专职监测的小朋友进行提醒；

提前10～15分钟放音乐提醒幼儿区域活动结束，由幼儿进行整理，将材料归放原位，引导幼儿自主饮水，师幼一起回顾总结区域活动情况。

10：10～11：10　户外活动

主班教师提醒幼儿进行户外活动，幼儿根据自己的情况准备衣物水壶等物品；

为避免楼梯拥挤，教师可分批带幼儿下楼户外，也避免催促幼儿；

主办教师提前做好"三清"工作，教师之间要协调好站位，关注幼儿安全问题，防患于未然；

自主活动提醒幼儿注意饮水、擦汗等。

11：10～11：40　午餐

根据音乐结束户外活动，教师组织幼儿回班；

幼儿分批洗手如厕，另一批由幼儿组织手指游戏等待；

幼儿介绍午餐饭菜并自主取餐；

教师巡视幼儿进餐情况并进行记录，便与家长沟通交流。

11：40～12：00　散步

先用完餐的幼儿收拾完自己的碗盘后，可随老师进行适量的自主游戏、散步消化；

幼儿协助教师进行午检，引领幼儿如厕。

12：00～14：00　午睡

幼儿之间相互帮忙脱掉外衣外裤、整理床铺和调整枕头；

教师讲述午睡故事以帮助幼儿快速进入睡眠；

教师巡视午睡情况，关注睡姿，对于入睡困难的着重关注与陪伴。

14：00～14：20　起床

幼儿根据"叫醒"音乐陆续起床、穿衣、整理床铺；

教师引领幼儿饮水；

根据年龄段，幼儿自主梳头或相互之间帮助梳头发。

14：20～15：20　户外活动

处于等待的幼儿（男孩、短发女孩）跟随老师进行户外活动准备；

幼儿分批下楼梯进行户外活动。

15：20～16：30　中大班幼儿室内活动，小班幼儿用餐、离园

小班幼儿用晚点，幼儿介绍晚点；

中班幼儿组织大组活动，生成课程、主课等；

大班幼儿区域活动，教师重点关注小组活动进行重点指导；

中大班幼儿混龄进入各功能室游戏；

离园活动，小班幼儿关注自我服务，穿衣、检查鞋袜等并有教师引领回顾一日活动流程与总结；

中大班幼儿进行回顾总结，思考第二日的安排，离园前的准备。

16：30～17：00　离园后

教师在送完所有幼儿后，检查班级环境有无遗漏；

离园后与个别家长沟通幼儿情况；

完成各项记录、课程总结、整理幼儿一日照片；

对班内进行消毒清扫；

各级部、各教研组教师自主进行教研活动；

教师检查水电门窗情况后方可离园。

通过实践，各幼儿园汇总出了一套完整详细的一日活动流程。通过流程可以看出，我们正最大化地培养幼儿的自主性将幼儿的本能需求归还于他们。入园时，幼儿自主选择今日的工作，既尊重了他们的需求也培养了

其专注性与责任意识，同时为日后培养幼儿良好的学习习惯做好了铺垫。根据《指南》中的发展目标和幼儿年龄特点，小班幼儿的生活活动占比较高，以适应和培养自我服务能力为主，因此教师的引领和参与较多；中大班幼儿逐渐增多了知识性的内容，打破传统的集体教学模式，摒弃了向幼儿填鸭式的灌输，以幼儿的兴趣为先，将被动接受变为主动学习，以区域活动、小组活动的形式进行教学。小组活动开展过程中，因考虑到面向全体幼儿，活动内容会重复开展，鼓励未参与的幼儿加入，同时鼓励幼幼之间的互相学习，效果更是令人意外和惊喜。如此一来，教师能够关注到每一名幼儿，活动质量变得更加优质，幼儿的自主性发展得到大大提升。

（二）享生活——重构师幼亲密关系

师幼亲密关系是高质量区域活动实施的前提。心理学研究表明：当你和你所在乎的人都能保持良好关系的时候，你就会感到幸福。当师幼亲密关系建立起来时，才会让幼儿感受到幼儿园生活的幸福，才会让幼儿在区域活动中自由自主地完成深度学习。因此，幼儿园不仅要有符合幼儿身心发展特点的科学的一日活动时间安排，更重要的一点就是构建亲密无间的师幼关系。幼儿在区域活动中，是最自然最放松的，国外学者 Galinsky 和 Howes（1994）认为"高频率、积极的师幼互动行为本身就是师幼之间安全依恋关系的标志，一个幼儿与教师互动的时间总数不仅影响着师幼互动的质量，而且对师幼关系的性质也有着重要的影响"。当老师充分尊重幼儿的人格，愿意蹲下来倾听孩子的声音、走过去感受孩子的内心世界时，幼儿便会敞开心扉，与教师共同分享游戏的喜悦；自发地学习，与教师一同幸福生长。

1. 什么是师幼亲密关系

美国心理学家莎伦·布雷姆在《亲密关系》一书中定义：亲密关系至少应该在六个方面与其他的一般关系有所不同，这就是：了解、关心、彼此依赖、互动、信任和承诺。不同的心理学派系对亲密关系的发展及定义是多维度的，我们结合了各学派的观点认为：师幼亲密关系是相互尊重和平等。教师把幼儿当作真正有想法的个体，在交流中，彼此真诚而平等，教师会倾听并尊重幼儿的想法，幼儿也乐于与教师分享自己真实的感受。因此，师幼亲密关系是彼此信赖的，是相互关爱的，是能够给孩子以足够的安全感、信任感和价值感的。

2. 师幼亲密关系的重要性

我国学者张晓、陈会昌在其《儿童早期师生关系的研究概述》① 中谈到：师幼关系是指幼儿在幼儿园里与教师所发生的人际交往关系，不仅对幼儿在幼儿园里的适应行为有重要影响，而且对幼儿以后的学校适应行为、社会适应行为都有着重要的影响。平等和谐的师幼关系，有助于促进幼儿自我意识及社会情感的发展，满足幼儿的心理需要以及养成良好的个性品质。与此同时，良好的师幼关系也能培养教师的自信心，提升教师的专业素养。

《幼儿园工作规程》指出：幼儿园应当营造尊重、接纳和关爱的氛围，建立良好的同伴和师生关系。师幼亲密关系能为幼儿提供有助于学习的情感氛围，使幼儿心情愉快，从而提高其学习的积极性。那些感受到教师温暖和支持的幼儿更可能具有强烈的学习动机，对自己的能力更自信。在良好的师幼关系中，通过师幼之间的积极交往，幼儿能拓展社会认知，学习一定的社会行为规范和价值标准，学会分享、合作、谦让等亲社会行为，并发展积极的社会性情感。在良好的师幼关系中，形成和谐而愉悦的氛围，教师与幼儿的身心得到健康发展，幼儿更加自信地参与活动，在与教师积极有效的互动中得到全面和谐的发展。

3. 师幼亲密关系的特征

项目组认为自由、尊重、平等、悦纳是师幼亲密关系的主要特征，教师要真正地做到给予幼儿自由的空间和时间，用尊重的态度、平等的视角、悦纳的情绪来与幼儿相处。建立真正平等互动、和谐对话的师幼亲密关系，做幼儿全面健康发展的促进者。

（1）自由

幼儿教育中的自由，就是在教育观念和教育活动中，能够使幼儿拥有"按照自己意愿"自主活动的状态。在幼儿游戏和学习时，教师应给予幼儿更多的自由去探索，更多自主选择的权利，让幼儿在自发、自主、自由的游戏氛围中成长。对于幼儿来说，他们的生活本来就应该是"游戏的""轻松

---

① 张晓，陈会昌. 儿童早期师生关系的研究概述 [J]. 心理发展与教育，2016（2）：120 – 124.

的"和"自由的"。

（2）尊重

促进幼儿社会性发展需要互相尊重的关系，积极的师幼关系能大大提高幼儿的顺从与合作。当教师发现某个幼儿不愿意遵守规则和要求时，需要考虑是否与那个幼儿建立了温暖的、相互尊重的关系，有没有花时间去了解这个幼儿的喜好和需求。我们都喜欢被人尊重，那么换位思考：是喜欢被教师当众责难，还是私下谈话？教师在忙碌的日子里常常会忘记保持私下里进行支持性纠正，一定要牢记尊重和理解幼儿的差异，尤其在因别的事情影响到情绪时更需要保持客观和冷静。

教师要尊重幼儿的独立人格，建立平等的师生关系，尊重孩子在教育中的主体地位，站在幼儿的角度看待他们的兴趣爱好，了解他们的情感需求。创造愉快、宽松、丰富、能动的环境，营造积极有效的师幼互动的氛围和条件，尊重幼儿意愿，满足幼儿需要。教师只有尊重幼儿，才能减轻幼儿的心理压力，消除与教师之间的隔阂，从而使幼儿真心接受教师。

（3）平等

教师要学会蹲下来和幼儿平等交流，更多地关注幼儿的情绪、情感和需要；做幼儿的大朋友，对幼儿的任何要求都应积极给予反馈和应答，让每个孩子都感受到来自教师的关爱，轻松、愉快、无拘无束地投入日常活动之中。从家庭到幼儿园，幼儿的生活环境、接触的人都发生了变化，给孩子创造平等的氛围，对幼儿顺利适应新环境，促进身心健康与成长具有重要影响。

（4）悦纳

"悦纳"，从字面意思来看，就是喜悦地接纳与承认。把"悦纳"和"幼儿教育"联系起来，需要教师努力创造条件，让幼儿高兴、愉悦地去学习。教师应该尊重幼儿的个性发展，主张幼儿主动自主地学习，为幼儿提供适宜的发展环境。

接纳与正确对待幼儿的"错误"。幼儿具有好动、好奇、好问的特点，一不小心，就会犯一些"错误"。面对成天闯祸的孩子，教师如果过于严厉，甚至体罚，幼儿就会越来越害怕教师，并与教师疏远，甚至产生逆反心理，进而与教师对立。教师应以理解宽容的心态对待幼儿的所有行为，心平气和地引导幼儿，使他们懂得做事的规范和要求，这样幼儿就会愉快地接受教师的引导。其实，幼儿"犯错"也是学习、探索、了解周围世界的一种方式。当然，教师应正确看待幼儿犯错问题，对于一些习惯、品质等的错误，教师则应心平气和地帮助幼儿分析原因并改正。

4. 重构师幼亲密关系的策略

（1）看见·走进

看见，即教师看见真实的自己。教师在与幼儿的相处中，首先要审视一下自己教育行为的适宜性，思考与幼儿的关系：是同伴？是保姆？还是长辈？重构师幼亲密关系，主张教师要蹲下来，把自己当作是幼儿的玩伴，清楚界定自己的角色，这是奠定有效师幼互动的基础。

走进，即走进幼儿背后的故事。当教师只注意幼儿的行为时，并没有看见幼儿。当关注幼儿行为后面的意图时，才开始真正地看见幼儿。

案例《送玩具回家》镜头一：

在刚开学两周的试点小班建构区里，收玩具时间，小朋友都已按照玩具橱上的标识收好玩具，这时乐乐跑过来，把之前摆好的软积木玩具都扔了出来。老师见状有些着急，想要阻止乐乐。

赵老师："你为什么要把它们都弄下来？"

乐乐像没有听到一样，并没有停止往外扔玩具。

赵老师："你这样做不对，你现在把玩具撒了一地，你需要把它们重新整理回去！"

乐乐依旧乐此不疲地将玩具从玩具橱中往外扔。

赵老师："小玩具已经很不高兴了，它们要回家。"

乐乐想要离开建构区。

赵老师："你可不能走，你这样我真的生气啦！你下次还玩吗？我下次真的不请你来这里玩了。"

乐乐不情愿地将玩具往玩具橱里塞，并没有按照标识放好。

赵老师："这个玩具应该放哪里？你找找哪里是它的家？"

乐乐依旧没有按要求摆放玩具，依旧慢吞吞地将玩具往橱子里面塞。又来了两位小朋友，看到一地的积木玩具，又把玩具从橱子里扔出来。

赵老师："你们为什么要把它们拿出来呀？你们要整理完了才能走哈！"

这几位小朋友依旧在把玩具往外扔……

经过10分钟的语言交流，没有起到任何效果。场面一度失控……

《送玩具回家》镜头一

我们发现教师已经看见了幼儿的行为，并试图阻止幼儿的不当行为，却把自己定位为幼儿的"长辈""老师"，用各种摆事实、讲道理的语言告诉幼儿这样做不对，期间也试图用幼儿能接受的语言如"玩具要回家"等儿童化的语言进行劝导，但仍不被幼儿所接受。后来有所好转，但当更多的幼儿加入扔玩具的行列中时，场面一度失控。此刻的老师在介入的时候是否看见了自己？是否看懂了孩子？很显然没有，那么面对这样的孩子，我们应该怎么办呢？教师是否掌握了幼儿的年龄特点？小班幼儿正处于直觉行动到具体形象思维的过渡阶段，他们的认识很大程度上要依赖行动。同时，3岁幼儿的口语表达和人际交往能力与中班、大班相比还较弱，他们也常常通过自己的行动表达需求。因此，我们需要慢慢走进幼儿的内心，了解幼儿心中所想，付出精力辅助孩子慢慢地建构自己。看见幼儿并走进幼儿不是一件容易的事情，但作为教师，我们必须要有一颗宽厚平和、安静专注的心，信任幼儿，成为幼儿可信赖的倾听者、支持者与引领者。

（2）共情·支持

共情，即教师能够设身处地地体验幼儿的处境，达到感受和理解幼儿的情感。支持，即在幼儿能够真正感受到被理解、被接纳的基础上，教师与幼儿进行有力的互动，运用多种方式支持幼儿的发展。

在本案例镜头一中，老师只用语言去阻止幼儿很显然是没有效果的。试点班级的老师求助了景老师。

案例《送玩具回家》镜头二：

景老师走近孩子，蹲下来："这个玩具应该放在哪呀？我们一起放！"说着，将玩具一个一个放入玩具橱中标识对应的位置。

乐乐见状也模仿景老师，开始将玩具放回玩具橱里。

景老师给乐乐传递玩具，乐乐开始按照标识摆放玩具。

另外两位幼儿也加入了"帮玩具找家"的游戏中，相互提醒将玩具放在了与玩具一样大小的玩具标识前。

十分钟之后，大部分玩具已经在景老师和孩子们的共同努力下按标识整理好。还剩下几个玩具没有摆好。

景老师："这个小三角也回来排队睡觉了，它应该在哪里睡觉呢？还有两个小玩具没有回家呢，它们应该在哪睡觉？快帮它们找到家！"

乐乐找到正确的标识："应该在这里！"说着，和同伴一起将最后几个玩具都收好了。

景老师："好啦，我们给玩具说午安，我们也要去午休了。"

《送玩具回家》镜头二

我们发现教师仅仅一个蹲下来的动作，就能与孩子产生共情，平等对话。案例中教师蹲下来，以朋友的身份加入孩子中间，接纳了孩子们将玩具扔满地的举动，与之共情，用游戏的语言、有力的互动来支持幼儿将"扔玩具游戏"发展为更有趣的"给玩具找家"游戏，做到了有效的正面引导。

其实，真正的支持策略是源于能了解幼儿的认知发展和学习特点，对于小班孩子来讲，他们的思维方式是具体形象思维，抽象的语言对他们而言很难理解，因此越小的孩子越要用行动去带动他，用游戏化的方式去引导他，成为他的玩伴，理解并接纳他的行为，看见自己，走近孩子，与之共情，适时支持。

（3）遇见·生长

遇见，即教师为幼儿创设良好的生活氛围，在彼此依赖、相互信任中遇见更好的自己、遇见更好的儿童。生长，即教师与幼儿彼此接纳，相互滋养，实现幸福生长。

在与幼儿的共同生活中，教师一个真诚的微笑、一个鼓励的眼神、一次有力的拥抱，都会给孩子带来精神上的愉悦和心理上的满足。也许就是教师这样一个微小的举动，就会在孩子的心中埋下一颗充满爱与幸福的种子，终身受益。当然在环境中，教师能够让每一位孩子的作品都有机会展示，每一个孩子都有自己的选择权、话语权，在充满爱与自由的环境中，孩子成为这里的主人。在这种相互作用下，教师和孩子会越来越感受到被需要的幸福感，遇见更好的教师、遇见更好的孩子。

亲密的师幼关系是一种蕴含着情感因素的人际关系，教师只有在情感上、心灵上与幼儿有良好的互动，才能动之以情、晓之以理。教师需要在实践中不断地探索和积累，摆正自己的位置，常用微笑给孩子传递温暖和爱。还要记得蹲下来倾听孩子的心声，把自己当成幼儿的伙伴，走进幼儿内心，了解幼儿心中真正需要什么，并能从幼儿的真正需要出发，满足幼儿的需求，与幼儿建立起师幼亲密关系，在幸福的氛围中，与幼儿一起幸福生长起来！

（三）思课程——重塑区域活动内容

重塑区域活动内容是高质量区域活动实施的核心。区域活动内容是幼儿园课程的重要组成部分，现阶段，仍有很多幼儿园的区域活动与课程关联不大，两者之间相互分离或脱节。部分幼儿园开始重新审视区域活动的重要价值，但教师在选择区域活动内容时，普遍存在重教材、轻幼儿的课程理念，制约着区域活动的质量，制约着幼儿的学习与发展。很多关于区域活动的专业书籍，为我们介绍了大量区域环境创设的经验和组织指导策略，但关于区域活动内容的选择与设计，并不多见。项目研究过程中，在优化一日生活流程、重构师幼亲密关系的前提下，我们尝试在"生活自喜悦"理念的引领下，重塑区域活动内容，使它与幼儿园课程紧密相连。

重塑，需要改变课程随意的现状，帮助教师通盘考虑区域活动内容的架构,是在已有基础上进行的大胆改变。需要树立以幼儿为本的课程观,课程的内容源于生活,基于幼儿当下的兴趣与需要,让课程与主题、环境、幼儿建立链结,构建富有生长力的课程,从而实现区域活动的课程价值。重塑区域活动内容,需要考虑以下五个方面。

1. 厘清"教"与"学"的关系

重塑区域活动内容的前提,是教师对区域活动中"教与学"关系的再认识和再思考。一直以来,教师对区域活动中"教什么""怎么教"、幼儿"学什么""怎么学"等问题比较困惑。在了解教师"教什么"、幼儿"学什么"之前,我们一定要厘清"教"与"学"的关系,树立正确的课程观是区域活动有效开展的根基。以"幼儿为本"的课程观,尊重幼儿发展的个体差异,允许他们按照自己的节奏自主生长。

教师的"教",指向内容。根据教育目标和幼儿发展水平,从幼儿的兴趣、需要出发,将课程隐含在环境中,隐含在活动内容中,以游戏的手段实现"教"的目的。同时,游戏的过程充满了教育契机,教师要学会观察,适时地介入与支持,渗透了课程意义的区域活动才能更好地发挥教育功能。

幼儿的"学",指向方法。幼儿在教师精心准备的活动区中,自由操作、探索学习,通过与环境、材料、他人的互动自主建构知识经验。幼儿的"学"便在这样"有准备"的环境中,在游戏的过程中慢慢习得关键经验,学习自然而然地发生。

隐性的"教"和自然的"学",让幼儿在富有生长力与生命力的班级样态中,积极主动地探索和发现,改变了传统教育中"教师为主导、幼儿被动学习"的现状,落实了"幼儿园以游戏为基本活动"的教学理念。

2. 平衡活动中的预设与生成

在幼儿园的实践教学中,区域活动内容主要有三种不同的价值取向,反映了对课程内容的不同理解,其背后,体现的是不同的教育目的取向①。在区域活动内容构建的过程中,内容的选择和组织首先涉及的是对课程内容取向的思考。

---

① 朱家雄. 幼儿园课程的理论与实践 [M]. 上海: 华东师范大学出版社, 2012.

（1）活动内容是主题教学的延伸

将区域活动内容看作是主题教学的延伸，这样的价值取向是把区域活动看作是向幼儿传递知识的，以教材为主要依据。幼儿在区域活动中玩什么、怎么玩，基本都是以教师为主导。角色区、建构区、表演区设置了游戏主题、规定了游戏玩法，美工区、益智区投放集体教学未完成的活动内容或幼儿尚需巩固的学习内容。教师按照教材中的主题节奏开展区域活动，定期投放材料，看似丰富的区域活动，却看不到幼儿的兴趣和需要，实则完全是教师主导的主题教学的延伸。

（2）活动内容是幼儿自发的、无目的的

将区域活动内容看作是幼儿完全自发自由的活动，这样的价值取向看似给了幼儿一定的自主权，但是教师的支持和引导没有发挥真正的价值，环境一成不变，幼儿的自由游戏得不到相应的支持。没有了教师的助力，幼儿的游戏有可能原地踏步或推进速度缓慢，游戏的复杂性和创造性难以提升。离开了课程内容的游戏，缺乏生命力和教育价值。

（3）活动内容是预设与生成的有机融合

将区域活动内容看作是预设与生成的有机融合，这样的价值取向体现了在预设中生成、在生成中发展的理念。课程预设基于幼儿的发展需求和主题领域内容，使幼儿的游戏富有教育价值，为游戏不断注入新的活力。课程生成基于教师细致的观察与对幼儿的理解，发现他们在游戏过程中的问题、难点和需求，适时生成课程，通过课程学到新的经验，反过来推动幼儿的游戏不断向深入发展。这个过程能引发幼儿的深度学习，是师幼彼此信任、共同探究与成长的过程。

知识拓展

预设的活动内容：根据幼儿的年龄特点、发展目标和主题教育目标，教师提前规划的、能支持幼儿自主性发展的区域活动内容。内容可以和教学主题相关，可以和幼儿的生活相关，可以和节日节气相关，可以和优秀传统文化相关……可以利用身边一切可利用的资源。

知识拓展

生成的活动内容：教师基于幼儿当下的兴趣、问题和需要，在区域环境的创设或自主游戏过程中，适时生成的、对幼儿的发展有价值的区域活动内容。活动内容可以是幼儿游戏中衍生出的一个活动，也可以是结合幼儿当下的生活和兴趣衍生出的一个新主题。

二者联系：在区域活动中，教师预设的活动内容和幼儿生成的活动内容是有其内在联系的，它们都是构成幼儿区域活动的重要组成内容。但是，两者又有本质的区别，教师预设的活动内容是教师发起或主导的；幼儿生成的活动内容是幼儿主导的。

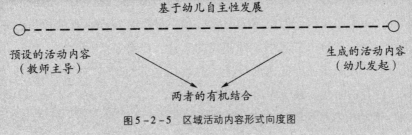

图 5-2-5　区域活动内容形式向度图

在"预设的活动内容"和"生成的活动内容"之间，反映的是不同程度的结合。"预设"强调教师主导，是教师提前制订的计划，这个计划依据前期对幼儿经验的调查，依据教材主题的关键经验。"生成"强调幼儿发起，基于幼儿自发的兴趣、需求，适时生成的活动。计划对幼儿的区域活动和生活是必需的，它是对"教与学"的期待。预设与生成不是非此即彼，在日常的班级生活中，要寻求一种最优的生活状态，使二者之间保持合理的比重，避免课程实施的随意性。

【案例分析】
请尝试说明下面案例中体现了教师预设活动内容和幼儿生成活动内容是如何有机融合的。

大班案例：中国古建筑

中国古代建筑是中华民族的瑰宝，结合《文化大观园》主题的开展，通过和幼儿谈话，了解到幼儿对"古建筑"非常感兴趣。于是，建构活动围绕"中国古建筑"展开。但经过几天的观察，发现幼儿的搭建停留在平铺、垒高阶段，师幼交流后，了解有如下困惑：喜欢古建筑，但是对古建筑的基本特征不了解；搭建过程中，不会表现古建筑，搭建的作品没有特点等，这些问题急需解决。于是，围绕"中国古建筑"展开了项目学习。

▶科学活动，了解古建筑

以"中国古建筑"为题，孩子们分头查找资料，利用假期和爸爸妈妈一起外出考察观摩，搜集各种各样的古建筑图片、照片等资料，带回幼儿园并分组讲解、讨论与交流，了解中国古代建筑"斗拱反翘、对称"等基本特征，在找的过程中感受到中国古代建筑的雄伟壮观，激发了活动的乐趣。并将图片和照片投放到美工区，相关书籍投放到图书区。

▶美术活动，表征古建筑

到底什么是"斗拱反翘"，还需要孩子们亲自实验一下。区域活动中，美工区的小组活动以表征的形式展开，每个人选择自己喜欢的一个古建筑，用绘画和剪贴的形式表征基本形状，加深对古建筑特点的认知。

▶搭建游戏，感受古建筑

经过前期的讨论、认知、表征，在做好充分准备后，到了游戏阶段，孩子们心中有了一定的计划，在建构区中一次次地搭建和尝试，或个人或合作，在反复的试误中不断总结经验，作品一次比一次精彩，创新和亮点一次次涌现。

▶切磋交流，畅谈古建筑

榜样的力量是无穷的，而同伴榜样的力量更能激发幼儿的共鸣。教师充分利用讲评环节，利用照片、实地观摩等方式，观摩同伴作品、取长补短，丰富自己的搭建经验。搭建游戏从个人到团队，从预设到生成，每次的游戏和交流都能引发幼儿下一次的创作与想象。

3. 明确活动内容来源

用"最熟悉的陌生人"来形容区域活动，相信很多教师都会比较赞同。为什么会这样形容？因为区域活动内容的涵盖面比较广，它不像一节集体教学，活动过程一目了然，教师能看到幼儿的具体发展目标，能架构活动的整个过程。而区域活动，教师很大程度上看不到幼儿的发展目标，活动内容的选择比较零散，无法实现区域活动的课程价值。回想一下，幼儿园日常区域活动内容的选择，大多比较随意，主要来源于教材、网络、教师的想法，很多时候，"教师感觉"成为决定区域活动内容的关键。如何让"教师感觉"变为"幼儿想法"，教师需要走进幼儿的生活，和幼儿近距离接触，倾听他们的想法；需要对区域活动内容进行整体性的思考与通盘考虑。因此，明确活动内容的来源，是架构区域活动内容脉络的前提。（见下图）

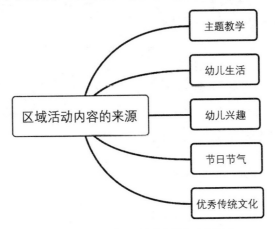

图 5 - 2 - 6　区域活动内容选择的主要来源

（1）来源于主题教学

现阶段，各幼儿园的主题活动大多来源于省市的地方教材，区域活动的内容也和主题教学相关联。一个主题活动的开展需要在集体教学、区域活动、生活活动、户外活动等一日生活中渗透，所以，主题和区域是一个有机的整体，相互渗透、互为补充。幼儿在主题中习得的经验，如果运用到区域活动中，可以使经验不断内化，从而形成自己的认识。教师可以依据幼儿的年龄特点和兴趣爱好，选择适合自己班的主题活动，对于青年教师来讲，这是一套教学支架，给予她们更多的支持。主题教学中的很多内容贴近幼儿的生活，源于幼儿的兴趣。

如：小班主题"幼儿园真好玩""香喷喷甜蜜蜜""大大小小"；中班主题"我在马路边""我的家乡""动物本领大"；大班主题"我是中国人""文化大观园""冬天的故事"等，主题的开展对于提高幼儿的认知、培养幼儿的情感都具有非常高的价值，主题里的内容不一定全部适合本班幼儿，这就需要教师的教育智慧，通过和幼儿的讨论了解他们的兴趣，有选择性地实施，将主题内容有机渗透到幼儿的区域活动中，根据活动内容有指向性地投放材料。

表5-2-4　大班主题"我是中国人"图书区材料投放表

活动内容	象形字对对碰	去旅游	故事魔方	图书：游中国等
投放材料	象形字与简体字卡片；自制象形字字典。	自制四本图书，分别为名胜古迹、少数民族、传统文化、节日。	魔方两个：一个画有不同地点，一个画有不同时间	与中国名胜、习俗有关的图书，分类摆放。
关键经验	知道汉字是中国人发明的，在字、图、形的配对游戏中，产生进一步探索汉字的兴趣。	了解中国的名胜古迹、传统文化、节日等，激发爱祖国的情感。	尝试自制图书，将自己感兴趣的事情或故事画下来并讲给别人听。	扩大阅读面，通过阅读图书，了解中国的名胜古迹、风俗人情等，养成专心阅读的好习惯。
活动指导	1. 自由摆弄字卡，找出象形字与简体字进行配对，可用象形字字典查找，结合图画认识。 2. 两人游戏，看谁为象形字与简体字配对成功的多。	1. 绘画"我眼中的祖国"。 2. 向他人介绍自己的作品。 3. 通过阅读同伴的作品，丰富对祖国认识。	1. 抛掷魔方，根据时间、地点自编故事，用绘画的形式表征，并请老师帮忙用文字记录。 2. 两人游戏，一起掷魔方，互相讲述自己的故事。	1. 阅读图书，了解中国的名胜古迹。 2. 阅读图书，了解少数民族的习俗。 3. 两人一起阅读，并说说自己的理解。

（2）来源于幼儿生活

刘焱教授在《幼儿游戏通论》里提出：儿童在自己的生活世界（包括学校和班级生活）中积极主动地学习，在与周围环境的交互作用中主动地建构自己的经验世界，"教学"应当实现向儿童的"生活世界"的回归①。所以，区域活动的内容应该源于幼儿的生活，生活中的一颦一笑、一花一木，都是幼儿直接感知获取的经验。幼儿的游戏经验源于生活经验的积累，同时，丰富的游戏经验又在不断完善着幼儿的生活。游戏和生活，两者浑然一体，互相交融。只要我们和孩子一起生活，自然就会发现和提高幼儿自我主张、自我依靠、自我控制的能力。

---

① 刘焱. 幼儿游戏通论［M］. 北京：北京师范大学出版社，2008.

以往角色区的创设，大多都是教师根据自己的意愿设计游戏主题，往往忽略幼儿的想法。依据"生活自喜悦"的行动理念，新学期的角色区创设把主动权还给了幼儿，倾听幼儿的想法，追随幼儿的兴趣，创设了"超市游戏区"。角色游戏的主题确定了，叫什么名字呢？最后通过全体幼儿的两轮投票，将超市名称定为"华联超市"，因为这是他们生活中接触最多的超市。以往角色游戏的材料投放往往存在幼儿"缺席"的现象，"生活自喜悦"倡导邀请幼儿参与，教师将幼儿充分纳入店铺 Logo 的制作中、超市材料的准备中。经过一番热火朝天的准备，"华联超市"终于开业了，因为这是幼儿自己参与确定的游戏主题，他们有一定的生活经验，在活动中能够关注到自己的角色，也能愉快地与小伙伴进行游戏，在游戏中获得了愉悦的情绪体验。一段时间以后，角色区也出现了一些问题，但正是在这些问题的推动下，幼儿的游戏逐渐向深入发展。"华联超市"中，航航小朋友当收银员，他尽职尽责地坐在收银台前，"顾客"们购物后聚在一起玩耍，没人来购物了，航航蹲在冷饮摊前叫卖"卖冷饮了，卖冷饮了"，可是没有人理他。活动讲评时，航航把自己遇到的困难说了出来："他们买了东西就去玩了，不来买东西了。"幼儿有购物的经验，但对超市中服务人员的工作不是太了解，只看到了收银员在收钱，但如果无人购物时应该干什么，他们就不太清楚了。针对这一现状，教师抓住契机生成课程《没人买东西，收银员可以干什么》，鼓励幼儿利用周末的时间和爸爸妈妈一起进行调查，超市里还有哪些人，他们做了哪些工作……

(3) 来源于幼儿兴趣

"生活自喜悦"的行动理念，其中的"喜"，强调喜参与、喜探索、喜挑战，"喜·游戏"体现了幼儿沉浸游戏中的美好样态。因此，区域活动的主旨思想是根植于幼儿立场，区域活动的主体是幼儿。区域活动过程中，教师应关注幼儿的游戏行为，在观察中发现他们的实际需求，需求就是幼儿在游戏中极具价值的生长点，教师要以适当的方式有效介入，基于幼儿的兴趣生发课程，循序渐进地支持幼儿的游戏向深入发展。

角色游戏《蛋糕店》的产生与发展：当幼儿在"超市游戏"中玩了一段时间以后，教师发现孩子们对这个区的热情开始递减。如何丰富游戏情节？教师在一日生活中仔细观察，寻找新的课程点。如厕喝水时，佳佳小朋友聊起"再过几天就是自己的生日了"，话题打开，周围的几个小朋友都加入进来，大家对过生日的方式非常感兴趣。第二天的角色区，小朋友们发现主题背板上多了一张生日布景图，有小朋友过来询问老师："是谁要过生日吗？"教师提出倡议：每个小朋友都可以将自己的生日贴在布景图的月份里，同时可以制作自己的头像。话音刚落，角色区的小朋友就迫不及待地去美工区取来纸和笔，制作自己的头像。接下来的几天，围绕"过生日"的主题，小朋友们开展了"蛋糕店""做蛋糕""过生日"等丰富多彩的游戏。

案例中，当角色区的小朋友对"超市"的兴趣减弱，教师通过倾听幼儿谈话、环境暗示（区域内张贴布景图）等游戏策略，抓住幼儿的兴趣点，巧妙引入"蛋糕店"的游戏，和幼儿进行有效互动。通过开蛋糕店、制作生日蛋糕，引发游戏和生活经验的链接，拓展新的游戏情节，适时生成新的活动内容。

（4）来源于节日节气

节日节气是生活的一部分，对于幼儿来说，了解、感受、体验节日和节气，会带来对生活的深层次理解。传统节日节气是中华民族悠久历史文化的重要组成部分，具有自然和人文的内涵，凝聚着人们对美好生活的向往，和我们的教育理念不谋而合，它是我们的文化符号和文化记忆。将节日节气引进幼儿园的区域活动中，让幼儿了解传统习俗，了解饮食文化，充分感受生活的气息。除了传统节日，还有妇女节、儿童节、教师节、国庆节等，也可以和区域活动深度融合，让幼儿体验节日文化，增强民族自豪感。

辞旧迎新意味着期盼和希望，春节是我们中国人最隆重的一个传统节日，幼儿园里拉起了彩条，挂起了灯笼。浓郁的环境氛围，让幼儿潜移默化地对中国的传统节日产生了浓厚兴趣。画冬月蜡梅，捏冬至饺子，写新年祝语，过大年赶庙会，他们知道"年"近了。鞭炮、锦鲤、福字、醒狮，这些带有浓浓"年味"的符号，大大激发了幼儿动手创作的欲望。区域中他们以绘画、手工、写大字等形式自由创作，体验"年"的味道，感受传统节日的风俗，表达对美好生活的期待。端午节可以制作粽子、赛龙舟……国庆节可以制作中国地图、了解中国美食、搭建中国建筑……也可以根据幼儿的年龄特点，有侧重点地将节日渗透在区域活动中，二十四节气对于大班幼儿来说，便是非常好的活动素材。

（5）来源于优秀传统文化

中国的传统文化源远流长，蕴含很多适合幼儿身心发展的内容。将优秀传统文化纳入区域活动内容体系中，培育具有文化自信的新时代幼儿，将优秀传统文化发扬光大。优秀传统文化涵盖面比较广，如非遗文化、民俗礼仪、民间故事、中华艺术等，如何选择适合幼儿的内容？需要教师把握幼儿的兴趣点，并具备一定的文化素养。可以结合主题教学，如大班主题"文化大观园"：将经典文学作品《西游记》引入表演区和美工区；大班主题"我是中国人"：在美工区开展绘制京剧脸谱、制作少数民族服饰等活动内容；也可以营造富含文化气息的氛围，创设优秀传统文化操作区域；还可以有选择地将地方传统文化特色融入区域活动中。

中国的茶道有着三千多年的悠久历史，茶文化是中国的优秀传统文化。为了让幼儿真正融入并且发自内心地喜爱优秀传统文化，教师秉承以文化浸润、生活体验、感受表现、有机融合为核心理念，将茶文化作为区域活动内容之一，引进班级的生活操作区。让幼儿了解茶叶、茶器、茶礼、茶艺等茶文化的启蒙内容，在感知、体验和操作中对幼儿进行内化于心、外化于行的文化熏陶，给予他们除了知识、技巧、能力以外的能量，让其了解茶文化的精髓，在幼儿幼小的心灵中，播下真善美的种子——知礼、行礼、分享、善良、感恩。培养幼儿良好的行为习惯，树立民族文化亲切感、归属感，形成文化自信。

总之，教师在选择活动内容时，要寻找预设与生成之间的平衡，教师主导的活动和幼儿发起的活动都可以选择，而且都要选择，使"教"与"学"相互融合。

4. 构建活动内容脉络

前面已经介绍了区域活动内容选择的五个来源，有了来源，如何设计并形成适合本班幼儿的富有生长力的区域活动课程，就成为一线教师重点要考虑的问题。本研究在实践过程中，用"三关注、四步走"的支架，巧妙地将区域活动串联起来，构建区域活动内容脉络，支持幼儿的自主性发展。

三关注：

关注"目标"，即要关注目标与经验的渗透，使区域活动内容具有内涵和灵魂。

关注"层次"，即要充分考虑本班幼儿的年龄特点、已有经验、游戏水平、兴趣需要等，遵循由易到难的内在规律。

关注"整合"，即要关注主题与区域、预设与生成的有机整合，树立整体的课程观。

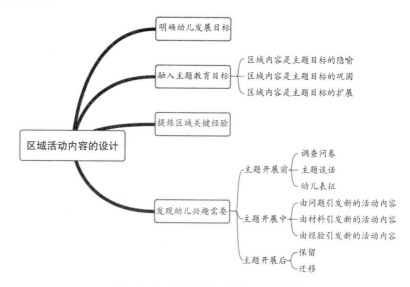

图 5-2-7 区域活动内容设计四步走支架

（1）明确幼儿发展目标

将幼儿的学习和发展作为设计区域活动内容的重要依据，教师对幼儿发展目标的熟悉程度决定了课程的敏感度。通过《指南》了解各年龄段幼儿的发展目标，对照班级大部分幼儿的现有发展水平，制定本班幼儿的阶段发展目标，并将一年内的发展目标按由易到难的原则，阶段化、具体化。建议教师将本年龄段幼儿的发展目标装订成一个小册子随身携带，将目标作为设计区域活动内容首先考虑的一个重要依据。

（2）融入主题教育目标

将主题目标进行分解，有效融入区域活动的内容中，融入材料的投放中，使幼儿在游戏的过程中，慢慢实现主题目标的达成。

区域内容是主题目标的隐喻：区域活动内容是主题目标的物化，承载着主题目标的达成。结合大班"我是中国人"的主题活动，围绕"知道国家一些重大成就，体验中国的强大与人民智慧的了不起，为自己是中国人感到自豪"的活动目标，教师在图书区内通过设置情境的方法，为幼儿搭建接触汉字的机会；同时提供《游中国》《中国古代四大发明》等绘本，让幼儿在自由阅读中，初步了解中国的历史古迹和四大发明等。

区域内容是主题目标的巩固①：区域活动相较于集体教学，动手操作性更强，时间相对来说更加自由与自主。如"知道中国是一个多民族的大家庭，丰富对我国主要少数民族的感性认识"这一主题目标，教师通过集体活动已经基本完成，为了让幼儿有更深的理解，在美工区设置装饰旗袍、折纸新疆帽等内容，并投放相应的材料，可以进一步巩固加深幼儿对少数民族的认识。

区域内容是主题目标的拓展：随着幼儿在区域活动中经验的不断积累，在游戏中他们也会将经验进行迁移，从而拓展主题目标。四大名著之一的《西游记》是幼儿最熟悉的，在表演区演西游、在图书区看西游，随着对《西游记》内容的越来越熟悉，在美工区，他们开始尝试用各种材料制作西游人物面具、花果山等场景。借着西游的东风，幼儿对中国古代四大名著等文学作品产生浓厚兴趣，《三国演义》《水浒传》等经典故事走入他们的视野。

（3）提炼区域关键经验

根据教学主题或生成主题，梳理不同区域幼儿发展的关键经验。关键经验是幼儿在活动中获得的、对达成教育目标至关重要的学习经验，是教育目标的载体和具体物化，物化成教师可以看得见的、清晰的、可操作的要求，也是教师在区域活动过程中，用来评价反思的重要依据。主题活动开展前，班级教师需制订"幼儿区域活动计划表"，根据幼儿的发展目标和主题关键经验，梳理各个区域的关键经验，预设区域活动内容，增强区域活动的目标性。

根据《指南》幼儿发展目标和"我是中国人"的主题教育目标，班级三位教师集体审议，基于和幼儿的谈话，构建区域活动富有生长力的课程脉络，并提炼出区域关键经验、可选内容、好材料推荐、实施建议、家长工作等。在主题开展的过程中，根据"区域活动内容设计四步走"的第四步可进行适当调整。

---

① 高虹. 经纬交织　锦上添花——浅谈幼儿园区域活动内容有效选择的策略［J］. 当代家庭教育，2019（07）：59.

表 5 - 2 - 5 大班"我是中国人"主题区域简介

主题名称	我是中国人		时间	3~4 周	班级	大班
主题目标	1. 初步感知中秋节、国庆节的来历、习俗与庆祝方式。 2. 知道中国是一个多民族的大家庭,丰富对我国主要少数民族的感性认识。 3. 知道国家一些重大成就,体验中国的强大与人民智慧的了不起,为自己是中国人感到自豪。					
	表演区	角色区	建构区	美工区	益智区	图书区
关键经验	1. 对经典文学作品充满兴趣,能自编自演《西游记》中感兴趣的故事情节,为表演选择和搭配简单的服饰、道具或布景。 2. 能与同伴合作表演歌曲,了解具有代表性的少数民族的音乐风格,并大胆创编动作。	1. 能主动发起活动,与同伴协商分配角色。 2. 有明确的角色意识,能正确反映角色的社会职责,大胆扮演角色。 3. 遇到问题能主动想办法解决,同伴间进行积极的交往。	1. 通过各种搭建活动,了解中国古代建筑的特点。 2. 愿意搭建有挑战性的作品,尝试与同伴合作,运用已有建构技能进行古代建筑的搭建活动。 3. 能恰当地选择不同的建构材料拼搭,运用围封、垒高等技能表现天安门等中国古代建筑宏伟壮观的特征。	1. 欣赏不同民族服装的款式、色彩、图案和质地等,能画出几个重要民族服装的基本特征。 2. 学习看折纸步骤图,自己探索折五角星、新疆帽等。 3. 了解纸浆的制作过程和材料,初步了解中国古代的造纸术,激发作为中国人的自豪感。	1. 通过拼贴中国地图、玩旅游棋,了解中国名胜古迹。 2. 认识棋盘中箭头标识及数字符号所表示的意义,操作材料的过程中有自己独特的想法与创意。 3. 了解几种传统游戏的玩法,喜欢探索更有创意的玩法。 4. 喜欢玩合作性游戏,善于动脑筋想办法取得胜利。	1. 扩大阅读面,通过阅读图书,了解中国的名胜古迹、风俗人情,养成专心阅读的好习惯。 2. 鼓励幼儿自制图书,将感兴趣的事情或故事画下来并讲给别人听。 3. 知道汉字是中国人发明的,在字、图、形的配对游戏中,产生进一步探索汉字的兴趣。

（续表）

	表演区	角色区	建构区	美工区	益智区	图书区
可选内容	《西游记》经典片段表演；歌曲：国旗国旗红红的哩；律动：中国功夫等	小导游、中药店等幼儿发起的角色游戏	搭建长城、天安门、天坛、岳阳楼、黄鹤楼等古建筑	制作：做纸浆、神奇的水印画；泥工：好吃的月饼；折纸：五角星、新疆帽；线描画：天安门、青花瓷、旗袍	传统游戏：人枪虎、占地盘、挑棍、翻绳、抓石子、旅游棋、拼贴中国地图	图书：游中国；操作材料：象形字配对、故事魔方；自制图书：《去旅游》系列丛书、摄影集、旅游攻略
好材料推荐	与西游相关的自制道具若干	支持幼儿玩角色游戏的材料架，如小导游牌等	典型的古建筑照片	新疆帽折纸步骤图、各种花瓶图片、线描花纹图片、各种月饼图片、黏土	挑棍、翻绳、中国地图等	游中国的图书、象形字配对、自制故事魔方、自制摄影集的图书
实施建议	1. 建构区以自主游戏为主，通过欣赏天安门、岳阳楼等图片，了解其特征。 2. 美工区提供线描画线条，自主习得线描装饰经验。 3. 创设情境，引发对汉字的兴趣。 4. 表演区、角色区，学会协商确定游戏主题，并合理安排游戏内容。 5. 通过集体教学，学习演唱歌曲、掌握各少数民族舞蹈的基本动作，为自主游戏打下基础。					
家长工作	1. 和幼儿一起玩传统民间游戏，熟练掌握其规则。 2. 开展亲子阅读，了解中国文化的博大精深。 3. 利用外出旅游时机，拍摄表现祖国风貌的照片，并制作成摄影集。 4. 参观中药店，了解各种常见中药的名称、用途等。					
备注	可根据本班幼儿的兴趣、需要适时调整或生成更有价值的活动内容。					

（4）发现幼儿兴趣需要

前三步，教师预设占很大的比例。如何生成？需要教师在幼儿活动过程中，细致观察、耐心倾听、积极互动，跟随幼儿的脚步，支持幼儿的想法，不断生发与调整活动内容，从而推动幼儿的深度学习。

主题开展前：基于主题，通过调查，发现幼儿的兴趣、前期经验及需要提升的方向。其方式有很多，如调查问卷、主题谈话、幼儿表征等。

调查问卷：主题开展前，以调查问卷的形式，了解幼儿对主题的已有认识，结合问卷中幼儿的薄弱点有针对性地设计活动内容。如大班主题"我是中国人"，调查问卷显示幼儿对天安门、故宫、长城等中国古代建筑和四大名著比较熟悉，而对四大发明、中草药、京剧脸谱、青花瓷等中国传统文化和少数民族的美食等认识较少。教师在设计活动内容时，要注意对幼儿已有经验的强化，对未知经验的激发，以便较好地达成教育目标。

表5－2－6　大班主题"我是中国人"调查问卷

选项	小计（人）	比例
A.《西游记》	37	97.37%
B.《水浒传》	20	52.63%
C.《三国演义》	21	55.26%
D.《红楼梦》	21	55.26%
本题有效填写人次	38	

表5－2－6的调查问卷显示：四大名著中，幼儿对《西游记》是最了解的，也是最感兴趣的。在表演区，可以尝试重温经典，表演西游；角色区可以投放《西游记》的相关书籍，深入了解文学作品的同时，感受主要人物特点，助力表演区的游戏。

主题谈话：主题谈话是一种相较于调查问卷能更便捷地了解幼儿已有经验的形式，教师可以预设问题，也可以开放性地聊一聊即将开展的主题。如中班主题"动物本领大"，通过谈话，教师发现幼儿对动物的名字及生活习性比较了解，对动物的本领及与人类关系的相关经验欠缺，在设计活动内容时就要侧重于能激发幼儿探索动物秘密的相关内容，进一步了解动物与环境以及人类的关系。

幼儿表征：主题开展前或开展中，可以引导幼儿运用绘画、符号等表征形式，记录对主题的认知与学习。在开展"冬天来了"的主题活动前，教师组织幼儿用绘画的形式表征对动物冬眠的了解，通过幼儿的作品可以看出，他们大多了解4～5种动物的冬眠方式。在主题开展的过程中，小朋友一直用绘画的形式表征着自己的认知，主题结束时，可以明显感受到幼儿经验的增长，了解了 10 种以上动物的冬眠方式。

所以，材料投放前，一定要把节奏放慢，了解幼儿对环境创设的已有想法或相关主题的已有经验，然后有计划地投放材料。当幼儿参与其中，成为活动的主人，教师构建的内容才会更符合幼儿的认知和发展。

主题开展中：区域活动计划是区域活动内容的预设，随着主题的开展，区域活动内容也会随着幼儿的兴趣与需求发生变化和调整。

◎基于问题的新活动内容：在游戏过程中，教师要善于抓住幼儿的问题矛盾点，这里有可能会引发新的活动内容。如美工区投放了折纸《新疆帽》的材料，当孩子们对折新疆帽熟练以后，有一名小朋友因为对折纸活动的浓厚兴趣，回家和妈妈一起自制了小青蛙的折纸步骤图带回幼儿园。其他感兴趣的小朋友纷纷被吸引过来，开始跟着他学习折小青蛙。小青蛙折好后怎样才能跳得远，大家展开了激烈的讨论，并且生发了新的活动内容《比比谁跳得远》。教师及时发现幼儿在活动中的兴趣、困难与问题，通过 6 次发现、6 步支持，推动幼儿循序渐进地开展活动，从而使游戏向深度发展。活动持续了一个多月，但孩子们的兴趣一直不曾减弱。通过这个手工活动，教师发现幼儿在慢慢习得美工区关键经验的同时，养成了良好的学习品质，社会交往、情绪情感、创造力想象力等各方面同步发展。

◎基于材料的新活动内容：当一种新材料被投放进区域以后，也是引发新活动内容的一个关键点。在班级日常区域活动中，每个区域都会定期投放"新材料"，这个材料有可能是教师提供的，也有可能是幼儿提供的；有可能是高结构材料，也有可能是低结构材料。如幼儿在美工区的折纸作品"新疆帽"被投放进了角色区，新的游戏发生了：用它当作摇篮玩哄宝宝睡觉的游戏，用它当作水果盘玩野餐的游戏，用它当作医务人员的口罩玩看病的游戏……由新材料引发了新的角色游戏，幼儿乐此不疲。除了新材料，对于老材料的不断改进与调整，同样可以引发幼儿新的活动内容。

◎基于经验的新活动内容：在区域活动中，幼儿通过自主探索不断积累经验，而经验的丰盈，又推动生成新的活动内容。表演区中，幼儿对《西游记》中的"三借芭蕉扇""真假美猴王""三打白骨精"片段，持续保持浓厚的兴趣，他们自发阅读《西游记》的故事，不断丰富故事情节，经验积累的过程中引发新的表演内容，这时"石猴出世"的情节应运而出，"石头"

里的石猴破石而出，并受到其他小猴的拥护……

主题开展后：一般教学主题的开展时间为2~3周，主题开展后期，对于幼儿非常感兴趣的内容，可以保留或迁移到下一主题中。在开展"我是中国人"主题时，幼儿对搭建中国建筑的热情持续不减，虽然主题结束了，但活动依然进行；在开展"冬天的故事"主题时，幼儿在给动物朋友搭建的家中，也借鉴斗拱反翘的特点，使古建筑的特征内化于心。

以上介绍的区域活动内容，来源于教材中的主题。其实，日常生活中根据幼儿的兴趣随机生成的主题，区域活动内容的设计流程同样可以参考以上四个步骤。在本章的"慢享，活动室里的幸福生长"，将介绍大班生成主题"我的班级我做主"。

在幼儿园区域活动内容的构建中，我们深刻体会到大班师幼共同参与的重要性。班级每位教师的参与，使活动内容被每位教师所理解和接受；班级每位幼儿的参与，使活动内容被每位幼儿所接纳。区域活动内容的选择和设计，并非简单的搜集和罗列，它需要在目标的引领下，不断加以整合。区域活动内容的最优状态是预设与生成的有机融合，预设中有生成，生成中又有预设。作为教师，我们需要做的就是放慢脚步和节奏，给予幼儿空间和时间，为他们提供所需要的资源，孩子带给我们的惊喜就会源源不断地涌现出来。

5. 拓展区域活动内容

完整的幼儿教育不仅仅需要幼儿园，更需要家庭的力量。教育观的转变不仅仅体现在教师，更需要帮助家长转变教育观。摒弃传统的知识观，注重幼儿在玩中学，在游戏中发展良好的学习品质和学习能力。所以，区域活动内容除了预设与生成，教师主导与幼儿发起以外，还应该延伸拓展到家庭中，让家长了解区域活动，了解具体的活动内容。以下是邀请家长参与区域活动的小策略：

搭建联系桥梁：定期向家长介绍班级近期开展的活动主题与内容。

征集活动材料：向家长征集自然材料，准备的过程即是学习的过程。

开设创意区域：通过"留白区"或"我的创意区"，增进亲子互动，幼儿将在家庭中学到的新本领，带到幼儿园和小伙伴分享，增进亲子间感情的同时，丰富了区域活动的内容。

区域活动由幼儿园走进家庭。

区域活动由家庭走向幼儿园。

【区域活动由幼儿园走向家庭】：

美术活动《我心中的太阳》

炎热的夏天悄悄地来到我们的身边，火红的太阳照射着大地。小班的美工区，教师投放了美术欣赏作品《米罗的太阳》，让幼儿感受大面积的红色给人带来的热烈的感觉。以太阳为主线融入幼儿的游戏、活动中，发挥幼儿想象，在生活中寻找创作关于太阳的形象，丰富对太阳的感知。鼓励幼儿出去玩的时候和爸爸妈妈一起寻找太阳，尝试各种形式组合、创新表现太阳。

欣赏米罗的太阳：在教师引导下观察欣赏米罗大师的作品带给大家的视觉和心理感受，引导幼儿对画面进行理解想象，并联系生活实际丰富对太阳形象的感知。

寻找太阳的影子：太阳不仅为我们的日常生活带来光和热，通过吹泡泡还可以观察发现太阳光的彩虹色，更有意思的是可以和太阳玩各种影子游戏，如"踩影子"、在阳光下摆出不同造型来拍照、影子借形画创作等。

和妈妈出门找太阳　　太阳为我们的影子合影　照片记录和太阳约会的一天

表征太阳的创作：和太阳玩游戏之后，可以用画笔、各种好玩的材料来创作表征太阳。

太阳是我们生活中很熟悉的事物，给我们的生活也带来很大的影响，孩子们在生活中与太阳接触颇多，通过观察太阳的颜色变化、太阳在空中的位置变化等多种感官参与的多种形式的活动，让幼儿在游戏中对太阳有更深的了解和探究乐趣。

【区域活动由家庭走向幼儿园】：

区域活动是幼儿经验不断积累和学习的过程，在表演区，幼儿表演技能的提升可以通过以下策略：亲子共读图书，了解每个角色的特点；亲子表演故事，积累表演经验；亲子走进剧场，熏陶文化素养。在美工区，幼儿需要大量感知和感受的机会才有可能进行创意表达。这个感受的机会不仅仅需要教师提供，同样需要在家庭中、在生活中通过多渠道获得。如大班美术欣赏"蒙娜丽莎的微笑"，幼儿可以在家庭中进行扮演，通过亲子扮演，体会作品人物的服饰、神态、动作等，进一步领会蒙娜丽莎的神韵和作品表达的意境。美术中大量的创作都需要幼儿在生活中的体验和感受。在建构区，建议家长在家中为幼儿开辟一块专门玩建构游戏的空间，让幼儿肆意玩耍，体验建构的乐趣。在图书区，教师可以定期向家长推荐优秀的幼儿绘本，养成亲子共读的好习惯。在角色区，很多时候需要家长和幼儿一起进行社会调查与角色体验，丰富幼儿的生活经验。在益智区，随着幼儿年龄的增长，建议家长可以和幼儿一起下棋，增进亲子感情的同时提升其认真、专注的良好品质。

　　将区域活动纳入幼儿园课程体系中，教师需要牢牢树立以幼儿为中心的思想，和幼儿一起生活，让课程与环境和幼儿建立联结，构建富有生长力的课程。重塑区域活动内容，根据以上的思路，我们不断梳理和完善"基于幼儿自主性发展的区域活动内容脉络"流程图和教师具体实施路径图，希望能给老师些许帮助。

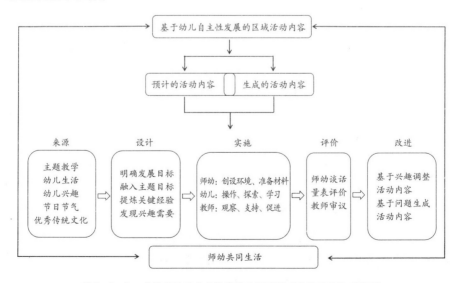

图5-2-8　"基于幼儿自主性发展的区域活动内容脉络"流程图

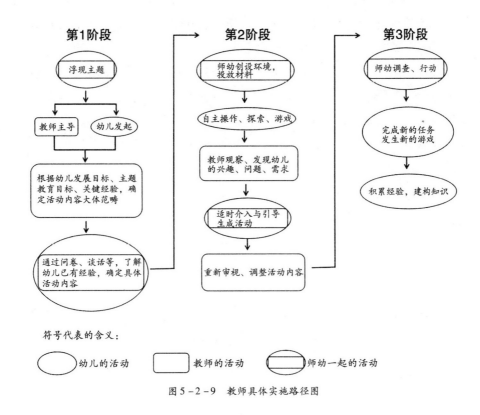

图 5 - 2 - 9　教师具体实施路径图

"慢生活，发现不一样的幼儿"，这不是一句口号，更多的是来自教师理念的转变。在新的班级生活样态下，在"有准备"的环境和"有目的"的预设中，教师放手、观察、支持，幼儿的深度学习会自然而然地发生。让我们在区域这一方小天地里，在陈鹤琴先生的"做中学"理论中，真正地走近幼儿，在做中慢慢体会，慢慢理解，从容地和幼儿一起生活、一起游戏。在这样的活动室里，我们会发现幼儿也变得不一样了，他们自由、自主、向阳而生，这就是我们的共同愿景。

（四）活教育——有效组织实施活动

有效的组织区域活动是高质量区域活动实施的关键。通过优化一日生活流程、重构师幼亲密关系和重塑区域活动内容，接下来，我们将探讨如何有效地组织实施班级室内区域活动。有效地组织实施区域活动，不仅能唤起幼儿主体意识，促进幼儿主动学习、自主探究、相互交流和持续探索，而且能够使幼儿得到"全面、完整、平衡、自然"的发展。

根据美国"高瞻课程"以"主动学习"为核心的启示，为了将区域活动更好地与幼儿的一日生活相融合，促进幼儿自主性的发展，项目组探索出了班级室内区域活动组织实施的四部曲，即：晨间自主计划——晨圈集体活动——区域自主操作——回顾分享表征，真正做到让幼儿自主计划、自主选择、自由探索和自主合作。

1. 晨间自主计划

幼儿的一日活动开始于每天的清晨，由晨间来园活动拉开帷幕。晨间活动的安排，在很大程度上影响着幼儿一整天的生活和学习。合理地安排晨间活动，将区域活动的计划环节巧妙地融入晨间活动，很好地调节幼儿的身体状态和情绪，激发幼儿的活力，给予幼儿充分的自主权，培养幼儿的计划能力，使幼儿心情愉快、精神百倍地去迎接一天的新生活。

（1）什么是晨间自主计划

晨间自主计划是指幼儿利用早晨来园的时间，通过多种表征的方式对一天的生活或者游戏活动等进行自主计划。

（2）晨间自主计划的内容及方式

◎利用"区域计划板"选择自己喜欢的区域

晨间进入教室，幼儿可以计划今天想去哪个区域玩、玩什么，幼儿利用"区域计划板"选择自己喜欢的区域。考虑到幼儿年龄阶段的不同特点，在计划板的呈现方式上可以有所不同。如小班以区域场景图片为主，便于幼儿直观地选择；中班以图片结合文字的方式呈现，培养幼儿对简单标志和文字符号的兴趣；大班以文字为主，渗透对幼儿学前阅读能力的培养。

◎利用"自主表征"的方式表达自己的计划

幼儿的表征通过其在头脑中呈现图画、符号，能够反映幼儿的思维，是培养幼儿想象力的重要基础。教师要根据不同年龄阶段幼儿的思维特点，为幼儿提供表征的材料和工具，遵循循序渐进的原则，鼓励幼儿用不同的方式表征计划。（见表5-2-7）

表 5 - 2 - 7　幼儿晨间自主计划的表征方式

年龄阶段	思维特点	问题设计	计划方式	图片
小班	直观行动思维	具体的问题——"要去什么区？做什么？"	语言交谈 简单的绘画表征	
中班	具体形象思维	半开放性的问题——"要去什么区？做什么？怎么做？"	绘画表征 简单的符号表征	
大班	具体形象思维 抽象逻辑思维 开始萌芽	开放性的问题——"要去什么区？做什么？怎么做？你是怎么打算的?"	绘画表征 符号表征 文字表征	

2. 晨圈集体活动

（1）什么是晨圈集体活动

晨圈集体活动是指，在早餐后教师与幼儿一起围坐成圈，通过集体活动，让幼儿感受到自己进入一个团体之中，师幼建立彼此的联系，感受彼此的存在，在互动中建立信任感，营造充满关怀的活动氛围，也为接下来区域活动的开展奠定基础。

（2）晨圈集体活动的内容

在晨圈集体活动中，教师与幼儿可以开展音乐活动，共同开启美好的一天；幼儿可以分享自己的区域活动计划；教师也可以向幼儿介绍材料；此外，教师还可以针对幼儿感兴趣的话题或预设的主题活动等设计晨圈集体活动内容，将生成和预设的课程内容在此环节中完成。

3. 区域自主操作

（1）区域自主操作的形式

区域自主操作的形式有两种：一种是幼儿发起的自由、自主的游戏活动；另一种是教师根据教育目标、结合幼儿的兴趣点发起的游戏化小组学习活动。这两种形式要合理分配，既要保证幼儿有足够的自主游戏活动时间（每天不少于1小时），又要将教师主导的活动通过小组化的学习方式，以游戏性的体验来完成教育目标，以推动幼儿的深度学习。

（2）区域自主游戏的组织与指导

游戏前

在游戏前，为使幼儿成为活动的决策者，教师可以引导幼儿分享区域活动的计划；也可以通过介绍材料，激发幼儿对材料的操作欲望；此外，为了培养幼儿的良好行为习惯，保障游戏活动顺利开展，还可以对幼儿进行有关游戏规则的提醒与讨论。

◎分享计划，使幼儿成为活动的决策者

在自主游戏开始前，教师给幼儿提供"分享计划时间"。幼儿可以用语言、动作、手势、绘画表征等方式来表达自己的意图。这一环节，教师提供给幼儿表达内心意愿的机会，让幼儿自主决定要做的事，使其成为个人活动的决策者。

＊合理安排分享计划的场地和时间

分享计划的场地可以选在活动室里一个相对较大的场地，便于集中全班幼儿与教师分享观点；也可以选在活动室里的一个活动区，组织一组幼儿或个别幼儿分享计划。为使分享计划的过程轻松而亲切，幼儿的座位安排可依据幼儿人数的多少、场地的大小采用圆形、弧形、双弧形、扇形等。教师的座位可放置在距离幼儿座位1.5米的场地中间并面向幼儿，这样教师既能关注到每一位幼儿，又便于幼儿看到教师、同伴和材料。分享计划的时间可以是10分钟左右，具体的分享类型需要教师根据实际情况灵活掌握。每天在固定的时间、地点进行计划的分享，能够使幼儿更加关注计划本身，并能培养幼儿的秩序感。

＊灵活选择分享计划的方式

分享计划的方式有三种。一是个别幼儿分享，教师可利用早餐后的时间，让幼儿根据晨间入园时做的计划进行自主表达。二是小组分享，由一名教师和8～10名幼儿组成计划分享小组，教师轮流与每位幼儿交谈，了解幼儿的想法和愿望，以便及时了解每位幼儿的计划内容，帮助幼儿完善他们的计划。三是团体分享，教师组织全班幼儿共同分享计划，并围绕同一内容展开交流，这种分享的方式有利于师幼间和同伴间的交流互动，使同伴之间的差异成为一种资源，让幼儿在相互启发、相互学习的过程中表达自己的想法和意愿。

＊教师在分享计划环节中的作用

教师根据幼儿的兴趣、能力，帮助幼儿表达意愿、确立目标。在幼儿的计划正式执行之前，教师通过和幼儿进行反复、深入地沟通，提出一些行之有效的建议，帮助幼儿充实活动内容。幼儿在分享完计划之后，教师给予鼓励、支持及回馈，将计划精细化，使目标具体化。

◎介绍材料，激发幼儿对材料的操作欲望

介绍材料的过程是师幼心灵互动和情感交流的过程，教师通过对材料的形状、颜色、作用等进行介绍，激发幼儿尝试游戏与动手操作的动机与兴趣。

＊介绍的内容

介绍材料时应主要介绍材料的名称、操作方法和游戏的玩法，有时还需要重点介绍材料的记录方式和材料的教育功能。

①介绍新材料。对于新投放的材料，教师可以推荐给幼儿，让幼儿直观地认识材料，激发幼儿操作的欲望。如图书区新投放了"故事宝袋"这一新材料，教师借机向幼儿推荐，演示其有趣的玩法，让幼儿对材料有一个直观的认识，激发幼儿对材料的操作兴趣。

②介绍记录方式。在介绍完材料的操作方法之后，对于一些与材料配套的记录方式，教师需要着重再介绍一下。教师引导幼儿用绘画、符号、文字等方法来记录自己的操作过程和操作结果。如在让幼儿感知"测量"的材料中，提供了记录单，教师需要提示幼儿用圆点、数字、图形或自创的图画进行记录。

③介绍材料的游戏玩法。有的材料可以一物多玩，教师在介绍材料时可

以鼓励幼儿开阔思路，想出更多富有创意的玩法，引发幼儿在操作中思考，也充分发挥材料多方面的教育功能。如介绍益智区的材料"扑克牌"时，启发幼儿除了可以玩配对、排序、分类的游戏外，教师与幼儿共同讨论游戏材料的其他玩法，鼓励幼儿在玩材料的过程中，创造出自己喜欢的游戏方式。

④介绍材料的教育功能。对于能够进一步提升幼儿经验的游戏材料，教师可以重点做介绍，以提升幼儿相关的核心经验。如为了引导幼儿探究影子的大小，教师要鼓励幼儿反复操作、大胆尝试，帮助幼儿感知物体离光源的远近对影子大小的影响因素。

＊介绍的方法

根据幼儿的不同年龄特点及材料本身的特点，教师可以选择以下几种方式来介绍材料。

①示范、演示法。教师拿出需要介绍的新材料，通过示范或演示的方法介绍材料的名称、操作方法、游戏玩法及注意事项，帮助幼儿了解新材料，激发幼儿对新材料的操作兴趣。

②范例法。给幼儿一个示范，可以是教师查找的有关图片提示，也可以是完成较好的幼儿作品。

③步骤图法。有的材料可以通过提供操作步骤图的方式来介绍操作方法和步骤。教师可以将操作过程拍成照片，按照操作的顺序进行展示，也可以通过绘制步骤图的方式呈现操作过程。幼儿选择材料后，可以看着像说明书一样的步骤图进行自主操作。

④多媒体法。教师将材料的操作方法制作成视频，幼儿通过看视频了解材料的玩法及操作方法。

◎建构规则意识，养成良好行为习惯

对于自主游戏中的一般常规性的、最基本的、有利于游戏开展的规则，可以在游戏前对幼儿进行提醒，培养幼儿的规则意识，引导幼儿在游戏中养成良好的行为习惯。

游戏中

在区域自主游戏开展的过程中，教师如何确定幼儿的发展阶段，以便为幼儿提供与他们的发展水平相适宜的活动和材料？如何与幼儿建立联系，让幼儿获得信任感和安全感？如何让幼儿更愿意去探索、提出问题、解决问题、尝试新挑战和表达自己的思想？如何拓展幼儿的思维，丰富幼儿的经验……这些问题的解决依靠的是有力的师幼互动。有力的师幼互动有助于师幼之间建立"相互尊重的关系"，增强幼儿的自信心，提高幼儿的参与度和积极性，最终促进幼儿的自主性发展，使幼儿成为更成功的学习者。

那么，在区域自主游戏开展的过程中，如何形成有力的师幼互动呢？可以通过观察和倾听——回应和评论——拓展和提升，这三个步骤来进行。

步骤一：观察和倾听

蒙台梭利说："唯有观察和分析才能真正了解孩子的内在需要和个别差异，以决定如何协调环境，并采取应有的态度来配合儿童成长的需要。"由此可以看出，观察是教师组织实施区域活动的根本出发点。那么，在基于儿童视角、促进幼儿自主性发展的理念指引下，要求教师更应该以儿童的视角去观察、去倾听每一个幼儿。如在观察幼儿游戏之前，教师需要让头脑里的静态噪声安静下来，集中注意力关注幼儿那一刻所做的有趣的、重要的事情；在游戏中，秉持平和包容的态度，以观察和倾听的方式靠近幼儿，与幼儿建立联系，彼此建立信任和安全感。

◎观察的内容（见表5-2-8）

＊观察幼儿的发展水平

我们都知道，不同年龄阶段幼儿的认知、情感、社会性、语言等方面的发展是不同的，其发展也是不平衡的。因此，教师可以通过《指南》各领域的发展目标来观察、确定每个幼儿的发展水平，以便提供适合每个幼儿的材料和活动，使材料和活动符合幼儿当前的兴趣和能力水平，激发并延长幼儿参与活动的热情。

＊观察幼儿与材料的互动水平

幼儿与新材料互动分为三个阶段：首先，幼儿会胡乱摆弄材料，以了解如何使用它们或能用它们做什么；然后，幼儿开始自发地以"适宜"的方式反复练习使用这些材料；最终，大部分幼儿将进入与材料互动的新水平，赋予材料某种意义或创造性地发掘材料的新用途。在自主游戏时，教师用心观察幼儿与材料的互动处于哪一个阶段，才能更好地判断下一步是否需要介入、以何种方式进行介入以及如何更好地回应幼儿。

✻ 观察幼儿与他人的互动水平

在自主游戏时，教师除了观察幼儿与材料的互动情况外，还要了解幼儿是如何与他人进行社会性互动的。帕顿（Parten）描述的社会性游戏分为五个阶段：无所事事（刚入园的幼儿刚开始时可能是无所事事，敏锐的教师明白，这些幼儿在参与活动之前需要时间去获得自信）——旁观（当无所事事的幼儿感到自在时，他们可能会旁观其他幼儿在做什么。教师不要小题大做，强迫幼儿参与活动，而是鼓励其自主选择想要尝试的活动）——独自游戏（这是社会性互动的第三种水平，尤其是年龄较小或经验不足的幼儿）——平行游戏（当幼儿逐渐意识到别人在做什么时，就会靠近他人进行平行活动）——合作游戏（几个幼儿一起玩同一种材料，每个幼儿都参与其中）教师只有通过观察了解幼儿目前的社会性互动水平，才能采取适宜的策略促进其社会性的发展。

案例："大润发超市"

区域活动开始了，几个孩子相约来到建构区，继续昨天的"大润发超市"的搭建。萌萌说："我昨天又去大润发超市了，我觉得应该在超市和小区之间修一座直通的桥，这样就方便了。""对！对！"大家异口同声地说。只见萌萌立刻拿着笔跑去"计划图板"前，在昨天的"计划"上迅速画了一个过街天桥。大家开始忙碌起来。

萌萌和轩轩一起搭建天桥，他们运来好多的圆柱积木和四倍单元积木，一个摆圆柱积木，另一个将四倍单元积木往上搭。瑶瑶把单元积木排成与积木架平行的一长列，然后把第二排积木叠放在第一排上，一排接一排，就像一面墙。不一会儿，超市主楼和过街天桥就搭好了，轩轩还在天桥上放上了人物玩具。这时，阳阳说："超市旁边怎么没有停车场呢？如果开车去的话，没有地方停车呀？""那就赶快再搭一个停车场吧！"萌萌提议。"大润发的停车场只有一层，咱们建一个三层的，怎么样？"轩轩的这个想法再次激发了孩子们搭建的兴趣，萌萌、轩轩和阳阳又一起开始搭建"三层停车场"的工程了，瑶瑶在他们的旁边把一块二倍单元积木架放在两块柱形积木之间，并不断重复着这种"架桥"模式。

表5-2-8 解读《案例：大润发超市》幼儿的行为

观察内容	行为解读	案例呈现
幼儿的 发展水平	1.《指南》语言领域——倾听与表达："愿意与他人讨论问题，敢在众人面前说话。"	萌萌说："我昨天又去大润发超市了，我觉得应该在超市和小区之间修一座直通的桥，这样就方便了。"
	2.《指南》语言领域——倾听与表达："有疑问时能主动提问。"	阳阳说："超市旁边怎么没有停车场呢？如果开车去的话，没有地方停车呀？"
	3.《指南》语言领域——阅读与书写："愿意用图画和符号表现事物。"	只见萌萌立刻拿着笔跑去"计划图板"前，在昨天的"计划"上迅速画了一个过街天桥。
幼儿与材料 的互动水平	1. 萌萌和轩轩：赋予材料某种意义，创造性地挖掘材料的新用途。（意义阶段）	萌萌和轩轩一起搭建天桥，他们运来好多的圆柱积木和四倍单元积木，一个摆圆柱积木，另一个将四倍单元积木往上搭。
	2. 瑶瑶：自发地以"适宜"的方式反复练习使用材料。（熟练阶段）	瑶瑶把单元积木排成与积木架平行的一长列，然后把第二排积木叠放在第一排上，一排接一排，就像一面墙。
幼儿与他人的 互动水平	1. 萌萌、轩轩和阳阳：合作游戏	萌萌和轩轩一起搭建天桥；萌萌、轩轩和阳阳又一起开始"三层停车场"的工程了。
	2. 瑶瑶：平行游戏	瑶瑶在他们的旁边把一块二倍单元积木架在两块柱形积木之间，并不断重复着这种"架桥"模式。

◎观察的方法

常用的观察方法有：扫描观察（主要是在观察全体幼儿游戏时使用）、定点观察（是在游戏中教师选取一个固定地点观察幼儿）、追踪观察（定点不定人，即固定观察对象而不固定观察地点）。

◎观察记录的方法及工具

常用的观察记录方法有：文字记录、信息化记录、作品取样记录、量表记录等。其中，量表记录在区域操作过程中是很常见的，包含了事先设定的一系列的项目标准，教师通过观察并记录幼儿的操作，分析掌握幼儿的基本发展情况以及全体幼儿的整体发展状况，教师可以根据实际需要设计量表。本书第五章的第五节将详细介绍《区域活动中幼儿自主性发展维度观测表》这一观察工具的具体内容。

◎如何进行有效观察

如何才能做到有效观察呢？可以采取有效观察的四个步骤。（见表5-2-9）

表5-2-9　有效观察的四个步骤

第一步：制订观察计划——为什么想要观察

第二步：开始进行观察——记录幼儿的行为

第三步：思考观察结果——为接下来的行动提出建议

第四步：运用观察结果——采取下一步行动

附：行动方案

如何观察幼儿：以观察恒恒为例

恒恒（3岁半）在益智区很认真地操作着"密码箱"，他正在为眼前的密码箱找匹配的钥匙。他一只手指着密码箱上的一个点点，另一只手指着钥匙上的一个点点，口中数"一"。接着，两只手同时移动到另一个点点上，用这个方法以此类推，来判断密码箱上的点点和钥匙上的点点数量是否相等。

第一步：制订观察计划

●确定要观察谁、如何观察、观察哪些方面、在哪里观察。

●确定观察目标：

（1）恒恒是否在专注地操作

（2）恒恒是否有学习在发生

（3）教师是否支持了恒恒的学习

●选择观察工具——文字记录。

第二步：开始进行观察

观察恒恒，将观察到的现象记录在纸上，或者选择其他的记录工具（例如：录像、照片、录音笔等）。以下记录了恒恒和王老师的对话：

王老师："恒恒，钥匙上有多少个点点？"

恒恒："1、2、3、4，4个点。"（实际有5个点）

王老师："别着急，再慢慢数一遍。"

恒恒："1、2、3、4、5。"（手口没有一致）

王老师："这次数对了，我们再一起数一次，好吗？"

第三步：思考观察结果

●回顾制订的观察目标。

恒恒在游戏中能够专注地操作；恒恒通过操作"密码箱"的玩具材料在进行一一对应和手口一致点数的学习；王老师支持了恒恒手口一致点数的行为，并与他一起操作，拓展他的学习。

●结合对3岁幼儿的数学认知水平和对恒恒的了解来审视观察结果。

恒恒采用了一一对应的方法完成了对两个集合的比较；教师在引导恒恒运用点数的方法时，恒恒没有正确地手口一致地进行点数；3岁半的幼儿能进行5以内手口一致的点数是正常发展水平，显然恒恒还没有达到。

第四步：运用观察结果

●根据观察的结果采取下一步的行动。

在此区域中，多提供同类材料，以加强幼儿手口一致点数的练习；也可以结合日常生活进行点数游戏，如分餐具等。

◎倾听幼儿

倾听幼儿是尊重幼儿、承认每个幼儿都具有独特性的一种表现。幼儿的语言能给教师提供线索，帮助教师了解他们的思维或发展水平，帮助教师判断幼儿是否需要在自主活动中进行更多的练习或他们是否准备好用新材料来拓展学习。所以，教师需要在幼儿与材料及他人互动时仔细留意他们在说什么，可以在不引起幼儿注意的情况下，试着用录音设备记录他们的谈话，以便日后有更充足的时间进行倾听并为其制订计划。

请您思考：

1. 回想一下，在孩子玩游戏的过程中，你听过孩子说话吗？
2. 一天中，你听孩子说话的频率是多少？
3. 你是否能感受到孩子的"一百种语言"？
4. 在孩子交谈时，你是否及时记录了下来？

步骤二：回应和评论

当教师通过观察、倾听幼儿，对幼儿的发展水平、与材料的互动水平和与他人的互动水平有了清晰的了解后，教师可以通过语言或者行动让幼儿在他们所选择的活动中得到支持、鼓励和指导。也就是进入发起有力的师幼互动的第二步——回应和评论。

◎回应自主游戏中的幼儿

教师尽可能地在不影响幼儿自主游戏的前提下，给予他们一些支持和回应，让他们感受到教师对其活动的关注和重视。教师温柔的声音、肯定的眼神、投入的神情、适时的参与、及时的帮助都是对幼儿游戏的积极回应。回应的作用不是传统意义上的"教学"，而是获得师幼之间的彼此信任，让幼儿获得一种心理上的安全感，更有信心，更乐于学习。

＊什么时候回应

适时、恰当的回应可以激发幼儿的学习兴趣，支持幼儿的探究行为，使幼儿在探究的过程中获得成功。如当幼儿希望或者需要教师关注时，教师要及时回应；当发现幼儿有创意的想法时，教师应给予重视和肯定；当幼儿遇到困难向教师求助时，教师要及时给予回应；当幼儿在游戏中不能很好地控制自己的情绪时，教师要及时给予回应等。

＊如何回应

①语言的回应。教师经过深思熟虑做出的回应，需要用语言与幼儿进行交流与沟通，让幼儿觉得你就在他的身边，对他做的事情感兴趣，愿意接受他的想法。

●开放式问题。教师在观察了幼儿的行为后，可以提出一个能引起幼儿描述他们行为的问题，即"开放式问题"，开放式问题能引发交流、促进思考和问题的解决。教师不要问直白的"封闭式问题",封闭式问题通常要求幼儿回忆确凿的信息,用"是"或"不是"回答问题,或说出喜好。(见表5-2-10)

表5-2-10　封闭式和开放式问题举例

封闭式问题	开放式问题
瑞瑞,你在做什么?	瑞瑞,你为什么要用这样的方法搭建楼房?
这是什么形状?	圆和椭圆有哪些异同?
盐会影响冰吗?	我们有什么方法可以使盐快速融化?
这只蝴蝶是什么颜色?	你为什么认为这只蝴蝶是紫色的?
我们应该钻过去还是跳跃过去?	还有哪些方式可以帮助我们穿过这个地方?

措辞严谨的开放式问题可以让教师了解幼儿正在做什么和思考什么,或者帮助幼儿重构自己的想法。

●采用镜像对话。教师告诉幼儿正在了解他们什么,能让幼儿知道教师看到了他们正在做的有趣的、重要的事情,能让幼儿感受到教师对他们做的事很重视。

案例:玩镜子

在一次户外自主游戏时,虹虹和笑笑两人拿着镜子照来照去,一会儿,虹虹开始追笑笑,笑笑跑到阳光下突然停了下来,兴奋地对虹虹说:"快看,前面的墙壁上有光!肯定是我的镜子照出来的!"虹虹一听,赶紧拿出自己的镜子也对着墙壁照,"你看,我的镜子也照出光来了!"两人高兴地玩起了"光点大作战"的游戏。教师看到她俩开心地游戏,走过去说:"哇!你们发现了镜子能反射太阳光,还能把光点投射到对面的墙壁上,好神奇啊!"笑笑连忙开心地说:"对啊,是我第一个发现的!"教师说:"还能把镜子放在哪里可以出现光点呢?"虹虹和笑笑听了,赶紧拿着镜子又去探索了。

教师采用镜像对话与虹虹、笑笑建立了联系,让她们意识到教师对她们所做的事很重视、很感兴趣,当幼儿对所做的事情表现出自豪或兴奋时,教师通过对话分享她们的快乐情绪。同时,在教师的反馈中,将墙壁上出现光点的原因也表达了出来,丰富了幼儿的学习经验。另外,教师还提出了一个开放式的问题"还能把镜子放在哪里可以出现光点呢?"来拓展幼儿的思维,激发她们继续探究的欲望。

②眼神、动作、表情的暗示。当幼儿需要教师对他们正在进行的游戏或完成的任务给予关注时，教师可以用微笑、点头、竖大拇指来暗示对幼儿的重视和肯定，用鼓励、赞赏的眼神支持他们的游戏。

＊回应时注意什么

①避免具有评判性的语言。教师在回应时避免使用诸如"瑞瑞，你做得太好了"或"我喜欢你这样"之类具有评判性的语言。相反，应具体客观地描述幼儿正在做的事情，如"瑞瑞，你今天的楼房搭得真高！你是怎么让它们保持平衡的？"

②和蔼的态度。教师在回应的过程中，要保持宽容的态度、亲切的微笑，让幼儿感受到安全感、信任感、尊重感。

③榜样的作用。教师自身的行为、语言和情感正是幼儿所效仿的。因此，教师在回应的过程中，需要设身处地地站在幼儿的立场上树立学习者的榜样，如教师要像幼儿一样，对探寻事物的原理和用途充满好奇；示范关爱自己、关爱他人以及关爱周围环境的关爱行为。

◎通过评论反映幼儿的行为

教师的表述和问题应该支持幼儿正在做的事，而不是探听或试图引出"正确"答案，空洞的赞美对幼儿正在做的事也没有什么帮助。对幼儿所做的事给予支持的最好方法之一，是对所看见的幼儿行为进行具体的评论。评论可以总结幼儿此时正在做什么、可以促使幼儿做出回应、可以让幼儿知道教师正在关注他、可以鼓励幼儿继续活动。（见表 5 - 2 - 11）

表 5 - 2 - 11 评论的作用①

总结儿童在做什么（让教师和幼儿明确事实）

促使儿童做出回应（让教师深入了解儿童的想法）

让儿童知道，教师正在关注他（对他所取得的成就感到满意）

鼓励儿童继续活动

① ［美］Janice J. Beaty. 幼儿园自主性区域活动［M］. 北京：中国轻工业出版社，2021.

步骤三：拓展和提升

当幼儿与教师有牢固的、积极的关系时，他们会感到安全，能够出去接触世界，或者"到远方"去探索、实验和学习。将有效的回应与拓展幼儿的学习结合起来，就是区域自主游戏中有力的师幼互动的精华所在。

◎把握拓展提升的时机

可以根据观察、倾听幼儿（步骤一）和回应、评论幼儿（步骤二）时幼儿的反应和表现，来判断此时是否需要或需要做什么来拓展幼儿学习。首先，当幼儿有需求时，是帮助幼儿学习的好时机；其次，教师心中要有教育目标，知道幼儿下一步需要学什么，并通过对幼儿发展水平的了解，决定如何在幼儿原有水平的基础上拓展提升他的经验。

◎如何拓展提升

＊关注幼儿思考的过程。思考能够帮助幼儿提前做出计划，充分意识到自己内心的想法；有助于幼儿在游戏中解决问题、加工语言等。教师在与幼儿交流时，可以鼓励幼儿尝试新的、不同的思考方式。如"你是怎么解决的？""你还有其他不同的方法吗？""你还能想出其他原因吗？"另外，可以邀请幼儿大胆说出自己的想法。如"你现在在想什么？""你为什么要这样做？""说出你的想法。"

案例：楼梯房

吃完早餐，程程拿着刚"出炉"的设计图跑到刘老师身边，高兴地说："你看我的楼房特别高，一共有一、二、三、四、五，五层楼呢！""那你赶快去建构区开始吧！"刘老师微笑着对程程说。

程程："刘老师，你觉得这个当支柱怎么样？"

刘老师："那你觉得呢？"

程程："我觉得这个上面很平，应该挺稳的吧？"

刘老师："你的想法很不错啊，我觉得你可以试试看。"

程程："嗯，我试试。"

到了拼搭第四层的时候，程程刚放了一个圆柱底座，第三层就哗啦一声倒了下来，程程有点郁闷地看着刘老师。

刘老师："怎么倒了呢？什么原因啊？"

程程："是不是第三层的底座和第四层的底座不一样，所以不稳了呀？"

刘老师："或许是，再试试看。"

程程："我换一块儿，从上面轻轻地放。"

不一会儿，程程的楼梯房建好了，他满意地看着自己的作品。

刘老师："程程，恭喜你搭好了楼梯房！我能不能看看你的设计图啊？"

程程："对了，我画了五层楼，现在都搭了四层了，再搭一层就行了。"

说完，程程又去拿积木，将第五层也搭好了。

此案例中的教师引导幼儿充分意识到自己的想法，并鼓励幼儿大胆说出来，尝试用新的、不同的思考方式来解决问题。在关注幼儿思考的过程中，拓展了幼儿有关建构的经验。

＊与幼儿一起解决问题。在自主游戏过程中，教师培养幼儿解决问题的积极态度，鼓励幼儿大胆尝试自己解决问题的勇气，丰富幼儿解决问题的经验，这对幼儿的一生都将起到积极的作用。与幼儿一起解决问题可以尝试以下策略：

①利用游戏中正在发生的问题。面对当天区域游戏中出现的问题，请幼儿集思广益，一起想出解决的策略。

②使用"问题"这个词。当教师注意到幼儿在应对挑战性问题时，可以采用镜像对话——说出看到或听到了什么。如"瑞瑞，你坚持自己解决了这个问题！""佳佳，你正在想放什么才能让鸡蛋浮起来，这个问题很有趣，我们一起来想办法解决，好吗？"

③提供有意义的、有待解决的问题。教师可以通过观察发现在幼儿的操作中一些有趣的、需要解决的问题。如"积木总是倒在地上，现在该怎么办呢？""为什么两辆同样的小汽车在下坡时速度会不一样呢？"

＊在互动中丰富幼儿的词汇

幼儿在和教师的互动中会不断地开展对话，而这正是丰富幼儿词汇的好机会。幼儿对于阅读内容的理解程度也依赖于词汇量。因此，教师帮助幼儿增加有趣的新词能够给幼儿带来乐趣，同时，通过积累词汇也拓展了幼儿的学习。

案例：寻找小蚂蚁

在一次开展科学区主题活动"我喜欢的小动物"中，教师带幼儿去户外寻找喜欢的小动物，只见小东蹲在一棵大树下，饶有兴趣地拿着一根小木棒在地上划来划去。李老师观察了一会儿后走近小东，蹲下来好奇地看着他。

李老师："你在找什么？"

小东："我在找小蚂蚁，但是一只也没有发现。"

李老师："那你已经找过哪些地方了？"

小东："墙角、大树、水池，我都找过了。"

李老师："原来，你在墙角下、大树上、水池边，这么多地方都找过了。"

李老师："我们想一想，如果你是一只小蚂蚁，你愿意去哪里？"

小东："我愿意去……对了，爸爸给我说过，蚂蚁适合居住在土壤比较湿的地方。那我们去花坛里找找吧！"

李老师："可以，我也觉得小蚂蚁愿意去湿润的地方，走吧！"

此案例教师既与幼儿建立了联系，又拓展了幼儿的学习经验，同时，幼儿在与教师的互动中激发了想象力，丰富了词汇，如"墙角下""大树上""水池边""湿润""适合""愿意"等。

（3）区域小组活动的组织与指导

区域小组活动是教师根据教育目标、幼儿的兴趣及发展水平，以小组的方式开展游戏化学习的一种活动形式。

◎小组活动的内容

小组活动的内容来源于教师预设的教育目标，以游戏化的形式结合幼儿的兴趣点生成。

◎小组活动的组织形式

可以将班级幼儿分为 AB 两个小组，两位教师分别带领一组幼儿在两个活动区，根据预设的教育目标，以小组化、游戏化的方式开展活动。例如：一位教师与一组幼儿在数学区进行有关图形的分类学习，另一位教师与另一组幼儿在美工区开展有关拓印的学习。

◎小组活动的建议

小组活动虽然是以教师为主导，但要保证幼儿在小组学习中有充分的主体性体验。教师只是活动的倡导者，要通过游戏化的方式，让幼儿对活动感兴趣，引导幼儿通过与材料的互动去体验、去操作。在这个过程中，幼儿同样有自主性、游戏性的体验，"自由、自主、愉悦、创造"的游戏精神贯穿于其中。

游戏后

区域活动结束后，要进行的是回顾、分享环节。区域活动的回顾、分享环节是指在区域活动进行了一个段落或即将结束时，教师组织幼儿围坐在一起或者分散在幼儿选择的活动区域内交流活动的成果，分享幼儿不同经验的过程，旨在为幼儿提供反思自身行动的机会，让幼儿能够吸取与环境互动时的经验。回顾、分享环节能促进幼儿语言及思维能力发展，帮助幼儿梳理、反思、提升经验，提升师幼关系和同伴关系，对幼儿发展和提高区域活动的质量具有重要意义。

4. 回顾分享表征

回顾分享的环节不只是简单谈论幼儿做了什么以及是如何做的，而是为幼儿反思自身行动、吸收与环境中的材料进行互动的经验提供机会。

（1）回顾分享的内容

区域活动的内容如此丰富，究竟应该分享什么呢？其实不外乎是捕捉闪光点、聚焦矛盾点、诠释未知点。具体而言：

◎幼儿展示在游戏中的经验或新发现，将有价值的设想和行为相互分享，拓展游戏的方式，激发幼儿进一步活动的兴趣。

◎针对活动过程中出现的问题进行讨论，特别是讨论矛盾的焦点及共性的问题，并且商量下一步如何解决，为下一次的区域活动提供经验，解决难题。

◎抓住幼儿的未知点，进一步拓展幼儿的知识经验，帮助幼儿将获得的知识经验吸收内化，并将新经验迁移运用到新的探索活动中。

（2）回顾分享的形式

◎集体分享：具有普遍意义和价值的问题适合集体分享的形式，如新出现的创意和玩法、有价值的设想与行为、共性问题和未知问题等。

◎个别分享：指向的是个别幼儿存在的问题，教师需在区域活动的过程中请幼儿分享，帮助幼儿梳理问题，并找到解决问题的方案。

◎小组分享：当幼儿有需要共同解决的问题时，相同区域的幼儿可以聚集在一起进行交流与讨论。

（3）回顾分享的方式

回顾分享的方式大致分为：语言描述、操作演示、情景再现、作品展示、实地参观和自主表征六种类型。如美工区、操作区可以运用作品展示的方式；表演区、角色区可以运用情景再现的方式；建构区可以运用实地参观的方式；科学区、数学区可以运用操作演示的方式；图书区可以运用语言描述的方式；另外，所有区都可以用自主表征的方式，将幼儿在游戏中内心真实的、急于想表达的用绘画、符号或记录的方式体现出来。

表 5 - 2 - 12　　回顾分享的方式

美工区、操作区——作品展示

角色区、表演区——情景再现

科学区、数学区——操作演示

建构区、积木区——实地参观

图书区、阅读区——语言描述

（4）回顾分享的时间

回顾分享的时间可以是区域活动结束时、区域活动过程中、一日生活活动中的过渡环节。时间不是固定的，教师可以根据分享的内容灵活安排。如对幼儿兴趣浓厚且活动成果不易保存或难以记忆的区域（如建构区、角色区），可以安排在区域活动结束之后进行分享；对幼儿感兴趣且成果易于保存或再现的区域（如美工区、表演区、阅读区），可以安排在离园活动、餐前活动等过渡环节进行分享；而对于少数幼儿感兴趣的或者存在问题的区域则可以在活动的过程中及时分享。

（5）回顾分享应注意什么

◎创设舒适的环境。分享环节是师幼、同伴之间平等对话、互相交流的过程，需要引发幼儿充分表达和交流的兴趣，而创设柔软、舒适、像家一样温暖的环境是重要的影响因素。因此，教师可以创设一个舒适区域用于区域活动的分享环节，如可提供柔软的家具和玩具、曲形座位、温暖的色调或合适的灯光等，给予幼儿充足的舒适感，当然也可在阅读区或角色区营造温馨、舒适、柔软的分享氛围支持幼儿的表达，还可以加入轻松舒缓的背景音乐，以改变实践当中冷硬、固定的环境。

◎凸显幼儿的主体地位。分享环节的实质是"对话""沟通""交流"。为此，教师应该遵循"幼儿在前，教师在后"的原则，尽量减少教师提问的数量，增加幼儿自主交流的机会。如鼓励幼儿讨论做了什么、怎样做的，或者邀请幼儿说一说遇到了什么问题或者困难、有什么样的探索发现等等。在交流与讨论的过程中，教师并不是可以无所事事，而应该起到穿针引线、画龙点睛的作用，及时捕捉教育的契机，帮助幼儿梳理、反思和提升经验。

（五）细观察——完善活动评价方式

科学有效的评价是高质量区域活动实施的重要依据。科学的评价是为了更好地了解幼儿身心发展的需要，是提高幼儿园教育适宜性和有效性的前提。作为一名专业的教师不仅能有效地组织活动，还应客观、全面地了解和评价幼儿，并有效运用评价结果，指导下一步区域活动的开展。但是，现阶段教师的评价存在随意性、直觉性，缺乏科学的评价手段、系统严谨的评价方式等，为了更好地构建科学的区域活动评价指标及工具，解决教师不会观察、不会分析、不会评价的问题，项目组特制定了幼儿园区域活动评价标准，即《支持幼儿自主性发展的班级室内区域活动评价标准》和《区域活动中幼儿自主性发展维度观测表》，从而完善区域活动的评价方式，凸显区域活动中幼儿的主体性价值。

1. 研制班级室内区域活动评价标准，全面评估班级区域活动质量

（1）研制背景

在项目研究过程中，项目组发现幼儿园越来越重视班级室内区域活动。然而，各幼儿园的区域活动评价往往缺乏理论基础，评价指标的设立缺乏科学性，严重影响了区域活动开展的质量。基于本区现状，研究成员查看了大量相关文献，并多次邀请全国幼教专家走进幼儿园，现场观摩幼儿园的区域活动，就教师如何观察指导与评价进行了深入研讨交流。在专家的引领下，大家达成共识并共同制定了《支持幼儿自主性发展的班级室内区域活动评价标准》。

（2）内容解析

《支持幼儿自主性发展的班级区域活动评价标准》是用来评价班级区域活动质量的工具，是评价者在对班级区域活动的物质环境和精神环境、参与者进行观察的过程中，以幼儿自主性发展为核心进行多角度、多维度的整体性检测。评价的结果是为幼儿园层面或者班级层面区域活动开展的情况做出价值判断，同时进行有效的调整和改进，从而激发幼儿参与活动的兴趣，在活动中促进幼儿自主性的发展，并为推动幼儿园区域活动质量提供一定的指导。

评价的内容包括空间布局、材料投放、幼儿发展水平、教师组织指导、幼儿园管理 5 个维度。每个评价维度包括 3－5 个条目，每个条目又包含 3 个等级指标，每个等级指标是单独呈现，分别代表着质量体系中的低、中、高水平，评价者可以依据每个等级指标量化分数给予标示，即用 3 分、4 分、5 分记录。

◎维度一：空间布局

合理的班级空间布局为区域活动提供了适宜的环境氛围，为幼儿提供了自我学习、自我探索、自我发现、自我完善的空间，支持和满足幼儿自主性发展的需要。班级空间需要依据四要素进行规划：

表 5－2－13　空间布局要素解析

要素		解析
空间布局	空间规划 从幼儿视角出发	1. 空间布局站在幼儿立场进行规划和设计。 2. 班级整体布局规划以活动区为主。 3. 幼儿能参与空间布局或区域的创设中。
	空间设计 运用元素适宜	1. 班级空间设计中色彩和装饰的选择要尊重幼儿的感受，应给幼儿以美的视觉享受。 2. 色彩的选择上力求简洁、美观、大方、协调、柔和，避免图案复杂或颜色艳丽。 3. 橱柜样式规格要注意与整体大环境的色彩搭配，使整体空间变大，氛围变得不燥。 4. 装饰方面应遵循轻装饰重教育意义的原则，班级装饰物不要琳琅满目，应考虑其教育价值所在。

（续表）

	要　素	解　析
空间布局	区域数量、面积合理规划	1. 班级区域规划的数量和面积的大小与进区幼儿人数和活动幅度相适宜。 2. 班级空间不能满足所有幼儿区域活动时，合理运用室外公共空间做扩展资源。
	区域位置科学设置	1. "动区"与"静区"之间要合理分离，避免活动时相互影响。 2. 区域的开放和封闭程度与区域的功能及幼儿的需要相宜。 3. 根据活动需要，区域设计位置要便于不同区域之间进行联动。

◎维度二：材料投放

区域活动材料投放的目标性和探究性是促进幼儿自主性发展的前提。对于材料的评价要遵循五个原则：

表5－2－14　材料投放原则解析

	原则	解析
材料投放	安全性	投放的材料中应尽量避免尖、小、利、锐之物，材料的质地保证对幼儿无毒、无害。
	适宜性	教师根据幼儿的发展需要有目的、有计划性地投放材料，材料的结构尽量多元化，在区域活动中能引发幼儿的创造性，高结构材料与低结构材料投放比例要适宜。
	层次性	材料的投放既要符合不同年龄段幼儿的层次差异，还要考虑同一年龄段的幼儿发展层次上的差异。
	有序性	材料应根据种类功能性分类清楚、有序摆放，区域分类标识和材料种类标识易于幼儿辨识。注重培养幼儿良好的收纳习惯。
	动态性	材料的提供要根据幼儿的兴趣和发展需要、主题变化、季节特点进行动态的调整、补充。材料的更新可以帮助幼儿提升经验。

◎维度三：幼儿发展水平

幼儿是区域活动的主体，区域活动开展的质量要根据幼儿习得的经验和发展的情况得到体现。区域活动中幼儿的发展从四个表现进行评价：

表 5 - 2 - 15　幼儿发展表现解析

	表现	表现行为
幼儿发展水平	参与的兴趣性	活动中能保持较为持久的专注力，主动积极地参与活动，喜欢摆弄操作材料。
	参与的自主性	主动选择喜爱的区域。 主动选择游戏伙伴，并和同伴进行交流、合作。 主动选择材料，并能创造性地使用。 主动遵循区域规则进行游戏。
	参与的计划性	在区域活动前有目的地预设自己玩什么、怎么玩。 通常小班的幼儿一般通过手势和简单的语言表达自己的计划意愿。 中、大班的幼儿能更多地通过图画和文字的方式呈现。
	参与的社会性	活动中能用语言表达自己的愿望和需求，与同伴之间相互交流与合作，当发生纠纷时能积极想办法寻找解决的方法。

◎维度四：教师组织指导

在区域活动中，教师对区域活动的认识和角色定位对区域活动开展的质量起到尤为重要的作用，同时对幼儿的发展有着很大的影响。《纲要》中指出："教师应该成为幼儿学习活动的支持者、合作者、引导者。"因此，对于教师的评价可以从四个方面进行：

	能力	解析
教师组织指导	教师角色的定位	活动开展前的角色定位：创设者、设计者。 活动开展中的角色定位：观察者、引导者、参与者。 活动开展后的角色定位：倾听者、评价者、支持者。
	教师组织的能力	做好活动实施四部曲： 晨间自主计划——晨圈谈话活动——区域自主操作——回顾分享梳理。
	教师观察的能力	教师能有意识地关注游戏中的幼儿，用科学的观察方法了解投入的材料是否适宜、时间的安排是否充足、幼儿的发展有无差异等，教师及时记录观察到的相关信息，并进行详细分析和解读。
	教师指导的能力	教师应从幼儿的自主意识、规则意识、知识技能、情感态度、社会性发展等多方面进行指导，同时要把握好指导的时机，运用适宜的方法进行指导，推动幼儿活动的进行。

◎维度五：幼儿园管理

区域活动开展的质量与管理者的教育理念密切相关。制定合理有效的管理制度，提供充分的时间、空间、物质的支持是开展区域活动最基础的保障。作为幼儿园管理者应做到以下三个方面：

表5-2-17 幼儿园管理意识解析

	意识	解析
幼儿园管理	管理者做理念的先行者	管理者的教育理念牵动着老师们的教育形式和行动。作为管理者要不断地学习先进的教育理念，在区域活动实施中带领教师开阔思维，激发老师的行动热情，提供学习资源和途径。
	管理者做行动的支持者	在创设区域活动中管理者要为教师抛砖引玉，指引教师如何创设环境、如何投放材料、如何实施活动，这样教师才能更好地明确方向，找准工作开展的切入点。当然环境的创设和材料的投放只靠教师徒手打造是不可能完成的，所以也需要管理者投入相应的资金作为支持。
	管理者做过程的参与者	在区域活动实施中，管理者参与其中，制定相关的评价体系，定期检测班级区域活动的质量，发现问题时和老师一起进行研究讨论，寻找解决问题的方法，以此推动班级区域活动的开展。

附：扫二维码查看《支持幼儿自主性发展的班级室内区域活动评价标准》

（3）评价的建议

◎评价者

《支持幼儿自主性发展的班级室内区域活动评价标准》可以由学前教育部门完成，由此，可以推动幼儿园教育发展的质量。也可以由幼儿园管理者和一线教师完成，为当前班级区域活动质量评价提供依据与参照，促使班级区域活动的实施和开展更加科学有效。还可以由幼儿园开放活动中家长来完成，使家长了解幼儿园教育的理念、区域活动存在的价值，更好地配合幼儿园区域活动的开展。

◎评价前的准备

不管是专业的评价者，还是非专业评价者都应经过全面的观察再进行评价。评价前评价者要熟悉了解每一项评价的条目与指标，做到心中有数，在有限的时间内通过观察给予明确的评价。

（4）操作使用

评价者应对于每一项评价条目进行评价，并选择其中一项等级指标作为评价的结果。最后将每项条目的分值进行相加，核算出整个班级区域的分值。

（5）评价的效果

根据《支持幼儿自主性发展的班级室内区域活动评价标准》，幼儿园需查找了解现阶段班级区域活动实施中存在的问题，形成评价反馈报告，进而便于教师后期进行有效调整、改进。下面以两所幼儿园班级区域评价为例。

（济南二机床集团有限公司幼儿园）

（槐荫区腊山南苑幼儿园）

2. 研制《区域活动中幼儿自主性发展维度观测表》

（1）研制背景

在研究中发现，区域活动中增加教师对幼儿自主性发展的评价都是一些泛化的阐述，缺乏全面、具体、规范的指标，无法对幼儿自主性发展进行针对性分析与指导。所以，我们以区域活动为载体，以中国学者邹晓燕提出的幼儿自主性发展的三个维度为理论检索，经过项目组前期的研究并查阅大量资料，编制出《区域活动中幼儿自主性发展维度观测表》。其意义在于可以在真实的游戏情境中展开评价，注重发现每个幼儿的潜力和特点，并不断深化区域活动中幼儿自主性多维度的解读与指导研究。使幼儿每一个行为表现都变为看得见的指标，更客观、便捷，可操作性强。

（2）量表的内容解析

在对幼儿自主性结构的研究中，从不同的角度和侧面对自主性进行了分析。主要从自我控制、自我主张、自我依靠3个大维度对幼儿进行观察，共分为10个二级维度，15个重点观测点，75个典型的行为表现，具体结构如下：自我控制维度包括4个二级维度、4个重点观测点、20个典型的行为表现；自我主张维度表包括2个二级维度、3个重点观测点、15个典型的行为表现；自我依靠维度包括4个二级维度、8个重点观测点、40个典型的行为表现。

◎自我控制：是指能够克制自己不合理的愿望，调节自己的行为，并使其与个人价值和社会期望相匹配的能力，它可以引发或制止特定的行为，如抑制冲动行为、抑制诱惑、延迟满足、制订和完成行为计划、采取适应社会情境的行为方式。与此相对应的是任性。

二级维度抑制冲动：

解释：当幼儿自己喜欢的材料被别人拿走，会出现什么表现？如生气地夺抢自己喜欢的材料；会情绪低落地静坐，什么也不干；重新选择新的材料；友好地和他人商量，拿回自己喜欢的材料；能乐意与他人合作，共同操作使用材料。

二级维度抵制诱惑：

解释：观察幼儿在活动中的专注程度会如何表现。如自始至终都在无趣地左顾右盼、频繁更换材料；在一段时间内能维持此活动或抑制其他事物的诱惑；在整个活动时间内能维持此活动，但不是特别专注；整个活动期间很专注，没有一丝分心。

二级维度延迟满足：

解释：一种为了更有价值的长远结果而放弃即时满足的抉择取向，以及在等待中展示的自控能力，观测幼儿分享物品时的表现情况。如迫不及待地要分享某种物品，趁人不注意就拿走一些；忍耐不住，不停地催促什么时候能玩；将物品自己留一部分，然后将物品放入分享区；焦急等待和大家一起分享；能按照教师的要求安静、耐心等待。

二级维度计划实施：

解释：观测幼儿在开展活动前有无规则意识。如一直影响别人正常活动；

偶尔影响他人活动；整个过程中能自己活动；整个过程中安静做事，不耽误别人的活动；整个活动中，在不耽误自己活动的同时，提醒别人保持安静。

例：自我控制之抵制诱惑

案例一：

区域活动开始了，本次的活动主题是"奇妙的动物"，妙妙和萱萱选择了美工区。她们进区后开始进行"动物装饰画"。妙妙很熟练地拿起压花机和彩色海绵纸，运用对齐、按压、交错的技巧不一会就压出爱心图案、小伞图案、皇冠图案和雪花图案等。接着拿出自己的绘画作品，用压出的图案和双面胶制作作品边框，只见她撕、贴粘，不一会儿，一幅加了边框的作品呈现出来了。妙妙欣赏了一下，感觉很满意，把撕下来的双面胶皮放入垃圾桶。她在整个创作过程中很专注，还能将物品放回原位保持整洁，操作熟练。在她一旁的萱萱情绪高涨，操作步骤也很有序，但萱萱对压花机的操作不是太熟练，于是她对妙妙说："你能给我的小熊做一个裙子吗？帮帮我吧！"妙妙思考了一下说："给我，我会。""你怎么弄的？教教我吧。"萱萱兴奋又带着祈求说。"你这样就行了。"妙妙边说边用她压好的图案给萱萱的小熊裙子粘贴。看了一会后，萱萱说："给我也试试吧。"说着就迫不及待地粘裙子，虽然粘得不是特别熟练，但也贴出了一个裙子的基本模型，两个人互相欣赏，开心极了。区域活动结束了，两人有序整理材料，按标记收放，并将作品整齐地摆放在作品展示板上。

幼儿行为分析：在整个活动中，两个幼儿完成作品的专注度是非常高的，她们沉浸在自己有目的的创作中，会按照自己的需要寻找并选取材料。在材料丰富的美工区中，她们没有左顾右盼，没有频繁更换材料，而是专注地探究、创作、发现，始终尽可能按自己所想去完成作品。由此可见，她们抵制诱惑的能力和专注力的水平相对较高。

◎自我主张：是指自己能够做主，不受别人支配。自我主张的表达方式可以分为压抑型自我主张表达、攻击型自我主张表达和恰当的自我主张表达三种类型。恰当的自我主张表达在丰富文化内涵、推动文化发展、解决问题与矛盾、建立并维持和谐的人际关系、提高心理健康水平等方面起着积极的促进作用。与此相对应的是从众。

二级维度主动意愿：

解释：观测两点，其一幼儿自主选择区域材料的意愿。如听到别人的建议，立即改变跟随；听到别人的建议，改变成另一个做法；认可别人的建议，犹豫不决；认可别人的建议，但不改变，对自己的主张坚定不移，不受干扰。其二观测幼儿在活动中不同于他人的表现。如总是模仿他人进行游戏；在游戏过程中，偶尔会有自己的游戏想法，但容易受别人影响；能够根据自己的意识和倾向创造性地进行游戏；有自己的游戏想法，并组织大家共同游戏。

二级维度个性表达：

解释：观测幼儿的执行效果。如幼儿有没有做出任何作品；模仿他人制作作品；作品中有三处以上不同于别人的地方；乐于按自己的方式进行尝试和表现；创作出不同于他人的、有个性的作品。

例：自我主张之主动意愿

案例一：

角色区中，高文婧小朋友招呼大家："我们一起来商量一下干什么吧，我想当妈妈，你（指着周睿平）当爸爸，你（又指着张靖骞）当宝宝。""好。"（大家都没有异议）。接着她又说："我和爸爸去超市买东西，宝宝自己在家，我们走了以后，宝宝就被坏人抓走了。然后，我们再当警察去找宝宝。"于是一场警察探案游戏悄然发生。

幼儿行为分析：对照《区域活动中幼儿自主性发展维度观测标准》中自我主张中的主动意愿维度，在此次游戏中，高文婧小朋友表现出较强的游戏组织能力，开始时能组织大家一起协商分配角色，并安排游戏的情节。在她的推动下，警察在家中找线索、去超市询问工作人员、发现案发现场的蛛丝马迹……一步步寻找线索，发表意见，大家在游戏中获得了快乐。

案例二：

表演区中，大家决定要表演"三借芭蕉扇"，一起协商分配角色，张靖骞小朋友选择了一个小猫手偶，他想当小猫，大家都说里面没有小猫的角色，让他换一下，可以当牛魔王，他不同意，让他当唐僧，他也摇头。宋伟艳小朋友说："要不，你当铁扇公主的小宠物吧。"他欣然接受，在游戏中一直跟在铁扇公主身边，时不时关心一下自己的主人。

幼儿行为分析：对照《区域活动中幼儿自主性发展维度观测标准》中自我主张中的主动意愿维度，在此次活动中，张靖骞小朋友坚定不移地选择自己喜欢的角色，不受他人干扰，并根据自己的角色特点，尽情地游戏，并在游戏中获得愉快的体验。

例：自我主张之个性表达

案例三：

益智区中，刘子墨、房玉辰小朋友选择多米诺游戏，张泰然小朋友看到了，马上申请加入他们，但大多数情况下，他都处于看的状态，经过几轮后，刘子墨发现小木块有不同颜色，于是提出要按颜色摆彩虹多米诺，张泰然小朋友马上附和，这时，他也多是在帮其他两人挑选所需颜色的多米诺牌。

幼儿行为分析：对照区域活动中幼儿自主性发展维度观测标准中自我主张中的个性表达维度，此次游戏中，刘子墨小朋友在游戏中有自己的想法，并能根据所提供的材料，有个性地玩出不一样的游戏内容，而张泰然小朋友表现得则相对容易受到他人的影响，当他人提出一种方法时，他会马上附和，缺少自己的想法，总是在模仿他人的活动。

◎自我依靠：是指依靠自己的力量，相对地不经常寻求别人的帮助，依靠自身做出符合社会规范的决定，并能自我调节达到目标的行为倾向。与此相对应的是依赖。

二级维度自主选择：

解释：观测幼儿对于区域的选择。如选择不到适合的区域进行游戏；被动选择区域；需要借助别人的帮助或需要老师引导；目的性不明显，受他人影响选择区域；能独立思考，根据兴趣及需求选择适合的区域。

二级维度直接判断：

解释：主要是感知形式的判断，不需要复杂的思维加工，观测幼儿对活动内容及角色的选择。如追随他人选择活动内容及角色、无目的地选择活动内容；依靠他人帮助选择活动内容及角色；需要长时间的思考后做出选择；

经过思考选择有挑战性、突破性的活动内容或角色。

二级维度间接判断：

解释：通常需要推理，反映事物之间的因果、时空、条件等联系，其中制约思维过程的基本关系是事物的因果关系。观测幼儿对材料的合理使用及操作过程。如面对材料随意摆弄；偶尔关注玩法及规则；直接判断，简单操作；根据规则使用材料；能在活动中思考，探索材料的其他玩法。

二级维度积极主动：

解释：积极主动就是幼儿在整个区域活动中呈现出是否具有主动意识的内在状态，我们从以下五个点来观测幼儿积极主动的情况。

观测幼儿是否独立解决困难。如等着别人来解决自己的难题；会求助别人一起解决困难；遇到困难能够做出合理判断，寻找方法会自己出主意，学着自己解决，自己克服困难；敢于挑战，不断进取，敢于进行复杂的游戏。

观测幼儿收放材料情况。如别人收放材料，与自己无关；站在旁边看着别人替自己收放材料；在同伴帮助下偶尔参与收放材料；能够积极主动地与同伴合作收放材料；能够自己收放材料，并帮助他人。

观测幼儿的活动状态。如到处游离不做活动；被动参与，不积极做活动；常态表现；积极参与活动，能自己合理安排活动，安排角色；能与他人协商合作，共同完成活动。

观测幼儿的交往情况。如不和他人交往，自己玩自己的；总是被动地跟随依赖别人；主动交往意识弱；与同伴协商合作，情绪愉悦；与小朋友一起玩游戏时喜欢出主意，常发起游戏，而且善于组织规划活动。

观测幼儿最后是否参与游戏评价。如不参与评价讨论；被动参与评价活动；愿意参与游戏自评，能简单表达自己的一些体会；主动表达自己的见解，能详细地用语言描述自己的选择及活动过程中判断的依据；通过倾听，能积极表达自己的独特见解。

例：自我依靠之直接判断

案例一：

建构区中，乔治、涵涵、嘉耀都在埋头对自己前两天搭建的那段公路进行着维护，公路两旁还加入了各种的装饰物，幼儿们的搭建各具特色。而可乐却另辟蹊径，在他的公路段上建立了汽车中转站、错层的停车场、汽车修理车间。由于他的新奇操作引得同伴的围观，他也在津津乐道地讲述着自己的经验，与同伴分享自己游戏的快乐。

幼儿行为分析：建构区内乡间公路的搭建活动已经进行了三天，进入此区的小朋友处在自我依靠——直接判断的稳定阶段和提高阶段。通过自己的思考推进游戏的进程，再次游戏时有自己的独立思考以推进游戏的进行与发展。而可乐小朋友能重新定位自己在游戏中的角色，经过思考后转换为更有挑战性、突破性的内容或角色，使活动充满新鲜感，更具吸引力。

附：《区域活动中幼儿自主性发展维度观测量表》及《区域活动中幼儿自主性发展月维度观测表》

区域活动中幼儿自主性发展维度观测量表　　　　区域活动中幼儿自主性发展月维度观测表

3.《区域活动中幼儿自主性发展维度观测量表》使用建议

（1）熟记内容，做到心中有数

教师要做到了解量表，知晓量表的每一个维度、每一个分区、每一个重点观测点的具体含义和对应的评价标准，明确量表到底是什么、评分标准是什么。在工作中不断地使用量表，加深对量表的理解，最后做到熟记量表。

（2）做好分工，明确目标

班内教师分工明确，每天上午或下午的区域活动时间对进入所负责区域的幼儿进行打分（每天保证 1 次）。打分就按照《区域活动中幼儿自主性发展维度观测量表》对幼儿的行为进行评分。

（3）及时调整，便于统计

分数记录在《幼儿自主性发展维度观测评分表》中（见表5-2-18），以1个月为周期进行循环观测。使用时我们提前将观测表打印出来，在观测幼儿玩耍的过程中将分值记录在表格上，然后再将表格上的数据录入电脑中，最后对数据进行统计分析。

表5-2-18　10月区域活动中幼儿自主性发展维度观测评分表

区域活动中幼儿自主性发展（10）月维度观测评分表　　观察区域：（益智区）

学号	姓名	日期	自我控制				自我主张		自我依靠				行为评价（总分）
			抑制冲动	抵制诱惑	延迟满足	计划实施	主动意愿	个性表达	自主选择	直接判断	间接判断	积极主动	
21	方*博	10.10	2	4	4	3	6	4	5	4	4	11	47
22	胡*生	10.9	1	3	2	2	3	2	4	5	2	13	37
		10.14		4	4	4	7	5	5	5	4	19	57
		10.26		4	5	4	9	4	5	5	5	22	63
23	陈*涵	10.14		3	4	4	8	4	4	4	5	16	52
		10.20		4	4	2	7	3	5	5	5	19	54
24	高*骏	10.19		4	4	2	8	3	4	4	3	18	50
		10.23		4	3	4	7	4	5	5	3	19	56
25	王*涵	10.19		3	4	2	6	2	4	3	3	16	42

（4）按月分析，让数据真实有效。

对数据进行整理和分析；要用到办公软件office工作表，分别从以下4个维度进行数据的处理与分析：

维度一：按照当月的平均成绩，对幼儿的成绩进行排序，选择前三名和后三名学生进行详细分析与干预（见表5-2-19）。平均数=总得分/区域玩耍次数。

表5-2-19　当月全班幼儿平均成绩

排名	姓名	平均分	排名	姓名	平均分	排名	姓名	平均分
1	谢*宥	34.0	11	李*冉	29.8	21	王*秀	26.9
2	张*芃	33.8	12	刘*清	29.0	22	吉*慷	26.2
3	赵*好	32.4	13	王*涵	29.0	23	王*茜	25.8
4	张*熙	32.2	14	胡*生	28.8	24	张*瑞	25.8

排名	姓名	平均分	排名	姓名	平均分	排名	姓名	平均分
5	赵＊妍	31.7	15	张＊然	28.1	25	陈＊灏	25.7
6	孔＊乔	31.4	16	王＊淇	27.5	26	王＊熙	25.5
7	王＊轩	30.6	17	李＊安	27.4	27	方＊博	25.0
8	高＊佳	30.5	18	张＊睿	27.4	28	高＊骏	25.0
9	贺＊琳	30.4	19	刘＊睿	27.3	29	李＊涵	23.3
10	张＊瑞	30.4	20	辛＊	26.9	30	李＊霖	23.1
						31	高＊萱	22.6
						32	赵＊琪	20.5

如以上数据统计显示：12月本班前三名的幼儿分别是谢＊宥、张＊芃、赵＊妤，这三名幼儿在区域活动的情况较为良好，其中谢＊宥来的次数少，还能得到此分数，证明幼儿的表现能力强，能较好地游戏。后三名李＊霖、高＊萱、赵＊琪，在游戏过程中出现的情况较多，不会与其他小朋友协商交往。其中赵＊琪小朋友来园次数不多，分数不高，与其他小朋友相比表现能力较弱。所以后三名幼儿游戏时，需要教师及时观察、介入和指导。

维度二：选取来的次数最多的6个幼儿，对他们每天的成绩进行追踪分析（见表5－2－20），查看教育的效果，是否每天都在进步。

表5－2－20　12月来园次数排名前6的幼儿统计表

序号	学号	姓名	次数
1	9	张＊熙	11
2	2	赵＊妍	10
3	8	贺＊琳	10
4	10	孔＊乔	10
5	14	王＊淇	10
6	11	王＊轩	9

以上数据统计显示：12月份出勤次数最多的幼儿是9、2、8、10、14、11号小朋友，可以抽取其中想观察的幼儿做成长折线图，清晰地看出幼儿每

次的成绩及变化、进步或退步。如 14 号小朋友在 12 月 6 号得 18 分（见图 5
－2－10），算是本月最低点，这一天幼儿玩的是图书区，可以针对这个幼儿
进行分析。为什么在图书区得分低？是不喜欢这个区？不喜欢看书？针对这
个幼儿进行观察并做出指导，培养良好的阅读习惯，亲子共读，增添新绘本，
好书推荐。

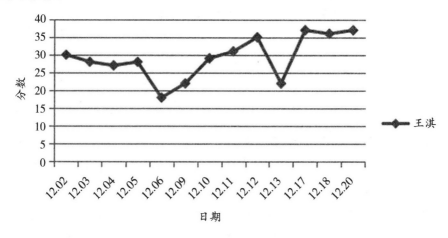

图 5－2－10 14 号幼儿追踪记录

维度三：将当月 4 个区所接待的人次相加（见表 5－2－21），可以看出
各个区的受欢迎程度。

表 5－2－21 4 个分区的受欢迎程度统计表

分区	本月接待的人次
生活操作区	85
图书区	60
娃娃家	60
益智区	92

以上数据统计显示：本班 12 月生活操作区接待 85 人次，图书区接待 60
人次，娃娃家接待 60 人次，益智区接待 92 人次。可以看出最受欢迎的是益
智区，其次是生活操作区，人次少的是图书区和娃娃家。所以看到数据，要
有所反思：娃娃家是小班幼儿最喜欢玩的区域，为什么分数最低？所以教师
对娃娃家进行了分析和调整：环境创设不够温馨，没有投放很多娃娃，材料
较少，没能很好地吸引幼儿足够的兴趣。对出现的问题进行整改，下个月再

看幼儿玩的情况。

维度四：将所有的项目进行分数汇总，可以看出各个项目所得的总体分数（见表5-2-22）。进而能确定在本班的（哪一个项目）哪一个维度里的二级维度是薄弱的，哪一个是较强的。针对薄弱的项目，教师可以通过各种策略，让幼儿在这个项目上进行有针对性的提高。

表5-2-22　项目所得的总体分数

项目得分										总分
抑制冲动	抵制诱惑	延迟满足	计划实施	主动意愿	个性表达	自主选择	直接判断	间接判断	积极主动	
839	829	787	769	835	818	854	832	838	941	8342

以上统计数据显示：本班幼儿积极主动的分数最高，说明幼儿的独立解决困难、收放材料、活动状态、交往情况、游戏评价还是较为积极主动和不错的。但在自我控制里的计划实施分数是最低的，此维度里包含规则意识，小班幼儿本身这方面就薄弱，所以针对这方面要重点对全班幼儿进行良好的干预和培养。到了中大班，幼儿在这些方面就会加强。

以上这四个维度，是针对本班幼儿在12月份做出的分析和记录，哪个区需要做出调整和修改，哪个地方需要加强，哪几名幼儿需要重点指导都有了明确的方向。

（5）计划调整便于改进（对于12月份的分析，就会有以下的工作调整）

◎环境的变化：改进班级的教学设施，从环境、材料方面进行调整，对于娃娃家要创设得更加温馨，增加玩偶，对图书区要进行好书推荐，循环更新材料。

◎个体差异，因材施教：通过数据分析和统计，对个体差异的幼儿进行有针对性的干预措施。如对于不善于表达、交往的幼儿，引导其说一些常用的交往语言，帮助他们学会一些交往的技巧，如协商、轮流、交换等。对于不会处理同伴间矛盾的幼儿，运用绘本或故事潜移默化地给予幼儿示范和帮助。

指导策略：多研究指导策略去推动幼儿的发展。

4. 量表的分析和改进（以图书区为例）

以9月份各分区所占比例数据显示（见图5-2-11）：9月份4个区受欢

迎程度可以看出，最受欢迎的是益智区，其次是表演区和美工区，人数少的是图书区。可见幼儿们对于益智材料非常感兴趣，表演区和美工区都是上了中班才开设的新区域，所以教师要加强这方面的引导。图书区是冷门区，既然数据反映出来，要开始反思图书区所存在的问题，图书区是继续改进，还是撤掉？最终教师选择保留，因为图书区是中班幼儿不可缺少的，要寻找解决问题的策略。怎样对图书区进行改进，让冷门的图书区从下个月渐渐回温呢？

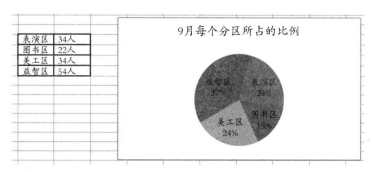

表演区	34人
图书区	22人
美工区	34人
益智区	54人

图 5-2-11　9月份各分区所占比例

◎问题：

没有创设温馨、舒适的环境帮助幼儿安静地进行阅读活动。

图书区投放的图书有些不适合幼儿的年龄特点。

幼儿对已经看过的图书不再感兴趣。

幼儿不喜欢看书。

图书区中图书摆放凌乱。

◎策略：

给幼儿提供各式软地垫，添加抱枕等物品来吸引幼儿，让幼儿在区域里能够自由舒适地进行阅读。

根据幼儿年龄阶段投放书籍，小班可以选择多投放插图较多、文字较少的绘本。中大班幼儿具体形象思维向抽象思维发展，可以多投放一些故事情节丰富的图书，促进幼儿想象力和创造力的发展。

定期循环更新图书，从一开始的全部投放，到制订计划每周都投放新的绘本图书，让幼儿保持新鲜感。

师生共读，教师带头进入图书区读书。利用晨间活动、离园前等环节进行讲故事，让幼儿记住故事的名字。再进行图书阅读时幼儿有印象、有记忆，对阅读也会感兴趣。

好书推荐，利用图书区的墙面设计好书推荐，让幼儿进入图书区看到教师为他推荐的图书。也可以在幼儿园里每周推荐一本好书给家长，在家进行亲子阅读。

教师及时整理、有序摆放图书。按幼儿方便拿取的形式摆放图书，还应对图书进行分类并作标识，让幼儿自主选取。

◎效果：

运用这个策略后，幼儿都喜欢铺上垫子看书，在这样一个温馨舒适的环境里，幼儿阅读兴趣大大提高了。

根据幼儿年龄阶段投放书籍后，再进行观察，发现没小朋友看书的情况减少了。

通过运用定期更换新图书的策略，激起了幼儿们的好奇心，每周都有小朋友想去图书区看看老师又投放了什么新书，有的小朋友进入区域后，被新书所吸引，直到区域活动结束后还久久不愿离去。

师生共读让幼儿很期盼教师讲绘本，大大地激发了幼儿对阅读的兴趣。幼儿有模仿性和向师性，在进入区域后会主动选择教师或小朋友给他们推荐的绘本，还会发生两个幼儿共读一本书的情况，阅读的热情越来越高。

幼儿整理收纳图书的能力进步明显，都能按标志有序摆放。

图 5-2-12　改造前的图书区　　　　　　图 5-2-13　改造后的图书区

以上两张照片是改造前和改造后图书区的效果对比图。接下来我们来看看10、11月份的数据分析。看看经过调整之后，图书区是否逐渐回温？

从 10、11 月份两个月的数据显示，10 月份图书区人数为 20（图 5 - 2 - 14），占比 18%，11 月份人数是 30（图 5 - 2 - 15），占比 29%。教师在实验中也明显感到了变化，图书区的受欢迎程度明显提升，喜欢看书的幼儿明显增多，冷门区渐渐回温，问题得到有效改善。通过真实数据的反映，教师及时进行思考并制定与调整策略，有效地推动幼儿的自主性发展，让教育更适宜。

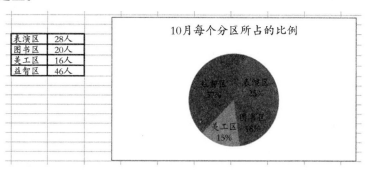

图 5 - 2 - 14　10 月各区数据

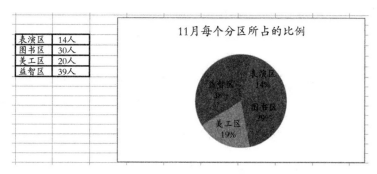

图 5 - 2 - 15　11 月各区数据

三、慢享，活动室里的幸福生长

慢享，是让教师放慢节奏，追随幼儿的兴趣，感受活动室里的幸福生长。通过前面介绍的灵活把握一日活动时间、重构师幼亲密关系、重塑区域活动内容、组织与实施有效活动、完善活动评价方式等内容，相信大家对重构班级新样态一定有了全面的认识和了解。在实践中，我们尝试在"生活自喜悦"理念的引领下，在慢生活、慢节奏的行动下，通过五大实施路径重构班级生活新样态。接下来，以案例的形式和大家分享班级生活新样态的点滴成长。

（一）班级生活新样态成长记

案例背景：

　　随着教育改革的不断深入，区域活动越来越受重视。自从参加省基础教育改革项目以来，我一直和孩子们在区域活动的过程中感受着、成长着、收获着。从中班开始，我便带领着33个小精灵开启了区域活动的探索之旅，在这个过程中我迷茫过、纠结过、矛盾过，甚至是犹豫，想放弃。刚开始虽然理念认同，但是在实践的过程中一直感受到压力，认为改变太难，几乎不可能实现，后来经过不断学习、探索、反思、总结、实践，最终还是进行了大胆变革，包括基于儿童视角的环境变革、基于自主性的区域活动变革、基于师幼互动的理念变革。正是在这种寻变的过程中，我真正地感受到了幸福生长的力量。

　　从中班到大班，两年的时间内自己也有了很大的改变，现在的我能够蹲下来，认真倾听幼儿的话语，用心感受幼儿的观点，理解认同幼儿的做法，包容接纳幼儿的问题。不仅自己有了很大的改变，就连那33个可爱的孩子也在潜移默化中发生着巨大的改变。接下来，就让我们用心去感受这一间活动室里的幸福生长吧！

　　新学期开始了，看着偌大的教室，我们该如何创设区域环境呢？经过思考，想出了很多个备选方案，突然又转念一想，万一孩子们不喜欢怎么办呢？我是不是应该把活动室的主动权交给孩子们呢？理念上的转变让我有了更多的想法，于是我摒弃以前想当然的做法，真正地把主动权交给幼儿，本学期我们开始尝试让幼儿成为环境的主人、游戏的主人。

1. 探索中的我——决定调整和改变

　　开学第一天，我们就和幼儿一起讨论，你们想玩哪些区域？想玩哪些游戏材料？喜欢什么样的主题活动？孩子们争先恐后地表达着自己的想法。为了更有效地统计和梳理幼儿的想法，在开展区域活动前，我们做了以下工作：

　　（1）巧用调查问卷

　　我们通过调查问卷的形式了解幼儿的所思所想，这样不仅可以更清晰地了解幼儿的需求与兴趣，还能更有效地提高区域活动的质量，更好地促进幼儿自主性的发展，让幼儿在区域活动中主动探索、合作交流、自主学习的能力得到有效提高。通过数据可以很清晰地看到幼儿喜欢的区域，因此，按照幼儿的意愿，将本学期的区域设定为建构区、表演区、角色区、美工区、图书区、益智区等。有了调查问卷的大力支持，开展区域活动简直如鱼得水，一起都变得得心应手起来。

表 5 – 3 – 1 调查问卷

选项	小计	比例
A 建构区	23	62.16%
B 表演区	5	13.51%
C 角色区	13	35.14%
D 美工区	21	56.76%
E 图书区	13	35.14%
F 益智区	10	27.03%
G 科学区	22	59.46%
H 种植区	7	18.92%
I 其他	6	16.22%
J 把你喜欢的区进行排序吧！ （按照喜欢的程度由高到低，只写序号）	32	86.49%
本题有效填写人次	37	

接下来开展什么样的主题活动、投放哪些区域材料，我都通过调查问卷的形式进行统计，真正地把游戏的自主权交给了幼儿。

原来，我们在开展主题活动时，往往是按照老师的意愿或者是教材上的内容进行，很少关注和考虑幼儿的想法。但现在的我不同了，能够充分发挥幼儿的自主性，让幼儿成为游戏的主人。如在确定主题内容时，通过调查问卷的形式，可以看出幼儿更喜欢"爱家乡"的主题，因此，我们就围绕着"爱家乡"的主题展开讨论。

（2）善用幼儿表征

通过幼儿表征，与幼儿交流，发现幼儿对自己的家乡有一定的生活经验积累，大部分幼儿知道自己的家乡是哪里，家乡的名胜古迹有哪些，这些都是幼儿在生活中所获得的生活经验。但是，大部分幼儿对家乡的特产不是特别熟悉，对家乡的风土人情更是不了解。针对以上情况，我在开展区域活动时就能做到有的放矢。如活动前，丰富幼儿对家乡特产的认识，通过视频增加幼儿对家乡风土人情的了解。有了这些铺垫，在开展区域活动时，就能事半功倍。

图 5 - 3 - 1　幼儿表征

（3）前后对比表

表 5 - 3 - 2　改变前后对比表

	改变前	改变后
区域设置	以教师的意愿创设区域环境	利用调查问卷，按幼儿的需求和兴趣创设环境
主题内容	以教材和教师指定内容为主	充分发挥幼儿自主性，以幼儿想参与的主题活动为主
关键经验	从不关注	了解幼儿的已有经验，了解各年龄阶段的关键经验
材料投放	无目的性，随意投放	按照主题内容，投放和主题相关的适宜的材料

通过前期的调查，我对幼儿有了充分的了解，知道他们想做什么，喜欢做什么；知道他们需要什么，缺少什么；了解他们的关键经验，知道他们的知识储备，更知道在接下来的区域活动中，他们真正想玩什么！

那接下来，我们就要按照幼儿的兴趣和需求进行有准备的环境吧。

附：主题活动调查问卷

2. 追溯中的我——原来还可以这样做

如何规划我们的空间布局呢？当然还是幼儿说了算，让我们一起来听听他们的意见吧：

"它们都太高了，看不见摸不着。"

"橱子里的东西太多了，找不到自己想要的。"

"我们不喜欢角色区的内容了。"

"这些材料我们都玩烦了。"

（1）基于幼儿视角，细化空间布局

针对幼儿提出的问题，我们一起想办法来解决。在有准备的环境中，我们更加注重以幼儿的视角去审视我们的环境，根据幼儿的需要，创设真正属于他们的区域活动。

（2）自然化、生活化

原来我一直认为琳琅满目、丰富多样、五颜六色才是好的区域环境，但现在，我们更追求自然的、生态的、有生命力的、会呼吸的环境。为了营造这种有生命力的区域环境，我们也进行了变革：

首先，创造一种温馨、舒适的氛围，让幼儿有一种在家里的感觉，想做点什么就做点什么，完全自主，完全自由。

其次，根据幼儿的年龄特点和身高特点，我们将所有的高橱子都换成了低矮的，方便幼儿取放材料及玩具。

最后，根据幼儿各年龄阶段的相关经验，投放和主题相关的操作材料，并以开放式的形式呈现，所有的材料都有标识。

（3）互动性、参与性

我们根据环境创设互动性这一原则，将1米3以上的墙面环境全都进行更换，以点缀、装饰为主。而 1 米 3 以下的墙面则要还给幼儿，体现幼儿的活动轨迹，更重要的要体现墙面与幼儿的互动性，真的让环境变成活环境。如墙面环境处处体现幼儿的活动轨迹，以"我的发现""我的探究""我的收获"等主题海报的形式呈现。

图 5-3-2　美工区墙面

图 5-3-3　图书区墙面

（4）基于幼儿自主性，确定区域内容

当我们把有准备的环境布置好后，那接下来我们就要进区域活动了，那玩什么呢？根据前期的调查问卷，我们清楚地了解了幼儿的需求和兴趣。从问卷中发现，幼儿已经不喜欢原来的蛋糕店，想换成其他的角色游戏，那究竟换成什么呢？

（5）共同商讨，确定内容

师："你们想玩什么样的角色游戏啊？"

冒冒："我想玩摄影师的游戏。"

琪琪说："我喜欢当医生。"

涵涵说："我喜欢当老师……"

幼儿们七嘴八舌地发表着自己的观点。

突然萱萱大声地说："我喜欢制作美食，想当美食家。"

没想到萱萱的话引起了孩子们的共鸣，大家纷纷表示自己也喜欢当美食家。为了尊重幼儿的意愿，给幼儿充分表达、选择的机会，我们最终决定用投票的方式选出大家最喜欢的游戏内容，于是，梦工场应运而生。就像王振宇教授所说的："从幼儿的游戏出发，在游戏中寻找和生成学习的生长点，通过师幼互动构建新的游戏。"

（6）根据内容物化材料

我说："既然有了梦工场，那在你们认为梦工场是一个什么样的地方。"

齐齐说："是个神奇的地方，想要什么就有什么？"

糖糖说："是一个可以做东西的地方。"

我说："对，我们的梦工场就是一个超大的加工厂，在这里可以制作任何商品。"

孩子们听后，都想来这个神奇的地方亲手制作商品，最后大家一致决定增加操作间，来提高游戏的功能性、操作性和互动性。

与其增加工作间，倒不如把美工区直接纳入角色区，这样既解决了角色区的难题，还有效地实现了区域间的互动，真可谓是一举两得。真正地将教师的教育智慧物化到材料中。

有了幼儿自由、自主的想法后，我们又重新进行了规划和改造，将角色区的空间扩大，并在原有材料的基础上，将美工区纳入角色区，重新进行了整合。

（7）愉快游戏生成新内容

改造后的"梦工场"空前火爆，每天都熙熙攘攘的，幼儿们专注、认真地制作属于自己的商品，有一次游戏中，我不经意间听到了他们的对话：

涵涵说："要是我们能把自己做的东西送给其他班的小朋友就好了。"

阳阳说："可以啊！快递员可以帮我们送。"

涵涵说："可是我们没有快递员啊！"

听了她们的对话，我立刻加入她们的谈论中："那你们想不想体验快递小哥的工作呢？"

没想到我的话引起了大家的讨论，瞬间勾起了他们对双十一家长购物的回忆，孩子们纷纷表示自己的妈妈也经常收到快递，而且他们那充满期待的眼神告诉我，他们非常想体验一次快递小哥的生活。于是，在梦工厂的基础上又生成了"快递小哥"的自主游戏活动。

（8）生成游戏自主无极限

为了帮助幼儿更好地开展"快递小哥"的游戏，进一步丰富幼儿的已知经验，通过观看视频、问卷调查、展板交流等形式，让家长和幼儿共同搜集资料进行分享。在分享过程中，孩子们积极探讨、交流、互动，基本了解了快递工作的流程，以及角色分工、职责等，最让我意想不到的是孩子们还进行了自主命名"童三外卖"，瞬间让区域变得更加具有班级特色。就是在这种自由自主的氛围中，幼儿创设了属于自己的游戏内容。只有追随幼儿的兴趣，才能实现真正的自主。

3. 寻变中的我——深度学习渐入佳境

（1）有力的师幼互动

在区域游戏活动中，师幼互动比以往任何时候都更加重要。它们既会影响幼儿对自我的感知以及他们的学习方式，也会影响教师对自己的看法以及游戏方式。经历了前期调查问卷的梳理、有准备的区域环境、主题内容的确定，那接下来我要做的就是如何在区域活动中进行有效的师幼互动，促进幼儿的深度学习。其实，这个过程也一直是我比较纠结的地方，何时介入才能恰到好处，既不影响幼儿活动，又能解决幼儿的问题？在实践过程中，我也是边反思、边实践、边总结。接下来，就通过一个案例和大家分享。

在一次建构游戏"我的家乡"的搭建过程中，孩子们就出现了一些问题，他们在解决问题时也出现一些争执、甚至是吵闹，这时需要介入吗？此时此刻，我的做法是先等一等，耐心观察，当他们无法处理时我再介入。让我们一起来看看案例中的幼儿是如何解决问题的，老师又是如何介入指导的。

（2）观察倾听

尧尧正在和几个小伙伴一起开心地搭建摩天大楼，你一块，我一块，开心极了，不一会儿"摩天大楼"就有一个孩子高。

尧尧说："已经够高了，我们一起来封顶吧！"

大家说："好啊。"于是，纷纷拿来了长板。

尧尧突然说："不好了，长板不够长，搭不上怎么办啊？"

所有的小朋友都围了过来，开始动脑筋想办法。

森森说："换一根长一点的板子，看看这根宽的行不行。"

尧尧接着说："用刚才的这根比比就知道了。"

尧尧拿着板子一比才发现两根一样长。

尧尧接着说："我们在中间放根柱子试试吧。"于是，他拿来了一根 PVC 管，放在了"摩天大楼"的中间，管子的高度正好，可是站不稳，一碰就倒。于是，森森又提议换一个带底座的 PVC 管，可是，加上底座后，又太高。即使放上长板，还是不够稳，总有一种要歪倒的感觉，尧尧说："我们还是请老师来帮忙吧！"

游戏中，面对幼儿的矛盾冲突，教师需要给予关注，但不一定马上介入，除非有幼儿出现暴力行为危及他人安全时。观察儿童的行为，倾听他们的对话，也是自主性学习的一部分。儿童可以掌控自己的学习，因此，教师需要花更多的时间进行观察及倾听，必要时把对儿童的观察当场记录下来，这样更有力于我们的回应。

（3）回应与评论

其实，这个过程，我一直在默默地观察。惭愧地讲，作为老师的我，也没有想到更好的办法，有时候我们解决问题的方法还不如幼儿多，面对幼儿的求助，更多的是无可奈何！

我们尝试了很多办法后还是无济于事，无奈之下，我只好说："很抱歉，孩子们，老师也没有想到更好的解决方法，目前我们能做到的就是把它拆了重新搭建。"幼儿们听后虽然很失望，但依然选择重新搭建。

在自主性学习的过程中，教师不仅要观察和记录幼儿的行为，还要回应学习中的幼儿，这些回应可能是口头上的，也可能是行为上的，目的是让幼儿在他们所选择的活动中得到支持、鼓励和指导，从而更有效地促进幼儿的学习，使他们在与材料和同伴的互动中进行学习，同时，获得信任感和认同感。

（4）拓展和提升

当幼儿们再次搭建的时候，接受了上次的失败教训，从一开始搭建就学会了测量。

而"测量"这一关键经验也让孩子们铭记于心，以后无论搭建什么，他们在开始时都会进行测量，在失败中得到的经验反而记忆深刻。

在随后的垒高游戏中，孩子们还学会了以物借物的方法，借助整理箱当楼梯，孩子们这种以物代物、善于思考的精神真的很了不起，尤其是克服恐惧、勇攀高峰的精神更让人觉得钦佩。也许这就是建构游戏带给幼儿的成长和收获！

在建构游戏中，通过发现问题、解决问题，幼儿学会了思考、寻求帮助、探索、合作、协商、谦让，尤其是解决问题的能力有了很大的提高。作为老师，观察、倾听、回应和评论的能力也有了很大的提高，今后更要不断提高自己的专业知识水平，引领幼儿更好地发展。

在幼儿游戏时，教师以不打断、不影响幼儿游戏的方式介入，既巧妙地给予幼儿方法的示范，又有效地支持幼儿拓展游戏经验。

4. 生长中的我——弹性时间更加自主

所谓弹性时间，强调时间安排要追随幼儿的生理节奏和心理节奏，而不必受制于绝对的钟表节奏。从操作的意义上来看，弹性时间回应着"教育要像呼吸一样自然"的主张，将原来刚性的、频繁转换的一日生活变成了流淌的、悠长的自然节奏，真正地将学习活动、生活活动、游戏活动融入一日生活当中，真正地让幼儿做时间的主人，充分发挥幼儿的自主性。

因此，实施了弹性时间后，我们有了更多的时间来观察和倾听幼儿，给予幼儿更多自主活动时间和空间的可能，这样，幼儿可以根据自己的兴趣和需要自主、自愿地开展区域活动。

（1）计划表的改变

改变前：

传统的周计划安排表，每天有10余次的环节转换，除此以外每天还有26次的时间转换，每天大家都忙于准备、发放各种操作材料，再进行教学指导，再匆忙收拾各种材料，因为接下来要进行区域活动了，老师和幼儿会因为不停地转换活动环节而处于忙乱状态，被迫跟时间赛跑。长此以往，慢慢地形成了一个怪圈，大家都像上紧弦的发条一样，不停地旋转再旋转，直到筋疲力尽。基于这种现状和问题，在省基础教育项目改革中，我决定进行大胆变革，将"弹性时间"应用于周计划安排中，充分发挥它的作用。

改变后：

针对以上问题，我们反复研讨，并对照《指南》要求，进行了周计划表的多次调整，我们结合幼儿园的实际情况，将活动环节进行优化，由原来的26个环节精简到6个环节。园所只规定大概的进餐、午睡、起床的时间，各年级、班级则可以自由支配大段的时间。优化后呈块状的结构大大减少了时间的隐性浪费，确保了幼儿每天的户外游戏、区域游戏和自主性游戏时间，充分体现了幼儿的自主性，也让幼儿在自主自由、探索中快乐地学习生活。

（2）区域活动中的弹性时间

一日活动时间进行了弹性调整后，就为我们区域活动的弹性时间提供了有力保证。在区域活动中，同样以幼儿自主决定为主导，以幼儿活动的需求弹性安排时间。弹性活动时间，要基于幼儿不同的成长背景、自理能力、认知水平及兴趣爱好需要，以多元化的思路充分激发幼儿自由自主的活动意识，让他们积极参与到学习活动和生活活动中来，提升自己的自主性。

如幼儿在区域游戏中根据自身需要自主选择何时喝水、何时小便，为了提醒幼儿及时喝水，我们不仅为幼儿提供了沙漏，还准备了个性化的喝水记录表，这样可以清晰地统计幼儿一日的饮水量。就是在这种完全自主的区域活动中，幼儿的游戏时间没有被人为打断和干扰，充足的游戏时间让孩子们"玩"的需求得到了满足，以便他们更好地持续学习，这才真正地将学习活动和生活活动融为一体，更好地提高幼儿的自主性。

通过弹性时间的改变，教师不再是一个机械的时间执行者，而是一个儿童的观察者。更为重要的是，弹性时间催生了一种新的思维模式——弹性思维、儿童自主性思维。有了这种新的思维模式，教师和幼儿便会慢慢形成一种新的行为习惯——自主性行为习惯。

5. 幸福中的我——感受幸福生长的力量

（1）小量表大能量

区域活动的最后一个环节就是评价了，这也是我们最薄弱的环节，相信所有的老师会和我一样，有点束手无策。我们之所以会这样，是因为没有一个评价工具。还记得我们前面提到的量表吗？这就是一个很好的评价工具，我们在区域活动，通过每天使用量表，根据量表的评价标准，有目的、有计划、有重点地进行观察，并能根据评价结果，清楚地分析出每个幼儿在区域活动中自主性的发展情况，为接下来能更有效地对幼儿进行个别化指导提供依据。

（2）科学测量统计分析

通过量表的使用，可以看出最受欢迎的是美工区和表演区，其次是建构区，人数较少的是角色区。看到这个数据，也是有所反思。刚开始的时候，开展"快递小哥"游戏深受幼儿喜欢，后期在此基础上增添了幼儿喜欢的低结构材料，为什么进区人数反而少了呢？所以我对角色区进行了分析和调整：材料的操作性不强，没能很好地吸引幼儿的兴趣。利用间隙环节询问幼儿更喜欢在角色区增添哪些东西，对出现的问题进行修改，下个月再看幼儿游戏的情况。

对于幼儿的自主性发展，通过量表可以看出，本班幼儿延迟满足的分数最高，说明幼儿能按照老师的要求安静、耐心地等待。但是在自我控制里的抑制冲动分数是最低的，可以看到在友好地与同伴协商、合作方面，本班幼儿较弱，所以接下来，我将针对这方面进行重点培养，对全班幼儿进行良好的干预。

说到这儿，相信大家对于区域活动一定有了一个全新的认识，从开始的调查问卷到区域环境的准备，再到主题的确定、师幼的互动、弹性时间的把控，以及最后的统计评价，都已经一一和大家分享了，通过我的所思、所想、所变，大家一定感受到了幸福生长的力量。这种蜕变的喜悦只有自己能深深体会。当然，在这个过程中，幼儿才是最大的受益者。

（3）幼儿的改变

通过区域活动的深入开展，幼儿的收获是巨大的。幼儿的语言表达能力、动手操作能力、逻辑思维能力、沟通合作能力、解决问题的能力得到了进一步的发展和提高。而这个发展的过程，不是老师给予的，而是幼儿在游戏中自主获得的，相信这种成功感的获得会让他们更自信、更自主。从而有效地促进幼儿自信、独立、合作、创新的个性品质的形成，让幼儿真正成为游戏的主人，达到"润物细无声"的效果。

（4）家长的改变

从刚开始对区域活动的不认同到现在对区域活动的高度认可，家长们从幼儿的表现看到了区域活动的内在价值。现在的幼儿做事情更加自主、更加自信，有自己分辨是非的能力，遇到问题有独立解决的能力，社会交往能力、语言表达能力都有了很大的提高。我想，这所有的改变都是区域活动带给幼儿的，希望幼儿们能在这样有爱的活动室里一直幸福地生长！

（5）教师的改变

王振宇教授说：游戏课程化需要教师有趣味、有爱心、有专业知识和观察技能，有创造性，换言之，教师需要具备游戏精神。作为老师，我们不仅是引导者，更是支持者、合作者。教师应当不断发挥发现、发明和创造的作用。通过这个案例，我也在反思，今后要多以合作者的角色与幼儿进行互动、交往，在幼儿需要帮助时给予适时的引导，在幼儿出现问题时给予积极的支持，追随幼儿兴趣，更好地促进幼儿自主性的发展。

让我们共同在一间活动室里幸福生长！

（济南市槐荫区实验幼儿园　王祎楠）

（二）参与·快乐·成长

案例背景：

区域活动已成为幼儿园一日生活中重要的活动之一，每年的开学季也变成教师最忙碌的时候，环境创设占用了教师很大一部分精力。为了给幼儿一个全新的环境，为了使自己的班级环境美观、有特色，教师开始加班加点创设区域环境，搜集素材、制作精美的吊饰与墙饰、更新区域材料……这个过程主要依据教师的主观意愿，大多来源于网络，他们将搜集到的符合自己审美观的主题墙、吊饰、家园栏等，应用于自己的班级中。这样的环境或许能换来幼儿短暂的关注，但留下了太多成人的痕迹，新鲜感一过便成了摆设。

什么样的环境才是幼儿喜欢的、能够持续关注的、具有教育价值的？怎样才能真正让幼儿参与到班级环境的创设中来，真正成为区域活动的主人呢……这些问题是我们在项目实施过程中一直思考和实践的。秋季学期开学前，我园利用8月份一个月的时间（企业办园寒暑假正常开园），围绕"我的班级我做主"，基于儿童的视角，以"三关注，四步走"的支架为依托，构建区域活动内容脉络，打造一个真正属于幼儿的、能促进师幼共同生长的、有生命力的"活"的班级区域环境。

"我的班级我做主"创生课程可用四个字、三个词来概括：

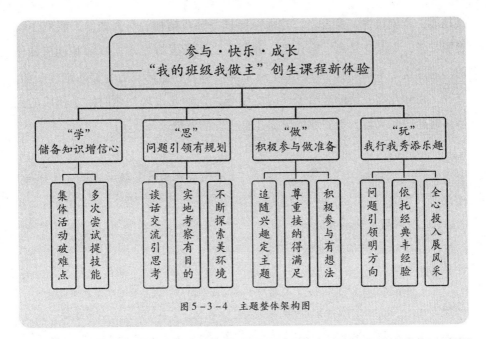

图5-3-4 主题整体架构图

参与："生活自喜悦"理念的"喜"字法则，三大法宝是喜参与、喜探索、喜挑战，参与性指出了环境中的主体是幼儿，环境中每一面墙壁、每一个空间、每一种材料，都要能与幼儿积极地互动，能吸引幼儿参与其中，呈现其发展轨迹。因此，在整个环境布置中，把主动权还给幼儿，倾听他们的想法，让他们按照自己的意愿和想法来规划创设这样的环境才是有意义的。作为班级的一分子，幼儿喜欢发挥自己的主观能动性，这样才有"我是小主人"的成就感，对自己参与布置的环境有一种特殊的钟爱和亲切感。这样才会激发幼儿与环境相互作用，才能充分发挥他们的主体作用。

快乐：让幼儿"在游戏中学习、在快乐中学习"是我们的宗旨。"我的班级我做主"就是一个快乐的体验过程。通过和老师、小伙伴的交流、探讨、互动，幼儿在参与中获得积极的情绪体验；在动手制作的过程中获得成就感、满足感；在筹备材料的过程中获得分享的快乐；在表演的过程中，获得表达的快乐。

成长：在环境创设中，幼儿在成长，他们学会了归纳梳理知识、合作表演、协商解决问题等。老师在组织的过程中也在不断成长，教育观、儿童观在悄悄地发生转变，试着相信幼儿的能力，站在幼儿的角度，以欣赏的眼光看待幼儿的作品，倾听幼儿的心声，在与幼儿一起成长的过程中，收获着不一样的幸福。

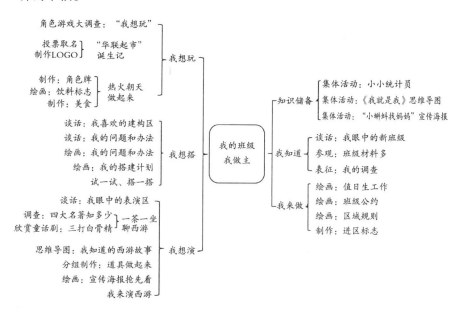

图5-3-5　"我的班级我做主"主题活动网络图

1. 心中有目标——行动就有了方向

9月份就要升入大班，成为幼儿园最大的哥哥姐姐，幼儿对新的环境满怀期待，充满向往。基于幼儿的兴趣，生成"我的班级我做主"的主题。

课程审议：什么样的课程能满足幼儿探索的需要？班级三位老师集体讨论，通过《指南》了解本年龄段幼儿发展目标，结合本班幼儿实际，融合主题目标，提炼区域关键经验，挑选适合本班开展的活动内容。

确定内容：有了大的方向，组织幼儿进行谈话，了解幼儿关于本主题的已有经验，根据他们的需求共同确定区域活动具体内容。

参与创设：师幼一起创设环境、准备材料，有计划、分层次地投放到活动区，有的材料准备也会邀请家长参与。

适时调整：主题开展的过程中，认真观察幼儿的活动情况，根据幼儿的兴趣、需求和遇到的问题，不断调整并生发新的活动内容。

表 5 - 3 - 3 "我的班级我做主"课程实施参考建议

主题名称	我的班级我做主	时间	3-4周	班级	大班

主题目标	1. 知道自己是幼儿园里最大的哥哥姐姐，体验成长带来的乐趣。 2. 在不断解决问题的过程中，发现自己的成长，满足渴望成长的需要。 3. 正确认识自己的能力，愿意参与集体活动，在活动中发挥主动性，建立初步的责任感和归属感。

	区 域					
	表演区	角色区	建构区	美工区	益智区	图书区
关键经验	1. 能协商确定表演主题，为表演选择和搭配简单的服饰、道具或布景。 2. 能与同伴合作表演，在表演中获得愉快的情绪体验。 3. 了解故事表演基本要素。	1. 能与同伴协商共同确定角色游戏主题。 2. 游戏过程中，主题明确而稳定。 3. 能主动投入地玩游戏，并且能较长时间沉浸其中，感受到游戏带来的快乐。	1. 会画搭建计划平面图，能把平面图像变成立体搭建物。 2. 能与同伴友好协商确定搭建主题，分工合作，完成搭建作品。 3. 能按标记进区活动，并能自动调整人数，能分工协作、迅速地将玩具和辅助材料分类摆放整齐。	1. 能根据要求有目的地安排画面，表现一定的情节，绘制区域规则。 2. 喜欢用各种形式创作表达。 3. 在绘制宣传海报时，能有目的地表达自己的想法和情感。	1. 对益智区的各类活动都有较浓的兴趣，能积极主动地参与活动，并愿意参与益智区的环境调整及材料的设计、制作。 2. 喜欢有挑战性的游戏，喜欢探索更有创意的玩法。	1. 利用情景剧、故事大王等表演活动，提升幼儿对阅读的兴趣。 2. 知道书的基本结构，掌握正确的阅读方法。 3. 丰富阅读区内容，营造愉快的阅读氛围，通过自带图书提供丰富的书籍。
可选内容	小蝌蚪找妈妈、三借芭蕉扇、拉拉勾	我当小老师、我做小记者、小逛超市	我的幼儿园、小超市、我的新家	设计环境标识、《西游记》宣传海报、巧手装扮《西游记》演出道具、搭建计划、美食做不停、做名片	自制拼图、小猴子爬树、移动车库、彩色小木块、环保棋	故事：大熊的拥抱节、爱发脾气的菲菲、鼹鼠伯伯的新房子、小兔子和怪果子 材料：故事盒、故事魔方 自制图书：写给朋友的信

（续表）

	表演区	角色区	建构区	美工区	益智区	图书区
好材料推荐	"小蝌蚪找妈妈"和"三借芭蕉扇"的自制道具若干	相关角色游戏的材料架及以物代物的材料若干	幼儿设计图	与演出道具相关的废旧材料若干	自制拼图、小猴子爬树、移出车库	故事盒图书：鼹鼠伯伯的新房子、爱发脾气的菲菲
实施建议	1. 美工区以自主游戏为主，选用各种材料制作美食。 2. 创设情境，引发对阅读活动的兴趣。 3. 表演区、角色区以小组活动为主，会协商确定游戏主题，并合理安排游戏内容。 4. 通过集体教学，学习了解宣传海报、搭建计划的绘制方法。					
家长工作	1. 和幼儿一起搜集废旧材料，制作超市中的"商品"，如蛋糕等。 2. 开展亲子阅读，了解图书的结构，为自制图书打下基础。 3. 参观超市，了解超市里工作人员的工作。					

2. 眼中有幼儿——灵活的课程安排

要让幼儿主动、愉快地参与到班级环境创设中来，教师对本班幼儿现有水平的了解是基础，要对可能会遇到的问题做到心中有数，灵活采用集体教学、小组活动等方式，帮助幼儿储备知识技能，以便更好地促进幼儿自主性的发展。

（1）想"学"，储备知识增信心

①集体活动破难点

幼儿的年龄小，能力有限，要想顺利地参与环境创设，基本的知识技能储备是必需的。学什么？需要教师根据本班幼儿的实际能力，结合环境布置中可能会遇到的难题，有针对性地设计活动，这些内容需要依靠集体活动来解决。

表 5-3-4　集体活动计划表

可能遇到的难题	活动名称	活动目标
1. 统计班级区域的数量。 2. 统计区域材料的数量。	小小统计员	1. 能用统计的方法帮助记录。 2. 能用简单的符号快速记录自己的调查内容，并大胆交流。

（续表）

可能遇到的难题	活动名称	活动目标
1. 做事无计划，不会梳理经验。	我就是我	1. 了解思维导图的基本结构。 2. 能够运用一定的技巧，制作思维导图。
1. 幼儿表演技能缺乏。 2. 表演主题不明确，不知道玩什么。	小蝌蚪找妈妈	1. 知道表演游戏的活动内容，学习绘制宣传海报。 2. 喜欢参与表演游戏，大胆、创造性地表现角色性格特征。

②多次尝试提技能

集体活动中学到的知识要通过实践来巩固，以幼儿感兴趣的点切入，从认识最熟悉的自己入手，通过做"我就是我"思维导图、统计"我的玩具"、绘制"小蝌蚪找妈妈"宣传海报等，有目的地梳理相关经验，巩固已有知识、技能，为参与班级环境创设奠定基础。

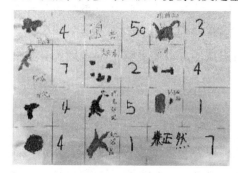

图5-3-6 我的玩具统计

《我就是我》思维导图

（2）善"思"，问题引领有规划

①谈话交流引思考

马上就要升入大一班了，大一班是什么样的？和我们的班级一样吗？也有我最喜欢的区域吗……对于新的班级，产生了浓浓的好奇心，首先借助谈话活动，让幼儿明确考察的目的，做到带着任务去观察。

表 5 - 3 - 5　"关于新班级我想知道"谈话记录表

关于大一班，我想知道……	关于区域，我想知道……
王楚涵：我想了解卧室。 韩洛雪：我想知道卧室里有没有区域。 周睿平：我想知道卧室的墙上有没有画。 韩子文：我想知道他们的教室里有哪些区域，他们的玩具长什么样。 宗毓航：区域里的玩具怎么玩？ 王怡冉：我想看看他们的书架长什么样。 ……	王楚涵：我想看看表演区的衣服有什么。 亓俊熙：我想看看建构区的积木有多少，建构区有没有比着拼的图片。 宋伟艳：想看一看美工区有什么材料，有没有剪纸。 郑熙喆：益智区有没有打地鼠。 刘子墨：表演区的表演工具是什么样的？ 黄诗桐：表演区的化妆品有什么？ 周睿平：我想看看区域牌是什么样的。 ……

②实地考察有目的

明确了参观的目的，也有了自己想了解的区域，我们决定到大一班实地参观一番。以小组为单位，从自己感兴趣的点入手，全面了解新班级的风格、区域设置、区域材料等情况，并分享调查结果，利用思维导图、表征汇总所考察区域的玩具材料情况。

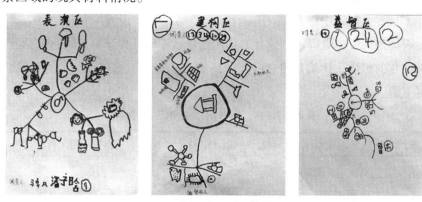

图 5 - 3 - 7　分组表征记录区域材料

③创设环境有参与

班级环境的创设不仅仅是为了好看，其根本目的是促进幼儿的发展，让幼儿与环境进行有效的互动。大班幼儿具备了一定的绘画水平和思维能力，所以，本次的环境创设谨记一条：幼儿能做到的，放手让幼儿去制作，以悦纳的眼光看待幼儿的每一幅作品，让幼儿真正成为环境的主人，充分体验参与带来的快乐。

3. 行动有准备——发现不一样的儿童

"生活自喜悦"理念的"活"字法则，强调"活"幼儿、"活"环境、"活"教育，应树立以"幼儿为本位"的课程观，尊重幼儿发展的个体差异，允许他们按照自己的节奏自主生长。这需要教师了解本班幼儿的游戏水平，发现幼儿在游戏过程中的问题、难点和需求，在教师有准备的活动中，暗示、引导幼儿自己去发现、了解各区域游戏的特点，推动幼儿的游戏不断向深入发展。

（1）慧"做"，积极参与做准备

角色游戏是幼儿通过模仿和想象，自主、创造性地反映身边的生活，利用原有生活经验，体会不同角色带来的乐趣。在感知、体验、协商、交流的游戏氛围中学会做事的基本准则，学会如何共同相处，学会简单的生活技能等。以往我们的角色游戏总是老师设计主题，按老师的想法，认为幼儿可能喜欢什么样的游戏，或是教师擅长创设什么样的游戏区，那角色区就创设什么，往往忽略幼儿的想法，"我的班级我做主"把主动权还给幼儿，创设"我想玩"的角色游戏。

①追随兴趣定主题

兴趣是最好的老师，创设什么样的角色区，幼儿说了算。通过谈话活动，倾听幼儿的想法，让幼儿用自己能做到的方式表征，追随他们的兴趣确定角色区主题。

表5-3-6 角色区"超市"的由来

我想玩的角色游戏	自己设计的LOGO	相关话题大讨论
刘子墨：我想开超市。 宋伟艳：我想开宠物店。 曾子瑞：我想开面包店。 谷雨佳凝：我想开服装店。 冀鸣煜：我想开警察局。 郑熙喆：我想开麦当劳。 韩子文：我想开化妆品店。 王怡冉：我想开花店。 ……		1. 如何使小朋友都能玩到自己想玩的游戏？ 2. 超市里有哪些人？ 3. 货物从哪里来？

②尊重接纳得满足

角色游戏的主题确定了，叫什么名字呢？听一听幼儿的想法吧。他们取的名字千奇百怪，有的想叫"二元超市"，有的想叫"游乐场超市"，还有的想叫"超市广场""棉花糖超市""健康超市""大大超市"……第一轮的结果 10 人选择"开心超市"、10 人选择"华联超市"。我们又进行了第二轮投票，请第一轮中没有选择这两个名字的投票，结果 12 人选择"开心超市"，18 人选择"华联超市"，我们遵从幼儿的意愿，把超市名定为"华联超市"，满足了幼儿的内心需求。

在第二次投票前，我觉得幼儿应该会选择"开心超市"，我认为比"华联超市"更好听，也更接近幼儿的思维，但事实证明，幼儿的想法与成人还是有很大区别的。他们为什么会选择华联超市这个名字，因为它更接近幼儿的生活，华联超市是家门口的大型超市，每个幼儿都有逛华联超市的经验，对里面的布局也更了解。我们尊重幼儿的想法，愉快接受"华联超市"这个名字。

③积极参与有想法

以往角色游戏的材料教师存在调控性，会根据已有的或预设的游戏投放其认为"有用的""相关的"材料，这个过程往往存在幼儿"缺席"的现象。我的班级我做主，吸引幼儿参与到材料的准备过程中来，充分发挥幼儿的自主性。

◎店铺 LOGO 我来做

教师："怎样才可以让顾客一眼就看出你是卖什么的？"

宗毓航："可以在地上做箭头标志。"

亓俊熙："不行，箭头看不到，我们给每个店做个牌子不就行了嘛。"

教师："牌子你准备做好了放在店铺哪个位置呢？"

亓俊熙："放在店的前面或者台子上，就像华联超市那样。"

（小朋友们积极回答道："我见过""我知道"）

于是一场 LOGO 智慧秀上演了，炸鸡店不会画怎么办？画个流着口水的小朋友头像，周围画上想吃的食物；一双美瞳形象又逼真，你是否有进店逛逛的冲动？

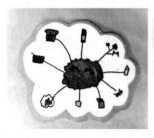 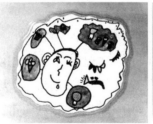 

图 5 – 3 – 8 幼儿绘制的店铺 LOGO

◎热火朝天做起来

货物哪里来？家里带，自己做，那还等什么，动起来吧！

图 5 – 3 – 9 自制美食

（2）乐"玩"，我行我秀添乐趣

目前的表演区现状是：幼儿以装扮、歌舞表演为主，几乎没有语言类表演；主题确定、材料投放基本以教师为主，缺少幼儿的参与。究其原因，主要是幼儿缺乏表演技能的支持，教师创设好后，直接让幼儿去玩，他们不知道要怎样玩，因此，就以自己熟悉的装扮、歌舞为主了；表演主题不明确，面对眼花缭乱的材料，不知道要玩什么。因此，我们以大家耳熟能详的《西游记》为依托，打造一个属于幼儿自己的表演区。

①问题引领明方向

表演区中可以干什么？表演前要做哪些准备？表演时遇到问题怎么办……一个个问题困扰着幼儿，也阻碍着幼儿表演游戏的正常开展，我们采用谈话的形式，以问题为引领，使幼儿对表演区有一个初步的认识。

表5-3-7　关于"我眼中的表演区"谈话记录表

表演区中可以演什么	表演前要做什么	表演时要做什么	遇到问题怎么办
幼1：可以表演"小蝌蚪找妈妈"。 幼2：可以表演"拔萝卜"。 幼3：还可以表演"三只小猪"。 幼4：可以表演"西游记"。 幼5：可以表演"水浒传"。 幼6：可以表演唱歌。 幼7：可以跳舞。 幼8：可以敲鼓。 师：在表演区，我们还可以表演自己喜欢的动画片。	幼1：要准备道具。 幼2：要知道自己演什么。 幼3：要排练。 幼4：要做海报。	幼1：要说台词，可是记不住怎么办？ 师：没有关系，你可以用自己的话来说，只要大胆表演就可以了。 幼2：不能打闹。 幼3：要穿上衣服。 师：是的，要根据自己扮演的角色打扮自己。 ……	1. 都想演同一个角色怎么办？ 幼1：可以商量一下，让给别人先演。 幼2：可以演完这个再演那个。 2. 都不想演的角色怎么办？（面对这个问题，幼儿都不回答） 师：可以轮流来，也可以把这个角色去掉，对故事进行改编，加入一个大家愿意演的角色。 3. 表演时没有道具怎么办？ 幼1：从家里拿。 幼2：让美工区里的小朋友帮着做。 幼3：可以找一个东西代替。

②依托经典丰经验

◎"我知道的西游故事"

《西游记》家喻户晓，其中的师徒四人更是为人所熟知，但幼儿对西游的故事了解多少呢？我们通过谈话来了解，并用思维导图的形式把自己熟悉、了解的情节画出来。

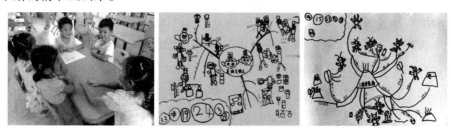

图5-3-10　幼儿绘制的《西游记》故事情节思维导图

◎发挥想象做道具，为表演做好物质准备

有了道具的辅助，幼儿的表演更能得心应手，自己参与制作的道具更能激发表演的热情。

图 5 - 3 - 11　制作《西游记》演出道具

◎宣传海报抢先看

怎样才能让大家了解我们的表演剧目？怎样让小伙伴了解表演的内容？我们想到了制作宣传海报来帮忙。

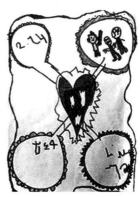

图 5 - 3 - 12　《三借八芭扇》《真假美猴王》宣传海报

③全心投入展风采

一切工作准备就绪，演出时间马上开始，这是幼儿所期待的，一次次全身心的投入表演，获得了成就感、满足感，表演区的游戏也更加得心应手。

为期一个月的"我的班级我做主"主题活动已落下帷幕，一个月下来，我们和孩子一起收获了幸福，得到了成长。

幼儿真正成为环境的主人，他们的想法被理解、被接纳，他们更愿意表达，更有主见了，如：一个不起眼的塑料桶变成了孙悟空藏身的石头、一个发亮的盒盖变成了照妖镜。同样绘制"孙悟空七十二变"，有的画一只小蚊子代表它会变，有的写上数字"72"表示，还有的以"7102"表示，遇事总会说"我觉得""我想"……幼儿自信心、自豪感得到极大满足，思维能力、动手能力、交往合作更是有了长足的进步。

作为教师，我们也在悄然转变：以"悦动"之心，用行动去支持，成为幼儿的游戏伙伴，和他们一起学习，愿意画自己不擅长的思维导图了；以"悦纳"之心，发现幼儿的兴趣，包容幼儿的个性，给予幼儿更多的空间和时间；"悦享"其中，对幼儿正在发生的事情看得见、看得懂。我们也获得了孩子们的认可，他们经常会对我说："老师，送给你我做的王冠""老师，我们人不够，你来扮演唐僧吧……"

（济南二机床集团有限公司幼儿园　王桂芸）

第六章　深耕，真教研助推师幼幸福生长

　　幼教芳华，有着"望尽天涯路"那样志存高远的追求。在寻梦路上，或许会品味到"昨夜西风凋碧树"的清冷和"独上高楼"的寂寞。但是，一群槐荫幼教人在寻梦的道路上不断前行，坚信儿童是有能力的学习者，努力践行"把游戏还给孩子"的理念，走近孩子，观察、理解、支持他们，让每一个孩子都享有高品质的教育，能拥有幸福的童年、快乐的时光。

一、依托学习共同体助推区域教研

近十年来，我国学前教育飞速发展，"幼有所育"在十九大报告中首次被强调，"好入园，入好园"已经成为当下民生问题。全面深化课程改革、落实"立德树人"是中国新时期教育改革和发展的新任务，做好教研工作是推进学前教育质量均衡发展的有效保障，对带动广大教师专业发展、提升教育质量等方面起到了很大的作用。教育部基础教育课程教材发展中心刘月霞副主任在全国首届教研创新论坛上关于《中国教研价值与使命》的报告中，对教研员的角色定位、下一步中国教研面临新的挑战及发展机遇进行了详细的阐述，强调了作为教研员的价值与使命。

作为一名区县学前教研员，有责任也有使命去推进区域教研的深入开展，结合本区域学前发展的现实情况，积极探寻教研工作的创新方式，改变过去自上而下、有效性不足、较为封闭的教研模式，形成符合本区实际的教研文化，将教研工作以点带面整体推进，促进教师专业成长，全面提升幼儿园办学质量。

（一）境遇："1+10=37"

1+10怎么可能等于37呢？答案是肯定的。数字"1"表明我国教育独立办园园所的数量，后面的10代表的是10年，"37"指的是目前教育独立办园的数量。自2011年起，我区学前教育改革迎来了前所未有的机遇，同时也面临着极大的挑战。在三轮学前教育行动计划之后，公办幼儿园数量得到了大幅度的提升，由原来唯一的1所教育独立办园在10年间增长到了37所。以教育独立办园为例，一期行动计划之后从原来的1所增长到10所，二期行动计划之后增长到17所，三期行动计划过后已达到37所，截至2020年12月，槐荫区注册幼儿园160所，公办园66所、民办园94所，专任幼儿教师2531人。学前教育改革这10年，公办园所数量的增多有效地解决了幼儿"好入园"的问题，但是如何保证人民群众"入好园"的热切希望，需要优秀的师资力量发挥其核心优势，这也是我区幼儿教育面临的现实问题。据调查，仅槐荫区实验幼儿园输出人才如业务主任、骨干教师先后有30余人，她们先后成为新建园管理层的核心力量。尽管教育局率先在济南市推行公办幼儿园外聘教师、招聘在编教师等举措，但依旧杯水车薪。面对新教师数量增多、骨干教师分流等现实状况，如何整合教育资源，最大限度地发挥教育资源的共享，是区域内教育均衡发展的重要挑战。

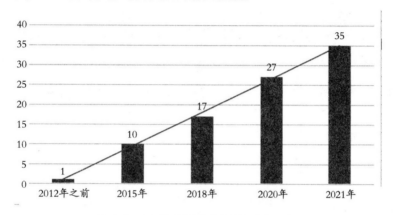

图 6-1-1　槐荫区教育独立办园增长趋势图

（二）突破：区域教研活动改革

2013年前，我区教研模式以自上而下、统一组织的方式为主，主要是学前科老师带领部分幼儿园业务园长以集体教学为主要教研内容，以知识的传递与应用为目标，教研方式较为单一，教师被动参与培训，缺少研究内驱力及学习热情。随着教育改革的不断深入，《纲要》《指南》和《专业标准》等文件的颁布，对教师的专业能力提出了更高的要求，以往的教研模式无论在理论上还是在实践效果上，都越来越经不起推敲。教师需要以自身的教学经验与反思、和同伴的日常交流对话、专家引领等方式来实现自身专业的提升，因此，要想提升本区域内教师专业能力，必须打破固有教研模式，寻找到一条适合本区域幼儿教师专业发展的有效途径。

（三）挑战：探寻新途径，激发内驱力

南京师范大学虞永平教授指出：学前教育的根本标志就是公益、普惠和

有质量。发展学前教育要有质量意识，要坚持有质量地普及学前教育，而专业性是保障学前质量的关键所在。为了更好地了解全区幼儿教师的专业发展现状，2017 年初，项目组对槐荫区 932 名幼儿教师的基本情况、专业理念、师德、专业知识、专业能力和专业成长途径等现状，从五个维度进行了调查与分析。通过数据得出结论：第一，师资队伍结构失衡。本区专家型教师数量少，骨干教师力量分散，新教师数量占多数；第二，幼儿教师专业水平不高。对照《专业标准》发现，教师的观察、分析、评价的能力，环境创设的能力等方面亟需提升；第三，教研方式单一，以往区域教研形式不能满足教师成长的需求。由此可见，教师个体化的孤立发展难以整合有特色的优质教育资源，在一定程度上制约着教师专业发展的速度，教师自身需要消耗大量的精力和时间去消除实践中的困惑，教师专业发展模式缺乏合作和支持。要想保证学前质量稳步提升，形成协作、交流、资源共享的生态教研圈，就需要整合区域内优质的教育资源，让不同领域的教师汇集在一起，将教师个人成长愿景和共同愿景有机融合，在一个共同研究的学习型组织中优势互补、多边互助、资源共享、更新观念、成果互惠，最终提升教师专业素养，实现教师个人优化，带动园所和槐荫区幼教质量提升。经过近两年的探索实践，我区教研活动的改革取得了一定的成效，具体方法如下：

1. 打破思维定式，科学重构模式

（1）需求为先，联盟共研，构建区域内学习共同体

经过查阅大量有关学习共同体的文献研究，基于本区现实问题，在不断探索的过程中，区域内学习共同体的组织框架日渐清晰。区域内学习共同体分为两部分，即研究团队共同体和园际联盟共同体。

研究团队共同体是由一个专家团队和五个中心小组构成，教育局牵头下发《关于推荐槐荫区学前教研中心组成员通知》，鼓励各幼儿园教师根据自己的研究兴趣、特长爱好在"区域活动、音乐游戏、信息技术和学习故事"的内容中自主申报，由幼儿园推荐、区级审核确立名单并召开全区聘任仪式。

园际联盟共同体是由全区 119 所幼儿园按照本园办园特色及发展愿景，根据园本教研方向和研究重点，采用自主结盟的方式，成立以"省（市）十

佳幼儿园"为引领的六个园际联盟共同体,即:区域活动、户外游戏、信息技术、创意美术、学习故事、音乐游戏研究联盟,每个联盟由推选出来的组长进行组织和策划,通过组织活动、专题研究、专家讲座、网上交流、现场研讨等方式,引领其他幼儿园一起参与研究,围绕共同的研究特色和发展愿景,合力推动各幼儿园办园品质不断做深、做透、做强。

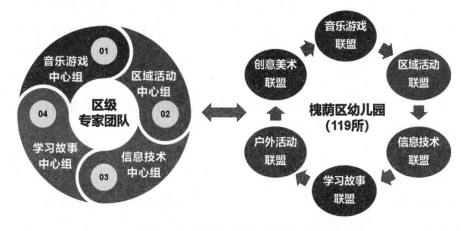

图6-1-2 槐荫区学习共同体组织构建图

研究团队共同体是课题实施的中心和灵魂,推动了园际联盟活动的开展,而园际联盟共同体是课题开展和落实的基地,两个学习共同体相互依托,围绕共同发展目标,打破园际界限,最终实现互惠共赢。

(2)完善机制,明确方向,打造共同体团队文化

文化是团队的灵魂,一个团队只有有了自己的文化,才能积累文化的能量、前行的力量,每个人才能在团队中找到自己的地位和价值,共同努力达成目标。首先,健全区域教研管理机制。制定了《区本教研活动制度》,找准角色定位,凸显主体意识;通过细化工作职责,明确自己的权利和义务;运用任务驱动等方式通过小组合作共同完成研究内容,在此过程中培养团队之间的凝聚力,促进其文化氛围的形成。其次,制定区域课题研究管理机制。在研究过程中,要求成员们要有问题意识、方法意识、过程意识和成果意识,能聚焦真问题,注重调研与分析,选择易操作、科学性、有效的活动方案实施,有效调动教师参与的积极性,不断反思和改进,共享研究成果。最后,

初步建立区域多元学习共同体评价机制。采用团队联动评价、个人反思评价和考核表彰评价的方式，激发教师主动思考、大胆创新、关注过程和积极合作的团队意识。如每年都会评选优秀园际联盟、教研先进团队、先进个人等奖项，注重团队一体式、过程性评价，如内容可展示的成长档案、案例分享、汇报总结等，实现评价多元化。学期结束，由组长进行总结交流本组活动的开展情况，形式不限，其他成员当评委，进行投票，票数最多的一个团队将获得教研先进团队，小组的每一位成员都成为教研先进个人，树立团队合作的意识，共享成功的喜悦。

在团队中，大家有共同的愿景、明确的发展目标，逐渐形成了直言不讳、勇于质疑、大胆创新、积极进取的良好研究氛围。信息技术小组开通了"槐荫幼教乐开研"微信公众号，进行了 LOGO 设计，将新闻动态、课题研究、教研活动、游戏案例等内容进行宣传和推广。学习共同体让大家感受到团队的温暖，坚定在专业成长的道路上永不言弃的决心。在这里，没有行政的职能，没有宏大的口号，有的是从容优雅，有的是静待花开，大家凝聚智慧，携手前行，共同见证有温度的、可持续的生态教研。

2. 聚焦课题研究，注重内涵品质

学习共同体的成长，离不开专业的引领，课题的深度研究带动区域教研质量的整体发展，使共同体的教师思维更条理、教学内容更有深度、工作更科学高效，为幼儿园内涵发展注入活力。2016 年槐荫区经过层层筛选成功申报并立项了山东省教育科学"十三五"规划课题《基于幼儿教师专业成长的区域内学习共同体的行动研究》，随之四个子课题也应运而生，每一个研究的内容与《幼儿园教师专业标准》中的专业能力相对应，如子课题《在区域活动中促进幼儿自主性发展的实践研究》指向教师环境创设、游戏观察与分析等综合能力的提升，而这些能力也是作为一名新时代幼儿教师所必备的专业能力。四个子课题围绕总课题目标，以搭建平台、专家引领、研训一体、创设资源库、多元评价等策略，分四个阶段推进课题的深入开展，最终实现预期的目标。

图6-1-3 山东省教育科学"十三五"规划课题架构图

3. 借力精准培训，助推教师成长

学习共同体的成立是在呼唤幼儿教师主体意识的回归，引发教师积极参与、共同发展。近两年，槐荫区组织全区教师参加多种形式的培训活动，其中国培、省培以及市区培训近1000人次，每次培训有分享、有反思，最大化地形成资源共享。此外，我们依据不同研究团队的优势和需求，量身打造不同主题的培训活动，比如多次邀请了全国幼教专家董旭花教授走进幼儿园，现场观摩幼儿园的区域活动，就教师如何观察指导与评价进行了现场的指导。在专家的引领下，大家达成共识并共同制定了《槐荫区区域活动评价标准》，为下一步活动的开展明确了方向。带领学习共同体教师走出去，曾赴成都十六幼跟岗学习，提升教师对学习故事的认识及对游戏活动的观察与指导。还前往厦门、无锡等多地学习优秀经验，开阔视野。在不断学习、交流、反思的过程中，共同体的老师们对于"游戏是幼儿特有的生活和学习方式"有了更深刻的认识。

4. 园际联盟区域联动，搭建成长平台

学习共同体的构建实现了个人与团队、团队与团队共赢，全面提升全区幼儿园追求发展品质的动力。借助联盟这一平台，各联盟园在管理制度、课程建设、活动开放等方面统筹联动、交流分享，实现一体化发展，释放办园活力，让同一联盟里的幼儿园绽放不一样的精彩。由教研室牵头开展的各种评比活动、每年一次的全区范围的教研经验分享交流大会，指向与学习共同体研究的内容及成效，为幼儿、教师和园所提供展示和交流的机会，同时促进幼儿园的良性竞争和互促共赢。比如开展的幼儿童话剧评比活动，打破以往下发文件——组织评比——公布结果的模式，在传达计划的同时为各幼儿园解读方案，让老师们了解什么是童话剧、开展童话剧评比的初衷是什么、幼儿表演童话剧的价值是什么。理念达成共识之后，各幼儿园再组织开展，由园际联盟组织评比推选，评价标准也打破对一个成品节目的质量进行评价的形式，更多地关注活动过程性的开展、孩子的自主参与以及教师的支持策略等等，将过程性资料与成品相结合，最终评选出优秀作品。成功举办的"槐荫区首届幼儿童话艺术节""小小朗读者"等活动，既是一次幼儿展演活动，也是一次幼儿园教研成果分享活动。每年的教研总结分享大会都会确定不同的主题，表彰先进，展示成果，挖掘教师在教育实践中的教育智慧，为教师专业成长搭建舞台。

（四）绽放：共同体成长初见成效

共同体成立五年时间，团队成员一路携手前行，克服重重困难，无论从教育理念、工作方式还是从行为上都发生了很大的变化，在成长的过程发生了很多很多有关个人、团队以及孩子成长的温情故事。信息技术小组已成为槐荫区一支"人员少、年龄小、成绩多"的年轻教师团队。她们善于学习、不断创新、充满活力，在组长赵静老师的带领下，多次承担槐荫区信息技术任务和区级大型活动，从活动图标的设计、宣传片及邀请函的制作，到演出led背景墙的制作和播放、微信平台的推送等，大家默默奉献，经常工作到深夜只求呈现最好的效果……老师们在历练创新中收获着自己成长的喜悦，他们个个也已成为各自幼儿园信息化建设的主力军，承担园内微信公众平台、幼儿园网站、多媒体运用等管理工作。区域活动小组依托子课题，走进35所幼儿园，注重深入情景现场，撰写观察记录近500篇，从关注环境的美观到关注环境中体现幼儿学习的轨迹，从关注材料的投放到关注幼儿与材料的关系，从控制幼儿游戏到由幼儿自主选择游戏，理念的转变让老师们看到了孩子们更多的精彩时刻，由走"近"幼儿渐渐地走"进"童心。

附：槐荫区学前学习共同体教师宣言

让我成为我们

作者：燕盈　景萍

今天，我成为槐荫区学前教研学习共同体的一员，

我庆幸和更多的同行者一起，让我，成为我们！

从此，便与团队为伍，共享孩子自然又独特的生长，

从此，便与游戏为伴，齐探游戏快乐而神秘的魅力。

大胆放手，相信孩子，

做孩子的守护者和支持者。

我们的定位仍需在思想中时刻清醒。

尊重孩子、解读孩子，

做孩子的观察者和陪伴者，

我们的角色仍需在实践中不断转变。

放慢节奏，用坦然、从容的心态面对孩子，

审视自己，用理解、悦纳的言行走近孩子。

我们未必非凡，但始终温柔有光，

让这一束束光，照亮孩子们的心房！

今天，我成为槐荫区学前教研学习共同体的一员，

我庆幸和更多的同行者一起，让我，成为我们！

从此，便在教育研究的路上，即使艰难丛生也要坚定前行。

从此，便在专业发展的途中，唯有历经万险方可饱尝喜悦。

让生态教研之花绽放于每一个初心不改的彼岸上。

让生态教研之果飘香在槐荫幼教甘甜滋养的沃土里。

我们必将秉承生态教研——

教研之道在于真、成长之道在于研、发展之道在于和的样态，

坚守教育的认知，遵循教育的规律，回归教育的本质，

用自己的专业捍卫孩子们的幸福童年！

热爱一如既往，可抵岁月漫长，

岁月如期而至，美好必将相随。

今天，我成为槐荫区学前教研学习共同体的一员，

我庆幸和更多的同行者一起，让我，成为我们！

从此，便忠于喜欢的事业，用爱与责任无悔世间行色匆匆，

从此，便树立终身发展的目标，用专业与信仰活出生命的意义。

我们坚信，教研——势在必行；成长——势不可挡！

我们一起

埋头款款向前耕耘，

我们一起

抬头盈盈望见喜悦！

在槐荫区学前学习共同体研究团队的辐射和带动作用下，各园所结合自身实际情况，围绕幼儿自主性发展，通过不同的研究方向，找到了一条适合本园由优质园走向品质园的路径。在回归研究的过程中，越来越多的园长开始意识到园本教研、科研的力量。于是各园的教研组织形式、研究成果如雨后春笋般呈现出一派学前教育新生态。吸引了一批有幼教情怀和理想的年轻教师，也得到了更多专家的关注。教研之道在于"真"，我们将满怀壮志，一路向前……

二、立足园本教研，滋发内生动力

槐荫区学前学习共同体在课题研究的过程中，各园所根据自身实际情况不断探索提高教育质量的新路径。在实践研究的过程中，教师的专业能力得到提升，逐渐形成了解决本园实际问题的新课题、新成果。

（一）游戏质量"100秒"

游戏是一种行为活动，是以自愿和自由为前提，以获得快乐和满足为目的，且具有一定规则的行为活动。为践行以游戏为基本活动，推进幼儿园游戏高品质发展，济南市槐荫区第二实验幼儿园创新提出了游戏质量"100秒"，旨在提升教师对游戏的认识和理解，把游戏作为学习的最高境界，在亲身体验、实际操作、直接感知中促进幼儿的学习与发展。

1. 什么是游戏质量"100秒"？

观察记录是一种证据形式，是认识和了解幼儿的第一步。游戏质量"100秒"是教师通过视频录制的方式形成"100秒"游戏案例，通过自我反思、同伴分析、小组互动研讨提出支持策略。游戏质量"100秒"鼓励教师乐于观察，在评价与反思的过程中，推动了幼儿的发展，提升了教师自身的专业成长。

2. 游戏质量"100秒"的意义与价值

蒙台梭利对教师的忠告：每个教师都要将自己的眼睛训练得像鹰一样敏锐，能观察到幼儿最细微的动作，能探知幼儿最迫切的需要。"100秒"需要教师对幼儿以及幼儿与游戏的关系具有较高的敏锐度，它不仅记录幼儿当下的发展，反映现阶段幼儿游戏水平，还使教师在解读游戏的过程中不断形成正确的儿童观、游戏观和学习观。

教师首先是观察者，其次是支持者、引导者和陪伴者。在幼儿学习与发展"100秒"的过程中，我们不仅要观察幼儿本身的行为表现，而且要运用科学的依据和方法观测和研究幼儿，揭示幼儿内心世界，发现完整童年。游戏质量"100秒"的意义在于：

（1）能够反映幼儿当下的发展

游戏是孩子已有经验的反映，意味着幼儿的游戏水平和发展水平是同步的，所以不同的发展阶段，幼儿的游戏水平是不一样的。通过游戏质量"100秒"，教师更加了解幼儿不同年龄阶段的游戏水平一般特征。

（2）能帮助教师理解和倾听幼儿

教师习惯了专制、独断，就会看不见幼儿、听不见幼儿。游戏质量"100秒"让观察没有负担，重在解读，倒逼教师学会观察、乐于观察。

（3）能够促进幼儿和教师的发展

教师通过记录、对比，调整幼儿未来发展规划，及时给予支持和帮助，不断推动幼儿创造新的"最近发展区"，让幼儿在游戏中实现小步递进地自我发展，在实现幼儿发展的同时教师的专业能力也得到提升。

3. 游戏质量"100秒"的实施路径

游戏质量"100秒"具有随机性与计划性、全面性与个别性等，在拍摄前首先要达成理念共识，拍摄中要明确拍摄方式和内容，拍摄后能及时分析、反馈。

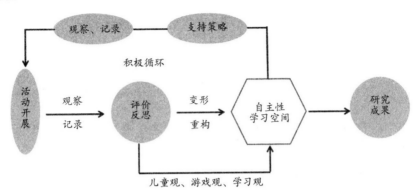

图 6 - 2 - 1 游戏质量"100 秒"实践研究积极循环框架图

（1）录制前，理念共识

①观察有态度，记录有温度

作为观察者，我们要保持尊重、欣赏和研究的态度。真实地记录幼儿学习和成长的节奏，感受成长带来的快乐。

②珍视游戏的意义和价值

"游戏是幼儿的生命"，他们以游戏的学习方式，不断重复练习，挑战自己的"最近发展区"。

作为教师，一个很重要的能力就是需要去观察、指导孩子们的游戏。我们对教师专业的传统理解是——弹、唱、跳、画、说、做，但《幼儿园教师专业标准》让我们对幼儿教师的核心素养有了全新的认识和理解。

③不同年龄幼儿的游戏发展规律和学习方式不同

每个幼儿都有其独特的发展速度，遗传基因、原生家庭、社会环境、学校教育等都会影响幼儿的发展，但在总体上幼儿都遵循着共同的发展顺序：探索材料——重复选择——反复练习——创造性游戏——抛弃。

我们应当对个体进行纵向的"增值"比较，让幼儿感受得到自己的成长，为每一次进步感到骄傲和自信。

（2）录制中，记录的方法与内容

①整体观察，分项研究观察内容

游戏中，我们的观察内容包括：幼儿选择游戏活动的情况、动作技能、语言发展、社会交往、角色扮演、探究能力、认知发展水平、遵守规则情况、情感体验、学习品质等。我们对每一个"100秒"都进行整体观察，包括视频中的人与物、人与人、物与物之间，分项评价其中的关系。

②采用适宜的观察方法

视频的记录方法有很多，在这里常用的有三种：扫描法、定点法和追踪法。

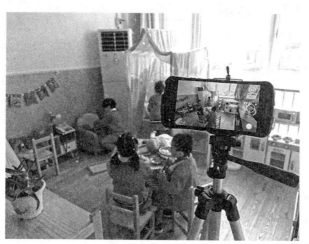

图6-2-2 教师利用三脚架录制游戏质量"100秒"

扫描法：平均分配时间，对每个幼儿轮流录制视频进行观察。适合了解全班幼儿的游戏概况，一般在游戏开始和将要结束时选用。

定点法：观察者在游戏中固定在某一地点进行观察，进入视频范围的幼儿都可以作为观察对象。适合教师了解主题活动的开展或某个区的游戏情况，一般在游戏的过程中使用。

追踪法：追踪法分为定人追踪（个案观察）和定点追踪（一段时间确定一个区域进行观察），这种观察模式，可以将多个"100秒"串联起来，形成幼儿的个人成长档案。

（3）录制后，反思与研讨

视频录制完毕，并不代表着结束，而是进入一个自我反思、团队研讨的活动环节。在这个环节中，建议老师的分析从以下几点展开：

表 6-2-1　游戏质量"100 秒"观测记录表

观测教师		时间		时长	
活动区域		视频二维码			
		班级			
评价标准			评分结果	教育重塑	
活动区域整洁、通透且色彩搭配温馨、舒适；空间布局合理，动静分离，靠近必要的光源、水源，有无遮挡安全通道等；家具、材料、吊饰及墙面互动高度体现儿童视角。(5 分)					
材料摆放有序，便于幼儿"一键取放"，能帮助幼儿建立一定的秩序感。材料投放符合幼儿年龄特点、发展水平，结合幼儿兴趣及主题活动投放不同层次、富有挑战性的材料。(20 分)					
幼儿有明确的活动目标，在区域活动中自主、愉快、积极、专注，并能在活动中产生学习或深度学习，体现本月幼儿五大领域发展目标，实现教育价值。(20 分)					
幼儿熟悉且能正确使用各种工具；了解材料基本玩法，能创造性地使用材料，能够以物代物、一物多玩。(10 分)					
幼儿能积极参与活动，具有良好的倾听和一定的语言表达能力、合作能力以及解决问题的能力。(15 分)					
活动中体现幼儿主体，幼儿能按照自己的意愿选择材料和活动主题，有个性化班级游戏氛围。(15 分)					
区域中有幼儿参与环境创设及课程轨迹的部分。区域活动与生活活动相融合，幼儿在环境中能实现自我服务、帮助他人和照顾环境。(15 分)					
游戏质量总分					

表6-2-2　区域活动观察记录表

教师		班级		时间	
观察区域			观察对象		
观察内容					
观察实录					
观察反思					
支持策略					

①调整游戏材料

幼儿通过直接感知、亲身体验、实际操作获得经验，在视频中我们要分析幼儿在游戏中的情绪、行为、学习品质和发展获得。

②调整游戏目标和策略

幼儿在同一年龄阶段有着游戏水平发展的一般规律性，对于未达到目标或超出目标的幼儿，我们都要分析其原因并找到下一步支持其学习与发展的目标和策略，让每一个幼儿都能获得同等学习生长的空间。

③有力的师幼互动

研讨中发现的问题，一部分是通过改变环境和材料可以解决的，但还有一部分需要有力的师幼互动来促进幼儿发展。在景老师的课题研究中，我们学习了师幼有力互动的策略，但人与人的高效互动不是一蹴而就的，需要长时间不断地练习来获得。

④追溯家庭养育环境

我们在分析时，不可忽视家庭教养带来的影响。在游戏质量"100秒"的案例中不乏因幼儿的家庭教养方式、方法欠佳，造成了幼儿发展的不均衡性。在家园共育中，"100秒"就成为我们最有力的沟通交流媒介，在交流的过程中，家长感受到教师关注的同时，更感受到了教师的专业解读，让其成为家校共育的桥梁。

4. 游戏质量"100秒"带来的生长点

游戏质量"100秒"，不仅可以在班级区域活动中使用，在幼儿的一日生活中也可以进行。尤其是"找不到游戏发生"的新教师，可通过游戏质量"100秒"快速达成一致的教育理念，提升自己对游戏的敏锐度。

通过游戏质量"100秒"园本教研，我们以"发现问题——提出对策——调整实施——审视反馈——发现问题"的形式一步步调整教育策略，让师幼在教研中获得共同成长。

幼儿方面：在区域活动中凸显幼儿的主体性，幼儿的游戏需求在环境中获得帮助，真正成为环境的主人。幼儿在利用环境自我服务的同时也在服务环境、服务他人。幼儿在环境中自发地学习，增加了对自然、对生命的感知与敬畏。

教师方面：通过游戏质量"100秒"，教师能转变立场，学习观察和解读幼儿，提升了游戏观、儿童观和教育观。

在集团化办园寻求高品质发展前行的道路中，我们特别感谢景萍老师的帮助，从2020"幸福·生长工作坊"在幼儿园落地以来，幼儿园的每一次变化都是一次又一次的升华，实现了跨越式生长，让我们感受到了幸福生长的力量。

（济南市槐荫区第二实验幼儿园天琅园 赵冉）

（二）寻找课程的生长点，让区域活动彰显魅力

区域活动是当前推动幼教改革的一种重要教育形式，是幼儿园重要而独特的一种课程形式，也是促进幼儿自主成长的重要途径。因此，给幼儿提供一个自由、自主、本真、和谐的区域环境至关重要。我园秉承"思变求新 幸福生长"的教研理念，围绕"区域活动中促进幼儿自主性发展"的研究主题，带领老师们进行改革创新，通过走进班级观摩现场——学习理论深入思考——分析问题研究策略——交流研讨再次实践的循环往复的形式，使研究不断深入和提高，在教研的道路上一步一个脚印、扎扎实实地开展。

1. 准备工作

（1）成立团队，构筑愿景

我园成立了以园长为教研组长，教学主任、骨干教师为成员的教研团队，为教研活动的开展提供了有力的人员保障。团队成员就研究主题开展的意义、目标、实施等问题进行反复讨论，努力构筑共同愿景，达成共识。

（2）理清概念，明确关系

通过前期的理论学习，明晰了自主性的概念、自主性的影响因素、幼儿自主发展的年龄特点及性别差异、区域活动的概念及特点、"自主性"和"区域活动"的关系，以及自主性对儿童发展的独特价值等。

（3）确定目标，制订计划

根据研究主题的总目标，我们制订了详细的学期教研计划、月教研计划和周教研计划，明确了研究目标、研究思路，保障研究能沿着正确的方向推进。

2. 开展实施

我园在新环境、新课题、新教师"三新"的教研环境下，从区域环境创设到区域活动中幼儿的自主性发展，坚持以幼儿为本，基于问题积极开展行动研究，采用走进班级找问题——理论学习思问题——思维导图理问题——交流研讨解问题的教研形式，寻找解决策略，及时调整、改变。

（1）区域设置

杜威曾说过："在儿童的兴趣和需求中，早已暗含着教育所追求的东西。"教师要站在教育的角度去把握幼儿的兴趣、需求中所蕴含的教育所追求的价值及可开发的教育生长点，为幼儿创造适宜的活动区。

发现的问题：通过交流研讨，老师们提出中班的角色区"蛋糕店"和大班的角色区"小小飞机场"出现了幼儿的游戏兴趣逐渐减退的问题。

改变：将区域设置的主动权由教师变为幼儿

通过教研，我们发现角色区的内容设置一直是由教师决定的，教师认为什么好玩就创设什么内容，这是导致幼儿兴趣减退的主要原因。为此，我们尝试让教师在创设区域之前，先和幼儿共同商量、讨论，从幼儿的角度出发设置区域内容，满足幼儿的兴趣和在区域中自由自主的活动需求。如根据孩子的活动需求，中班将只有买和卖活动的"蛋糕店"改为集加工、超市、餐厅、快递、美团于一体的"梦工厂"。现在区域活动一开始，就会看到"快递小哥"忙碌的身影、加工间里专注地加工产品的"工人"、超市里忙着整理货架的"服务员"……孩子们在这里充分体验到自主游戏带来的快乐。大班则将角色区更改为贴近幼儿生活经验且更加感兴趣的"照相馆"，选套餐、装饰形象、选道具、室内外自由选景、拍照……孩子们在照相馆里尽情享受着自由装扮的乐趣和当小小摄影师的成就感。

（2）空间布局

合理的空间布局是组织开展教研活动的第一步，"以幼儿为本"创设区域空间的理念早已成为教师的共识。因此，我们将"如何创设合理的空间布局"作为实践研究的第一步。

发现的问题：通过进班观摩，在空间布局方面我们发现了以下问题：教室面积小，区域空间有限；游戏性区域（表演区）都在室内，影响学习性区域幼儿的活动；区域面积较小，限制了幼儿创造的空间。

改变一：将教室的所有空间变为孩子游戏的空间

以前教室里的各个区域都在教室的四周，中间的一大部分空间留给集体教学、进餐、午睡等环节。现在，随着老师们观念的改变，我们将教室的所有空间都利用起来，一日生活的各个环节都可在区域里进行，让整个教室变为孩子们的游戏场所。如纬九园的班级面积虽然小，但老师们充分利用墙面、玩具橱以及制作镂空、可折叠隔断解决了这个问题，充分体现了教师的教育智慧。

改变二：将游戏性区域从室内变为室外

通过进班观摩发现，表演区噪音大，严重影响其他区幼儿的活动。针对这一问题，我们将中班的表演区从室内改为一楼大厅，将大班的表演区从室内改为二楼长廊。既让"动区"与"静区"有意分开，避免相互影响，又实现了班班联动（即其他班的孩子也能参与其中）。下一步，我们将自主游戏区域延伸到室外，让幼儿园的每一个角落都变成孩子游戏的场地。

改变三：扩大游戏区域的面积，给予幼儿更多的创造空间

为了增强幼儿的区内交往，给幼儿创造更多的交流、表达的机会，我们将各班的角色区、建构区和表演区空间扩大，给予幼儿更多的自由表现、自由创造的空间。

（3）材料投放

材料投放是区域活动的物质支柱，是幼儿活动的工具，材料投放是否得当，对幼儿的发展起着决定性作用。为此，有关材料投放的问题同样成为我们教研中主要关注和研究的问题。

发现的问题：通过理论学习＋现场观摩，在材料投放方面发现了以下问题：材料功能单一，限制了幼儿游戏；区域中材料虽较丰富，但自然材料和低结构材料的利用较少；材料的玩法比较单一，没有充分挖掘其教育价值。

改变一：将教育目标物化于材料

材料的投放是有的放矢的，是与所要达到的教育目标紧密相关的。如教师为了达成教育目标，在表演区，小班投放了"小兔乖乖故事口袋"；中班投放了"三只小猪"故事的服装、头饰、房子道具等；大班投放了与主题内容"美猴王"相关的金箍棒、乐器、人物头饰等。当孩子们与材料发生互动时，他们的已知经验自然得以充分发挥，教师的教育目标自然也通过材料而体现。

改变二：实现自然与材料的有机融合

投放适宜的材料是引发幼儿有效活动的重要条件，而大自然中的材料不仅具有天然的美感，而且为幼儿提供了充分发挥想象力和创造力的支持。为此，通过研究，老师们有了变废为宝的意识，不只关注那些商家卖的玩具材料，还意识到大自然中、生活中处处是宝贝。老师们将大自然中的材料投放到区域里，实现了自然和材料的有机融合。

改变三：挖掘材料的教育价值，实现一物多玩

大部分材料的教育价值都不是单一的，有的材料变换区域或者和别的材料组合，功能就不同了。即使是不变区域，也有许多材料的教育价值值得我们去挖掘。如在教研中，我们针对中班角色区的"快递员"将货物送到其他班级后，货物如何回收的问题进行了研讨，将已送到其他班级的货物可作为新的商品请快递员接单，游戏再次开始；经过反复的尝试与反思后，我们研究出了更多的玩法，如各班可设立回收捐赠箱，或者把快递变成各班真实需要的物品后直接送出。让游戏回归现实生活，真正实现区域间的联动和全园联动。

（4）教师指导

教师科学、有效的指导是幼儿能在区域活动中得到较好发展的关键。

发现的问题：目前，教师在区域活动指导中的观察能力、分析问题的能力和解决问题的能力都有待提高。

改变一：明确教师的角色定位——支持者、引导者、合作者

在区域活动中，教师要给予幼儿充分的自主权，让他们自定计划、协商制定规则、自选材料、自主游戏，充分体现"我的区域我做主"。例如：在区域创设的前期，教师和幼儿一起讨论商量区域的设置内容，将幼儿最感兴趣的作为区域创设的内容；在进区活动前，教师和幼儿共同协商、共同制定进区规则，并用幼儿自己喜欢的方式将规则表征出来；在区域活动中，让幼儿自选区域、自主游戏，将游戏的权利还给幼儿。

改变二：指导的方式由直接指导变为隐性指导

教师要深入观察和了解幼儿的游戏现状，及时发现问题，针对问题寻找解决策略。例如：在角色区快递游戏中，针对送出的快递数量如何进行统计的问题，教师提供快递统计单，幼儿将回收的单子粘贴在统计单中并进行汇总，教师以这种隐性指导的方式，帮助幼儿积累经验，使其学会自主管理、自主学习。

3. 研究阶段性成效

自《区域活动中促进幼儿自主性发展》的研究主题开展以来，教师的研究意识和幼儿的自主性发展方面取得了阶段性的成效。具体体现在：

（1）教师方面

深入的研究促进了教师理论的提升，同时教师的区域创设能力、观察能力、研究能力等均有了不同程度的提高。例如：教师采用定点观察的方法，追踪幼儿的游戏行为并进行研究、分析和解读，在此过程中可以看出，教师的研究和反思的意识有了明显提高。

（2）幼儿方面

幼儿在进行区域游戏活动的过程中，学会了自定主题、自选材料、自定规则、自主游戏、自主管理、自主学习……在自主性方面得到不断发展的同时，其社会交往能力、语言表达能力、动手操作能力、逻辑思维能力、创造表现能力等均得到了不同程度的提高。

每一次教研，都是一次观念的转变、思维方式的转变、行动的转变。改变虽是艰难的，但我们相信，通过扎实开展项目研究，一定能够激发教师课程意识的觉醒，一定会促进幼儿更好地发展。在接下来的课题研究中，我们将一步一个脚印地在研究的道路上继续前行，让教研助力幼儿成长，让游戏回归幼儿生活，努力寻找课程的生长点让区域活动彰显魅力！

（济南市槐荫区实验幼儿园　公桂兰）

（三）放慢脚步，唤醒有思考力的教师

南京鹤琴幼儿园张俊园长在管理上有一个基本原则："你希望老师怎么对待孩子，你就应该怎么对待老师。我们要善于发现老师身上的力量，去唤醒她，让她成为一个"活"的教师，这是一件很重要的事。"在园本教研的过程中，我们经常会遇到这样的现状：

现状1：教研中教师的参与性缺乏，90%的教师是被动的倾听者，导致教研成为主持人自己的总结陈述或布置任务。

现状2：表面上热热闹闹，教师之间互相捧场，但实际上不能直面问题，教研结束无法实现教师理念和行动的改变。

现状3：教研就是完成任务，组长布置什么任务，组员照单全收疲于应付……

诸如以上教研现状产生的根本原因在于：一是教研活动无法引起教师的共鸣；二是教师缺乏思考力。唤醒教师，对管理者来说很重要。有了"活"的教师，才会有"活"的儿童。济南二机床集团有限公司幼儿园作为山东省基础教育教学改革项目《区域活动中幼儿自主性发展和教师支持策略的实践研究》的试点园，两年多来，我园以区域活动为切入点，从改变教研形式入手，激发教师参与教研的热情，挖掘真问题，展开真教研。这所有着70年办园历史的老园，在教研中不断转变理念，在质疑中行动，在反思中改进，慢慢将教师推向教研的中心，让教师成为教研的主体。

1. 推动——实效教研，激活教师思维

区域活动的有效组织与开展，对教师提出了更高的要求。为了支持教师的专业性发展，我园用扎实的园本教研推动教师小步递进地跟随幼儿的脚步不断前进，让园本教研真正在慢节奏中"活"起来。

（1）助推式教研

园本区域教研是以园长、业务园长、教学主任、教研组长为核心的管理团队为引领，定期邀请专家走进幼儿园参与研讨活动，助推教研活动朝着正确的方向扎实有序地开展。基于教研需求，架构试点班、区域教研组两个学习共同体，发挥试点班的辐射带动作用，区域教研组紧跟试点班步伐，教研方向保持一致，同步发展。试点班由业务园长担任组长，由名师担任主班教师，组成一支勤于钻研、勇于实践的共同体。实验班的经验和成果传授给区域教研组，助推全体教师理念的转变，让大家少走弯路。让青年教师少些迷惑，这点很重要。有了自信，青年教师就会慢慢学会思考，慢慢树立专业自信。

（2）碰撞式教研

构建共享模式，拓展园本教研的内容和形式。以碰撞式研讨为载体，骨干教师承担了"聚焦区角"系列专题培训，增强责任意识。名师主讲的形式注重参与性、体验性、激励性，调动青年教师在听的过程中积极进行思维碰撞。这样开放性的互动，把老教师的经验转化为共享的资源，帮助青年教师找准方向。碰撞式教研主张通过案例的形式，引发教师之间的思维碰撞，在案例分析的过程中催生教师的思考力。碰撞式教研提倡轮流担任教研的"中心发言人"，采用青蓝组合的形式，新教师负责开场氛围的带动，年轻有活力；教研准备的过程，也是新教师向老教师学习的大好机会，大家的思维碰撞能产生不一样的想法。轮流担任主持人，使教师由"被动听"转为"主动讲"，角色的互换使教师学会换位思考，对于激发教研团队的氛围大有帮助。

（3）诊断式教研

以自我诊断为切入点，激发教师内在的专业发展动力。通过进班区域现场观摩交流，积极发现他班之优势，聚集问题，反思实践。以"每月一主题"的形式，结合名师"聚焦区角"的培训，通过案例梳理来完善各区角材料投放策略和教师指导策略。

如：11月份教研主题"推动幼儿在区域中的自主游戏，你有哪些好的策略？"小中大各6个班，每人自主选择一个区，保证同级部的老师不重复即可。这样既保证了所有的区角都有涉及，又保证了小中大纵向3人共同体的构建。老师们在自己的教学实践中搜集案例，形成好的策略。在研讨中进行自主审视和互评，这个过程让青年教师敢于发声很关键。好的策略不是一稿就能形成的，我们反复修改，针对案例进行有针对性的研讨，慢慢发现老师们开始思考幼儿行为背后的原因了，从环境和材料上进行适宜的支持，指导策略越来越"无形"。

2. 行动——时间调整，赋权师幼自主

基于区域活动课程改革背景，重新审视我园当下区域活动组织形态中存在的问题，教育观落后和游戏时间不足成为当下最大的弊端。园本教研倡导以幼儿为本的教育观，教师的理念发生转变之后，如何保障他们的思考付诸行动，首先要做的便是优化时间、赋权师幼，实现区域活动与园本课程的相互融合、互为生长。我们的改变：

（1）组织管理

时间是幼儿游戏的重要元素，因此，幼儿园在时间架构管理层面进行了全新调控，每次区域游戏时间保持在 50 分钟以上，每周至少有 3 次大游戏活动。集体教学时间适当缩减，自主游戏时间更加充分，保证师幼自主开展活动。

（2）时间安排

原来的一日活动计划表时间安排密集，活动多，节奏快，导致各环节频繁转换，使幼儿的生活高度程序化、制度化。新学期伊始，管理层和实验班教师一起制订一日生活计划表。打破常态，尊重教师的想法，使幼儿一日活动安排更具弹性。每个月，定期组织教师讨论、调整时间表，并在下月中做出修改。经过一学期的实践，再将新的一日活动计划表在全园进行推广。

表 6-2-3　上午室内活动计划表的调整与改进

上午	室内活动 9：30－11：10	1. 自主游戏 2. 小组活动	1. 自主游戏 2. 小组活动	1. 自主游戏 2. 小组活动	1. 自主游戏 2. 小组活动	1. 自主游戏 2. 区域回顾

上午	室内活动 9：30－11：10	语言活动	1. 自主游戏 2. 小组活动	1. 自主游戏 2. 小组活动	数学活动	1. 自主游戏 2. 区域任务 3. 区域回顾
		1. 自主游戏 2. 小组活动	生成活动 或表征活动	生成活动 或表征活动	1. 自主游戏 2. 小组活动	

（3）课程自主

管理上松绑，鼓励教师要学会观察，追随幼儿兴趣，捕捉有价值的教育契机，并给予教师最大权限。学期教学计划由原来统一制订16周计划，改为现在计划上的留白，给予教师根据幼儿兴趣生成活动的权利。日常在大游戏活动时间段，也可以根据本班幼儿的兴趣与需求，自主生成课程点，展开小组学习活动。

3. 变革——师幼生活，践行课改精神

"以游戏为基本活动"的幼儿园课程改革，确立以"幼儿发展"为本的课程定位，师幼共同生活，构建信任、尊重、支持幼儿的班级生活新样态。在项目落地两年多的时间里，我们一直践行课改精神，让课程与主题、环境、幼儿建立联结，已初见成效。

（1）形成了儿童视角

在新样态的班级生活中，老师们慢慢形成了儿童视角，活动开展前尝试了解幼儿的前期经验，基于幼儿的兴趣去规划环境、设计活动内容。如班级环境创设前或主题开展前，通过多种形式了解幼儿对班级规划的想法、对主题的已有认知（见下表6-2-4）。针对主题预设问题，师幼展开对话，从而挖掘具有生长力的活动内容，为教师预设主题提供有力的支撑。在主题开展的过程中，通过有力的师幼互动，不断发现幼儿的兴趣点，不断生发与调整活动内容，推动幼儿关键经验的习得和主题经验的不断增长。

表6-2-4 "大班区域创设及角色区选择"调查问卷

选项	小计	比例
A. 角色区，如小医院、超市、餐厅等	17	44.74%
B. 表演区	1	2.63%
C. 建构区	10	26.32%
D. 图书区	0	0%
E. 美工区	4	10.53%
F. 益智区	6	15.79%
本题有效填写人次	38	

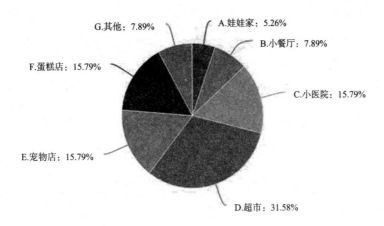

G.其他: 7.89%　　A.娃娃家: 5.26%

B.小餐厅: 7.89%

F.蛋糕店: 15.79%

C.小医院: 15.79%

E.宠物店: 15.79%

D.超市: 31.58%

（2）关注了幼儿参与

有生长力的课程一定是基于幼儿的主动参与，在参与、互动中才能让课程变得"活"起来；在探索、实践中才能激发幼儿的内在动力。秋季学期开学前，中大班组织幼儿开展了《我的班级我做主》生成主题系列活动，这是一次全新的挑战。没有了省编教材的依托，教师在组织过程中遇到了很多困惑。于是，我们通过集体研讨，确定可选择的实施路径，平衡"教师的教"与"幼儿的学"，真正发挥幼儿的主体性。活动中以"学、思、做、玩"的理念，带领幼儿进行创生课程新体验。"学"，学习必备的本领，如统计、思维导图；"思"，与幼儿对话，了解他们的想法，思考遇到的问题和解决方法；"做"，追随幼儿的兴趣确定主题，参与材料投放的准备中；"玩"，玩的过程中不断积累经验。课程的生发源于幼儿的真实问题，而且将济南的本土资源有效融入课程，在参与的过程中，幼儿的计划能力、表征能力、社会交往能力等巨大的能量被释放，也唤起了班级的活力。作为管理者，我们要相信教师，给予课程上留白的权利。

（3）实现了动态变化

师幼一起生活，更加强调教师追随幼儿的脚步，给予幼儿成长的空间和时间。区域活动更加注重预设与生成的有机融合，更加注重环境的动态变化。这个变化隐含着课程的发展轨迹和幼儿的成长足迹，隐含着幼儿游戏水平的不断提升与发展，隐含着幼儿经验的不断积累与升华。如：在大班教学主题"走进文化大观园"中，师幼一起了解中国的古建筑，感受中国优秀传统文化。同时，我们发现幼儿的搭建技能在同步发展。在大班生成主题"有趣的皮影"中，师幼一起探秘中国非物质文化遗产，在探究的过程中进一步领略优秀传统文化带给我们的惊喜，师幼一起发现皮影的奥秘，感受人类的智慧与文化的传承。

在项目研究的历程中，我们深刻体会到：当我们的教育回归生活，当我们的教研节奏慢下来，教研氛围活了起来，教师慢慢学会了思考；在和幼儿生活的过程中，我们开始观察幼儿，尝试追随幼儿的兴趣，邀请幼儿一起打造富有生命力的环境；灵活把握一日活动时间，合理选择区域活动内容，注重课程的预设与生成相得益彰。在新样态的班级生活中，有思考力的教师会引发幼儿的深度学习，师幼彼此滋养，幸福生长！

（济南二机床集团有限公司幼儿园　方彩凤）

三、"幸福·生长"工作坊，让理想照亮现实

为推动山东省基础项目改革《区域活动中幼儿自主性发展与教师支持策略的研究》的深入开展，自2019年起，在前期研究的基础上，我们选取8所试点园，展开了以促进幼儿自主性发展为目的、以探究班级区域活动教师支持策略为内容的行动研究。2020年疫情的到来，让我们有更多的时间静下来重新审视本项目研究，带领全区幼儿园通过云直播和微信推送的方式，以"有准备的环境，我们这样做"为研究主题开展了连续5期的深入探讨，让老师们对于区域活动的功能定位及班级环境的创设有了新的认知。恢复开学后，为了更好地把理念和实践进行对接，景萍老师通过开设"幸福·生长"工作坊，从走进一所园、深入一个班开始进行了基于问题的诊断性实践研究，开启了一场自主空间变革战。正当我们沉浸在变革之后的喜悦时，当我们用满满的热情去迎接孩子，满怀期待地去"放手、等待"时，迎接我们的是前所未有的艰难与挑战。

（一）等许多花开——需要有不破不立的决心

"小班幼儿第一次来园就放开区域让他们玩，会不会不安全？"

"还是需要先把常规训练好了才可以让他们玩！"

"他们真的会玩吗？玩起来就不哭了？"

"我们老师不用带着孩子们上课吗？这样家长会满意吗？"……

以上是开学前一天试点班老师们的担忧，据我了解，老师们完全认同大家在一起讨论的行动方案，比如入园前为孩子录制有趣的视频"我爱我班"，以班级吉祥物的带领、情境对话的形式让幼儿提前了解幼儿园、自己的班级、老师，特别是分区介绍有趣的玩具和材料，激发幼儿来园的欲望。入园后各活动区开放，孩子们可以自由地选择自己想玩的玩具，教师对幼儿不进行统一集体教学活动、统一如厕、统一喝水……

但是这一天真的到来的时候，实验班的老师们又开始打退堂鼓，当然这是事后教研的时候听老师们说的，她们一直在纠结：放手之后万一出事怎么办？不放手该如何解释？于是向园长请示、反复讨论，最终在孩子入园的前5分钟才决定放手让孩子们玩区域。

9月1日，我再次走进了这所幼儿园的试点小班，以观察者的身份进行记录，一是观察创设的自主性学习空间是否能吸引孩子游戏、缓解入园焦虑；二是观察放手游戏的孩子们会呈现怎样的状态。

我进入班级的时候，孩子们正在区域中自由地玩耍，最受欢迎的区域是娃娃家，有五六个小朋友在那里，他们有照顾娃娃的、有做饭的、有推小车的、还有拿着听诊器到处给人"看病"的……多数时间都处在独自游戏的状态，偶尔会进行短暂的交流；软积木区有几个小朋友在进行垒高和拼摆，积木撒满地；鱼缸里的小乌龟、小鱼也吸引来几个小朋友，他们围着看了很长时间也不离去……真是一片祥和的气氛，没有哭闹和不安，一个个沉静在自己的游戏中。

最为感动的是教研主任赵老师提供的一段视频，记录下同一时段传统班与实验班教师及孩子的真实状态。下午的教研活动，请老师们观看视频，然后分析：当试点班的老师放手让幼儿在区域内游戏时，孩子的状态与传统班教师带领孩子游戏的状态进行对比，会发现什么？

显而易见，试点班孩子们的情绪明显稳定，他们主动到环境中去探索，去选择自己想玩的玩具，他们会把积木全部从柜子里拿出，也会把雪花片像仙女散花一样撒满地，当然他们也会在娃娃家照顾娃娃，给娃娃穿鞋，哄娃娃睡觉……而另外一个班的老师竭尽全力、用尽方法带孩子游戏，给孩子讲故事，孩子们无助地坐在椅子上，除了能吸引少部分幼儿的注意力，其他的孩子不是呆呆地坐着就是伤心地哭着。老师们明显地感受到孩子们有了自由和玩具，情绪会非常稳定，甚至爸爸妈妈来接他们都不愿离去。

从以上案例可以看出，三岁的孩子完全会玩，只要我们放手，他们能主动地在环境中寻找到自己喜欢的、感兴趣的玩具和材料，进行自己的探索和游戏，而且情绪稳定，有效地缓解了入园焦虑。

（二）等许多花开——需要有迎难而上的勇气

连续4天的试园没有那么一帆风顺，当放手让孩子自由、自主地选择后，老师们又遇到了前所未有的困难。按计划4天后的下午，我们进行第二次教研，教研前一天晚上我接到了赵老师电话："老师们的心理发生了一些变化，特别是试点班和其他班的老师们交流后，有点想打退堂鼓，我好像说服不了她们，她们快把我说服了。景老师，您快来吧！"

随后我又接到了园长的电话，园长很委婉地征求我的意见，说老师们感觉压力大，能否换到新园再进行……

我给园长分析了一下现实情况，首先是班里老师的信念不够坚定，原因是这两位小班试点班的老师都没有参加假期的工作坊培训，原班主任也就是一直做前期准备的老师因工作需要不再担任此班老师，工作好交接但是思想达成共识没有那么容易。其次，通过说教、训练的方式进行的班级常规培养和通过自我探索、发现问题、共同讨论、达成约定而形成的规则意识在时间上一定不同，后者会花费更多的时间。最后，老师们的固定思维已经形成，多年习惯了统一上课的方式，有目标、有内容，便于操作和实现。而现在以游戏为基本活动，老师要观察分析孩子、调整环境材料、预设与生成课程等等，这些都不是老师擅长的，但是这就是老师的基本功，现在不做更待何时！

一番真诚的交流后，园长表示为了孩子一定要将改革进行到底。

为了给老师们前行的动力并提供有力的支撑，这天下午我们在一起进行了 4 个小时的深度教研。

在自由表达的环节中，邀请老师们说一说遇到的真实的困惑，我们进行了梳理：

1. 心态的问题：与别的平行班孩子比，人家班的孩子都已经可以正常按老师要求去做了，说什么都听，我们班的孩子还是收不回来。

2. 方法的问题：有几个孩子沉迷在活动区中，想尽办法提醒他去喝水小便也不听，老师想组织集体活动他们也不参加，以至于跟着老师的一些孩子也去模仿，这可怎么办？

3. 寻求外显、迎合家长的问题：我们这样做，怎么给家长解释呢？别的班的家长每天都能看到孩子的进步，比如美术课的作品带回家、孩子听老师的话，而我们班的孩子自由散漫，这样行吗？

面对老师们的问题，我们展开研讨，让教师思考：

1. 规则意识的养成：规训的孩子和游戏中孩子形成的规则的区别是什么？对于规则的建立，我们应该怎么和孩子来谈？

2. 生活活动的组织：儿童的发展是整齐划一还是有自己的节奏？如厕一定要一起吗？3 岁的孩子去除饮食摄入的水分，每天直接的饮水为多少毫升最科学适宜？怎样提醒并记录孩子喝水情况？

3. 教师的组织策略：有什么好的办法吸引孩子放下手中的玩具和材料与老师一起活动？

4. 教师的课程意识：水缸中的小乌龟投放的位置适合孩子观察吗？为什么？当孩子对小乌龟产生兴趣，教师如何介入，推动幼儿持续的观察和学习呢？以本班科学区材料的投放为例，探讨怎样的材料更能引发幼儿深度学习。

经过交流和探讨，我们为下一步更好地开展班级区域活动初步达成了以下的共识：

1. 关于规则意识养成：相信孩子的力量，让孩子成为环境的主人。在爱与自由的环境中，孩子会慢慢地寻找到生活和学习的节奏，当我们慢下来与幼儿一起生活时，先放下说教的执念、自己的看法，去追随孩子的需求和发展速度，建立亲密关系，回归儿童立场，助力儿童发展。如关于区域活动的规则建立，可以通过谈话、游戏、故事、情境表演等方式循序渐进地与幼儿达成共识。当发现孩子乱扔玩具、不整理玩具时，教师可以敏锐地捕捉这个教育好契机，帮助幼儿建立"玩具不玩了要归位"的规则意识。

教师可生成一次集体谈话活动，播放录制的视频让孩子观看玩具满地的情形，与幼儿讨论问题："玩具满地都是会发生什么事情？为什么要把玩具送回家？怎样找到玩具的家？"引发其想办法解决并参与班级规则的制订中来。与幼儿达成一致：玩具从哪拿的，玩完之后要送回哪儿去，并请幼儿用图画表征后张贴在班级公约中。

有了孩子的承诺，教师还需要在前两周的室内活动中组织多种活动，如通过分小组活动，引导幼儿认识区域材料，用游戏方式请小朋友送玩具回家，学习并推介各种工具、材料的使用方法等，让孩子逐步熟悉班级区域的设置、玩具的位置和材料的使用方法。除此之外，教师要不断审视何种收纳方式能让幼儿更直观地看见并找到玩具，并让幼儿理解"归位"的含义。

2. 关于生活活动组织策略：将幼儿喝水、如厕以及吃水果等环节从统一行动变自主进行，教师在实践中探索行之有效的策略。如在幼儿区域活动的时候，可以养成根据自己的生理需求主动喝水、如厕以及吃水果，把区域活动和生活活动有机融合，减少消极等待和转换环节。

3. 关于区域活动的功能定位：室内区域活动，既可以是幼儿自由自主的游戏和探索活动，也可以利用各活动区的区域空间结合月主题目标开展教师设计的小组或集体学习活动，科学地把握室内空间利用和时间的分配，巧妙地找到游戏中课程的生长点，将预设课程和生成活动进行有效转换。区域活动强调的是幼儿在游戏活动中的主体性体验、兴趣性体验，因此，在室内活动中要保证幼儿有自己"玩"、自己"选"、自己做主的时间，要将区域活动、小组活动、集体教学活动等多种形式巧妙结合，既能满足幼儿的自由自主，顺应儿童自然发展的需要，同时又能用游戏化的精神开展形式多样的项目学习活动，推动幼儿全面地可持续发展。

4. 关于玩具和材料：高质量班级区域活动的开展，最重要的不是设计的环境多美观，玩具价格多么高，制作材料多么精细，而是玩具本身的可操作性、有趣性及可变化性。选择、分析及投放玩具策略是幼儿教师的专业必备技能，什么年龄的孩子选择怎样的玩具最适宜、什么样的材料最能把孩子卷入其中持续深入地"玩"？

教师在选择玩具时，是否关注玩具材料的品质直接影响孩子探索学习的深度？目前科学区投放的材料中，自制的作业单式的高结构材料居多，玩法相对单一，兴趣性和可操作性缺乏。建议老师结合小班科学领域的目标及关键经验更换益智区部分材料，投放低结构、开放性的、可操作性强的益智材料，同等材料数量可以为 3 个左右。

5. 关于儿童视角：小乌龟的投放引来小朋友的关注，可见小朋友非常喜欢这对乌龟的到来。教研中我邀请老师们先蹲下来以儿童的视角去看鱼缸里的小乌龟，能看到什么？有什么举动？然后站起来从上面观察小乌龟，思考不同角度看会有什么不同的感受。

原来摆放鱼缸的台子高约1.3米左右，而小班孩子的身高在1.1米左右，孩子踮起脚尖看到的是充满水渍的鱼缸，很难观察到小乌龟的形态特征，于是总想把鱼缸往身边拉近，很容易导致鱼缸掉到地上摔碎发生危险。

因此，建议教师更换鱼缸位置，或者加高底部让幼儿观察时能从上往下看到鱼缸里正在活动的小乌龟。还可投放有关小乌龟的书籍，生成孩子们感兴趣的课程，记录孩子们的问题、探索与发现。

6. 关于师幼互动：有力的师幼互动是推动高品质区域活动开展非常重要的条件。要想让幼儿在有准备的环境中得到深度的学习和发展，离不开教师与幼儿之间的积极对话。比如我发现儿童视角下看不清小乌龟的时候自然有想把鱼缸端下来的行为，因此我支持并帮助他一起把鱼缸端下来，我们一同观察了一会，开始进行了积极的对话。

"你看到有几只小乌龟啊？"我问。

"两只，你看这只不停地动啊动，它想爬出来。"小男孩说。

"是啊，也许它想出来和你玩，你看它在干嘛？"我指着那只一动不动的小乌龟问。

"它在睡觉呢！"

"我看到你很喜欢小乌龟，能给它们起个名字吗？"我提议。

"你看这只探着头的，动来动去的叫小排骨，那只叫 papa！"

"为什么叫小排骨？""因为它饿了，想吃肉了。"

"那 papa 呢？""它趴着一动不动的！"

"这两个名字真好，你可以把小乌龟的名字告诉其他小朋友！"

他高兴地点了点头，我接着问：

"你确定小乌龟喜欢吃肉吗？每天吃多少？"

他摇摇头，我提议："要不这样，晚上你回家问问爸爸妈妈，明天告诉我和其他小朋友？"他高兴地点了点头。

从以上案例可以看出，这个小朋友有过喂养小乌龟的经历，因此他知道小乌龟爱吃肉，可是吃多少、如何喂养，他并不清楚。教师抓住这个契机，可以引发孩子在观察小乌龟的时候思考，比如围绕"小乌龟，真可爱"这个主题，请小朋友们说一说小乌龟的样子、学一学小乌龟走路、画一画你看到的小乌龟。还可以引发幼儿思考：小乌龟爱吃什么？为什么小乌龟走路慢吞吞的？我们怎么喂养小乌龟？在追随孩子兴趣的同时，通过师幼的有力互动，激发幼儿的好奇心及问题意识，并通过主题墙思维导图的方式展示孩子们的探索过程。

仅仅4天的探索，很难让教师从传统的教学观转变为现代的儿童观。一直习惯了以教师为中心、以上课为主要组织方式的老师们，要求她们去关注环境的准备、材料的适宜，去观察儿童在生活和游戏中的需求和兴趣、去追随、去等待、去放手、去悦纳……对她们来说是非常大的挑战，需要老师不断实践、反思、学习、再实践，这种挑战打破了老师的固定式思维。因为不擅长所以会担忧，也一定会觉得有压力，而正是这样的压力才能更好地推进教师的专业发展，让她们能回归初心，去研究孩子，找到专业的力量。

我认为教研员就是要把理论和实践对接起来的那个人，要在实践中给予老师们更多的信任和支持，支持教师更好地理解生活即教育的理念，践行以游戏为基本活动的做法，鼓励教师用更长远的目光去看待孩子的发展，去等待那个曼妙时光中不一样的你、我、他。

（三）等许多花开——需要更多的耐心、微笑和智慧

著名作家林帝浣有一本书叫《等一朵花开》，其中有一幅插图，是一个人微笑着、静静地看着一朵花，下面配着一段话："等一朵花开，需要许多的耐心和微笑。"我想这个看花的人就是作者，而对待这朵花的态度也许就是他的教育观吧！

一个家庭有一朵或两朵花，而一所园、一个班级则是有无数朵花，要不人们为什么说幼儿园就像个大花园呢？

以往，我们把幼儿园老师比作辛勤的园丁，用自己的青春和热血去灌溉花朵。而现在的幼儿教师，更像是一个个欣赏者和守护者，用爱与包容去等待不同的花儿开放，用专业的智慧去守护花儿的成长，因为老师们知道，每一朵花儿的花期都不同，越小的花儿越需要耐心和微笑。别看他们小，他们却拥有超强的感知力，知道是谁在对着他们微笑，是谁在陪伴他们成长。在这样亲密的关系、快乐的氛围中，他们得到的不仅仅是知识，更多的是"独立、自主、合作、善思、专注、敬畏、感恩……"能促进生命成长的养分，这都滋养着他们的漫漫人生，所以，我们要有"等许多花开"的心态，与孩子们相处，陪孩子成长。当我们放慢脚步，带着真诚和善意以及美好的期待时，才能在曼妙的时光中遇见一朵朵别样的花儿。

尾声：

《中国教育寻变》一书中有这样一段话：改革，不是一首田园诗，每一步都伴随着眼泪和艰辛。一群贴着地面飞行的教育理想主义者，为了改变教育，付出的真是太多了，他们的内心承受着巨大的压力，痛苦的挣扎、矛盾与纠结，每一位教师都经历了一次深刻的、痛苦而幸福的自我"蜕变"。在现实的追梦中，我们更加深刻领会到书中的话，面对一个个鲜活而幼小的生命，如一颗颗破土而出的嫩芽，有太多的敬畏和责任、太多的压力与挑战。都说教育的本质是理想主义者的事业，为了孩子，我们愿意！

求变，哪有那么容易

当我们习惯了一种生活方式、一种组织形式，

习惯了不停地说教和规训，

习惯了不停地代替孩子做事，

习惯了每天风风火火，马不停蹄，

习惯了按统一的时间做统一的事儿，

习惯了按教材上课，

习惯了成人的思维与审美，

习惯了按部就班………

一切的一切早就固化在我们的大脑中，

指挥着我们的行动，

日复一日过着我们习惯了的日子。

但是，

我们好像很忙，

忙得没时间去观察孩子。

我们好像很累，

太多的技能叠加起来，

太多的培训接踵而至，

没时间思考，

只是不停地学啊学啊，写啊写啊。

我们不知道为什么要这样，

只是因为这就是工作，这必须完成。

有一天，神仙老爷爷告诉你

赐给你自由和权利，

你可以安排和孩子在一起的生活时光，

前提是，慢下来，让自己也变成小孩子

按他们的节奏，与他们一起

诗意地栖居，感受慢生活……

多么美妙啊，终于可以优雅一下

你怀着无比的喜悦去迎接孩子的到来。

突然，你发现，

慢了下来的你

不知所措，

你极力调整，

但是，

你看到其他班里的老师

已经把孩子的常规训练得很好，

而自己班里的孩子专注地玩各种材料，

怎么叫也听不见。

你好像极不适应，

怀疑自己，这样能行吗？

是不是回到以前的样子？

这时，

你眼前浮出一个画面，

一个正在慢骑自行车的你，

和一只小蜗牛同行，

你们一起聊天，一同散步，其乐融融。

而那些骑得很快的人，

早已看不见蜗牛，

就连自己在追逐什么，

都早已忘记！

幸福地行走在孩童的世界里

济南市槐荫区教育局教研室学前教研员　景萍

曾经的她是孩子王，在小孩子的眼中她是美丽的化身，能歌善舞会游戏，和她在一起总有意想不到的惊喜发生；在家长们的眼中她有敏锐的观察力，孩子们的喜怒哀乐尽收眼底，总能找到最有效的方法解除小孩子的烦恼，让他们破涕为笑，快乐幸福地生活；她敬畏每一个孩子，相信每一个孩子都是有能力的学习者，细心呵护孩子们心灵的成长；她尊重孩子的身心发展规律，像一位神奇的导游带着孩子们走进探求知识奥秘的大门。她深爱孩子们，用专业的智慧赢得家长们的认可。如今的她是幼师们的专业引航者，培养了一批又一批优秀的教师，老师们说她身上总是焕发着一种魔力，和她接触的时间越长你会愈加热爱生命！同行们说她就是那个能把生活过得热气腾腾的人，自带光芒，不仅自己照亮自己，还能把生活中的每个角落照得亮堂堂的。她热爱生活，享受工作，锐意进取，真实自然地恣意地活在当下，时刻传递着正能量，让每一天都变得更加美好和有意义。

她就是山东省优秀教师，山东省教学能手，山东省优质课一等奖获得者，山东省课程专家，齐鲁师范学院、济南幼高专客座教授，槐荫区教育局教研室学前教研员景萍老师。从事幼教事业近20年，从一名普通的幼儿教师到分管教学的管理者，从学前科行政岗位走向学前教学研究，始终保持对学前教育工作的热爱，她善于钻研，主持国家级课题《幼儿园主题背景下区域活动的实践研究》荣获一等奖，主持山东省"十三五"规划课题《基于幼儿教师专业成长的区域内学习共同体的行动研究》并顺利结题，撰写多篇论文在幼教核心刊物发表，出版书籍《儿童茶艺指导用书》、主持编写济南市教育局《垃圾分类幼儿手册》、参与编写《山东省婴幼儿课程指导教师用书》。指导的多名教师荣获省市级优质课评比一等奖。岗位可变，岁月匆匆，而她始终仰望星空、不忘初心、脚踏实地，她的视线从未离开过孩子们，心中只有一个信念，那就是为给孩子们一个健康、快乐、有意义的童年而努力奋斗。

图6-3-1　济南市槐荫区教育局教研室学前教研员　景萍

看见孩子，遇见美好的自己

"越和孩子相处，越能感受到他们身上的美好！他们的目光清澈灵动，是那样善良、真诚、热情，他们的世界单纯而又美好，充满了各种稀奇古怪的念头和无限的遐想……"每每谈起孩子，景萍老师总是抑制不住内心对孩子的喜爱，她说孩子的体内藏着重要的精神世界的生命，人的观点、立场、思维模式、行为模式等心智模式的形成都是在这个阶段发展的，在儿童时期吸收到的东西都会在成年后留下不可磨灭的印记，把握好0—6岁儿童的关键期，孩子一生的发展事半功倍。她深知作为一名幼教工作者不光要有爱心、耐心，还要具有专业素养、责任和使命感，要让教育散发人性的光芒。既顺应儿童天性又能纳入社会发展的轨道上，必须遵循幼儿身心发展规律、年龄特点以及学习方式，这需要幼儿教师具有坚定的信念和价值观、深厚的专业理论功底以及综合的艺术素养。谈及专业，景萍老师认为幼儿教师核心的专业素养在于要理解儿童，要学会观察儿童，发现儿童在游戏中的精彩行为，学会分析看见孩子的学习与发展并给予适时的回应和支持，生成孩子们感兴趣的各种活动。理解儿童，说起来容易做起来难，在幼儿园课程改革的大背景下，景萍老师的专业成长也经历了三个阶段：从"我能行"到"我不行"至"我要行"，从"教"给孩子到发现孩子的力量，从傲娇的童话世界里的"公主"走向怀有谦卑之心、敬畏之心的专业幼教者，这一走就是 20 年。

图 6-3-2　沉浸在研磨优课活动中

20 年前的她，满怀着热情和憧憬走进幼儿园，成为一名光荣的幼儿教师，作为一名新教师，她充满活力，风风火火，努力，实干，有着初生牛犊不怕虎的勇气。作为一名专业学校毕业的优秀学生，她觉得自己能行，能够胜任幼儿园的各项工作，不光要胜任还能漂亮地完成各项工作。她认真准备每一天的活动，备课、上课、组织孩子游戏，沉浸在身为一名教师"教"的乐趣中。功夫不负有心人，执着努力、富有个性又有闯劲的她进入了园长的眼帘，她的实干精神和不服输的性格得到了园长、老师们的认可，很快她成为幼儿园重点培养的教师。工作 2 年就代表幼儿园参加区优质课评比并荣获一等奖，随后在省市各项评比活动中均获得一等奖的好成绩。这些成绩的背后离不开悉心培养她的园长和专业团队的指导，为了设计一节好课，所有人都献计献策、精选打磨，大家拧成一股绳，不断研究改进，一次次地尝试，终于在省里的优质课比赛中荣获了优质课一等奖第一名的好成绩。每次回忆起来，她都感慨万分地说：没有实验幼儿园就没有今天的她，在这所首届省十佳幼儿园里，她学到的是认真、钻研、坚持不懈、勇于创新的精神，感受到的是专业团队的温暖与力量，感恩的是有一个赏识、包容以及给予她无限支持和肯定的好园长。十年磨一剑，砺得梅花香，在一线的实践工作中收获了荣誉和认可，从一名教师走向管理岗位，这让她更加自信、从容，她觉得"她能行"！

2008年因为工作的需要，她调入了区教育局学前科，开始了为期7年的行政工作生涯，岗位的变化并没有改变她对于幼教事业的热爱。平台不一样，眼界就不同，在一次省级远程研修的高研班上，她结识了省内优秀的幼教专家和园长，她们的思维是那么活跃，解析问题既条理又富有深度，无论是专业的知识底蕴、扎实的理论功底还是实践的经验，在每一次碰撞中都让她感到渺小和无知。从那一刻她发现"我不行"。也许每个人的成长都会这样的经历，在与智者同行的过程中，他会影响你的成长甚至改变成长的轨迹。2011年后，教育部先后颁布了《3—6岁儿童学习与发展指南》《幼儿教师专业标准》等文件，为幼儿发展和教师的专业指明了道路。她认真学习文件精神，发现其意义就是让教师要把目光聚焦孩子身上，会观察解读孩子并给予适宜的支持，呼吁教育要回归自然、回归生活、回归儿童、回归游戏。她不断地追问自己：除了能设计一节好的教学活动自己还有什么能在专业上站得住？新课改带给幼儿教师的挑战是什么？不学习不前行的后果是什么？固守自己的小荣誉、停止不前沾沾自喜不是景萍老师的个性，从那一刻开始，仿佛有一种力量击中了她的心灵，有一个声音一直在耳边萦绕：我要行！我要变！变思维方式、变生活习惯，树立成长型的思维，不断学习才能跟得上时代的步伐。

有人说我们的大脑走多远，在现实生活中就会走多稳，而大脑的改变与两件事有关，即阅读和运动，阅读让她开阔，运动让她强健。此后，景萍老师打破壁垒，跳离舒适圈，扬起了向专业书籍学习、向专家前辈请教、与学前同伴共行的风帆。

做好自己，才能更好地做好教育

幼儿园教师的工作是高强度、有创造性的劳动，如同医生给病人诊断开处方，而幼儿园教师则能根据孩子的行为分析判断并提出有效的教育策略。树立正确的儿童观、教育观，对当前学前的改革和提高是十分重要的，儿童观的形成往往受社会政治经济的制约，受传统文化思想、哲学、社会学、生理学、心理学的影响，对儿童发展的看法不同，儿童观不同，教育儿童的内容、方法策略也不同。教师的儿童观决定了教育观，对儿童的认识决定了教师的教育行为，这是专业的力量。在多次走过本区域的各幼儿园，深入教育实践现场，与一线教师交谈后，景萍老师发现要想做好幼教、提升品质不是一件容易的事情。面临着幼儿园发展不均衡、管理不科学规范、师资队伍不稳定、专业水平亟需提升等等问题，如何能尽自己最大的努力去改善呢？

梁启超先生说：天下事业无所谓大小，只要在自己的责任内，尽自己的力量去做，便是第一等人物。她就是靠着这份对幼教工作的执着和热情，在2016年向局党委提交申请欲调入教研室工作，在局领导的信任下她成为一名学前教研员，负责全区幼儿园的业务管理工作，专心研究学前教育内涵发展。水无人推而自流，草木无人种而自生，自然界如此，生命如此，教育也如此。身为教研员的她倡导万事万物要遵循道，生态之美在于自然、本真、自主、和谐，教育的本质也在于此。为了推动区域内学前教育质量的稳步发展，经过前期的调研和数据分析，基于本区学前的实际情况，确立了"打破园际界限、构建生态教研、提升专业素养、实现共享共赢"的发展目标，构建了区域内学习共同体，根据园所需求、教师兴趣与专长形成了6个园际联盟共同体和5个研究团队共同体，开启了以省级课题为依托，以幼儿教师专业发展为导向，以幼儿园品质内涵发展为核心的槐荫幼教新生态的探索实践之路。经过3年的探索实践，共同体的成员们逐渐拥有了共同的"儿童观""课程观"，形成了一个积极向上、大胆质疑、勇于担当的优秀团队，通过找问题、寻路径、精实践、细研磨，构建起槐荫幼教新生态。老师们在研究的道路上更坚定走专业发展之路，在专业成长的过程中感受到的是职业的幸福感、自豪感，各园所也初步呈现出和而不同、美美与共的独特品质，彰显了槐荫教研团队"教研之道在于真、成长之道在于研、发展之道在于和"的自然、本真、自主、和谐的教研新生态。

图6-3-3 教研总结大会前与老师进行交流

活出自己，用生命影响生命

改革没有一帆风顺的。在学习共同体构建的过程中，也会听到不同的质疑声，面对质疑，她不骄不躁，从容面对，用理论做基石，用数据去分析，用故事去诉说，用专业去引领。岁月可变，初心不变。景萍老师在工作中始终坚持以习近平新时代中国特色社会主义思想为指导，坚定政治方向，自觉爱国守法，带头践行社会主义核心价值观，弘扬真善美，传递正能量。作为一名幼儿教育工作者，她是幸福的、快乐的，在工作中她找到了职业的幸福感，在孩子的世界了她遇见了最美的自己，在不断学习中她的精神世界不断丰富。她热爱生活，每天坚持运动、读书、写字，喜欢旅游、美食和k歌，她更热爱工作，喜欢用稻盛和夫的"和你的工作谈恋爱吧"这句话鞭策自己，在她的心中工作俨然成为她生命中不可或缺的快乐的源泉。

图6-3-4 指导幼儿进行"行茶十式"

《小王子》里有一句话：你要用心去体会，这个世界就是这样，你看得见的东西并不稀奇，珍贵的都是看不见的东西。在我们工作生活中，包含着很多富有哲理、富有诗意、富有情感、隐藏着机会的细节，需要用心去体会、用眼去观察、用脑去思考、用行动去实现。对于教育，她始终相信：做好自己才能更好地做好教育，当一个生命走进来时，能用心与对方进行联结，用真诚与爱触动每个生命。她相信自己把光送出去了，靠近的人自然就能感受到，这些生命也会不经意去影响别的生命。

图 6 - 3 - 5

但有方寸地，一步一清心。生活的节奏和生命的节奏本质上是一致的，我们需要的是把工作、生活的节奏调整到生命的节奏里去，只有这样，无论是工作状态还是生活方式都会大有改观。景萍老师在幼教前行的道路上，不断地觉察体验、自我修行，怀着一颗谦卑的心，幸福地行走在孩童世界之中，始终坚信遇见最美的自己，才能看见更好的孩子。

曾经竭尽全力，如今静待花开！

后　记

　　为全面深化基础教育综合改革，落实立德树人根本任务，深入挖掘和总结培育山东省基础教育领域教育教学成果，进一步提升教育教学质量和学校办学水平，根据《山东省教育厅关于开展 2019 年度山东省基础教育教学改革项目申报的通知》(鲁基教函〔2019〕2 号) 要求，在各市教育 (教体) 局及相关单位推荐的基础上，经专家评审、结果公示，共遴选并立项重点项目 40 个，一般项目 200 个，本项目有幸通过遴选并进行了为期 2 年的跟踪培育。

　　本项目从省级立项到顺利结题，得到了行政部门、高校专家、业务主管部门的大力支持。项目源起幼儿园一线面临的真实问题，是园所教师共同关注的话题，随着教改的不断深入，逐渐形成了项目科研引领、园所实践主导和行政力量支持的三位一体式合作机制，在实践中大胆变革、反复验证、不断反思总结再实践，虽历经挫折但初心不改，项目园由最初的 4 所发展到 9 所，从全区分层推进到市、省、全国，持续探索十年，历经两年深化，取得了令人欣喜的成果。

　　本项目以"做高质量的区域活动，助推师幼彼此滋养、幸福生长"为终极目标，通过透视班级区域活动，提出了支持幼儿自主性发展的"生活自喜悦"行动理念，探索出重构班级生活新样态的三大密码，以自主性学习空间的创设为突破点，变革师幼生活方式、亲密关系、评价方式等，引发幼儿主动参与、深度学习。在不断深化的过程中，各项目园所形成了具有本园特色的、有实践价值引领的研究成果：济南二机床集团有限公司幼儿园在扎实的园本教研中生长出具有企业文化特质、幼儿喜闻乐道的生成课程内容，形成了幼儿园班级生活的新样态；济南市槐荫区第二实验幼儿园基于儿童视角进行了室内班级环境创设的深度研究，形成了别样的"幼儿感"；济南市槐荫区青少年宫第二幼儿园通过项目的深入研究，解决了室内班级空间面积狭小无法有效开展区域活动的现实问题，巧用量表数据监测，不断调整环境和材料，让小空间里充满了大智慧……这些成果各项目园也会陆续出版，相信对推进本区乃至全市、全省、全国的区域活动开展都具有可借鉴的意义。